Janette Oke

Über allem bleibt die Freude

Janette Oke

Über allem bleibt die Freude

Erzählung

Verlag Schulte + Gerth Asslar

Die amerikanische Originalausgabe
erschien im Verlag Bethany House Publishers, Minneapolis,
unter dem Titel „Love's Abiding Joy“

Aus dem Amerikanischen übersetzt von Beate Peter

Best.-Nr. 15 367
ISBN 3-87739-367-5
1. Auflage Juni 1986
2. Auflage Oktober 1986
3. Auflage Oktober 1987
Umschlaggestaltung: Bethany House/Gisela Scheer
Satz: Typostudio Rücker + Schmidt
Druck und Verarbeitung: Mohndruck, Gütersloh
Printed in Germany

Der erste Gratulant

„Morgen, Schatz!“

Marty blinzelte in den Tag hinein. Da stand er über sie gebeugt, ihr Clark, und lächelte sie an. Eigentlich weckte er sie doch sonst nicht, bevor er in den Stall ging, dachte sie verwundert. Was war denn nur los?

„Alles Gute zum Geburtstag!“

Ach, natürlich! Heute war ja ihr Geburtstag, und Clark ließ es sich in keinem Jahr nehmen, ihr erster Gratulant zu sein. Marty zog die Decke ans Kinn und räkelte sich wohlig. Clarks Lächeln war aber auch unwiderstehlich!

„So, und da reißt du mich aus meinem kostbaren Schlummer – bloß weil ich schon wieder ein Jahr älter geworden bin?!“ Sie bemühte sich um eine finstere Miene, doch um ihre Mundwinkel zuckte es verräterisch.

„Ich weiß gar nicht, was du hast, Schatz. Das Älterwerden ist doch ’ne feine Sache – jedenfalls hundertmal besser, als nicht älter zu werden, meinst du nicht auch?“ neckte er sie.

Marty lächelte ergeben. Mit dem Schlafen war es nun endgültig aus.

„Weißt du“, sagte sie dann und fuhr Clark zärtlich über den Schopf, „ich mache mir diesmal wirklich nichts daraus. Ich fühle mich kein bißchen älter als gestern oder vorgestern. Ein bißchen unausgeschlafen vielleicht“ – sie warf ihm einen verschmitzten Seitenblick zu –, „aber alt eigentlich gar nicht.“

Clark lachte.

„Manche Leute fangen ja im Alter zu nörgeln an ...“ Er ließ den Satz im Raum stehen, doch nur, um ihm mit einem Kuß auf Martys Nasenspitze jede Schärfe zu nehmen.

„So, jetzt wird's aber höchste Zeit. Die Kühe warten bestimmt schon! Dreh dich doch nur zur Wand und schlaf noch schnell eine Mütze voll, ja? Ich richte uns heute mal das Frühstück, ganz ausnahmsweise."

„Untersteh dich!" protestierte Marty. „Wenn ich an das Schlachtfeld denke, daß du mir hinterlassen würdest, wird mir ja angst und bange!"

Clark schmunzelte nur und zog die Tür hinter sich zu. Marty streckte sich behaglich unter ihrer warmen Steppdecke aus. Beeilen würde sie sich mit dem Aufstehen nicht, aber wenn Clark von der Stallarbeit zurückkam, sollte er das Frühstück fix und fertig auf dem Tisch vorfinden.

„Heute ist also mein Geburtstag", sann sie vor sich hin. „Komisch, älter fühl' ich mich wirklich nicht, aber ein bißchen merkwürdig kommt's mir schon vor: zweiundvierzig!" Sie sagte die Zahl laut und gedehnt wie ein Fremdwort aus der Lesefibel. Nun, eigentlich war doch gar nichts dabei, zweiundvierzig zu werden. Da war der dreißigste Geburtstag schon härter gewesen – und der vierzigste erst! Wie hatte sie sich nur gesträubt, vier ganze Jahrzehnte alt zu werden! Mit vierzig gehört man doch schon zum alten Eisen, hatte sie immer geglaubt. Und heute zählte sie nun sage und schreibe zweiundvierzig Lenze und fühlte sich noch kein bißchen abgekämpft oder verbraucht.

„Nun gut, zweiundvierzig also", sagte sie sich ein letztes Mal, um statt dessen lieber an den Festtag zu denken, der vor ihr lag. An jedem Geburtstag in diesem Haus wurde die Familienfeier ganz groß geschrieben. Sie freute sich von Herzen darauf, ihre Lieben so vollzählig wie möglich um sich zu haben. Als die Kinder noch kleiner waren, hatte sie für jedes die Geburtstagstorte gebacken und die Geschenke eingepackt. Jetzt, wo sie schon größer waren, durfte sie selbst auch einmal an ihrem Ehrentag im Mittelpunkt stehen. Voriges Jahr hatte Nandry das große Geburtstagsessen für sie zubereitet, hatte Cathy ihre Mutter erinnert. Marty wußte es selbst nicht mehr genau zu sagen. Die Jahre verschmolzen in ihrer Erinnerung immer mehr – aber ja, wenn sie es sich genau überlegte, mußte sie Cathy recht geben.

Heute war Samstag, weshalb das Festessen auch um die Mittagszeit anstatt abends aufgetragen werden sollte. Marty war es nur recht so. Samstags hatte man mehr Zeit füreinander; wochentags blieben zwischen der Rückkehr der Kinder aus der Schule, dem Melken und den anderen Stallarbeiten nur ein paar Minuten für das fröhliche Beisammensein. Heute würden sie den ganzen Nachmittag mit ihren Kindern und Enkeln an der gedeckten Kaffeetafel verbringen.

Marty lächelte voller Vorfreude. Jetzt war sie hellwach. Sie schlug die Decke zurück. streckte die Arme und Beine noch einmal kräftig und trat ans Fenster. Welch ein herrlicher Tag! Die ganze Welt war wie frisch gewaschen und blitzblank nach dem Regenguß von gestern abend. Die Morgensonne lachte von dem klaren Junihimmel. In der Luft lag noch ein letzter Hauch von Frühling, doch die ersten Sommerblumen vor dem Haus wußten es besser. Marty liebte den Juni. Mit ihrem Geburtstag hätte sie gar keinen schöneren Monat treffen können, dachte sie amüsiert.

Dann wanderten ihre Gedanken zu ihren Kindern. Nandry ... ach, ihre Nandry! Vier Sprößlinge nannte Nandry schon ihr eigen, und sie war ihnen eine prächtige Mutter. Josh neckte sie hin und wieder: „Du, im Dutzend wird's billiger!", und Nandry protestierte nicht einmal dagegen. Ja, Nandry, ihre Adoptivtochter, wäre der Stolz ihrer leiblichen Mutter gewesen, genau wie ihre Schwester Cathy, Martys zweites Pflegekind. Auch Cathy und ihr Mann Joe hatten ein Herz für Kinder, aber Marty spürte ihr ab, daß sie die Größe ihrer Familie vorläufig am liebsten in Grenzen sah. Joe, der Pastor am Ort, träumte noch immer von einer richtigen Ausbildung an einem Predigerseminar, und das war leider eine kostspielige Angelegenheit. Marty und Clark steuerten hin und wieder einen kleinen Betrag zu den Ersparnissen bei, die für das Seminar bestimmt waren. Marty wünschte sich mit den beiden jungen Leuten, daß aus dem Traum recht bald Wirklichkeit werden konnte. Joe und Cathy hatten ein kleines Mädchen namens Esther Sue.

Bei dem Gedanken an ihre dritte Tochter erstarb ihr das Lächeln auf dem Gesicht. Wie schwer war ihr doch der Abschied von ihrer Missie gefallen! Sie hatte gehofft, die Trennung würde mit den Jahren leichter zu ertragen sein, doch so war es nicht. Mit jeder Faser ihres Herzens sehnte sie sich nach Missie.

„Ach, könnte ich doch nur mal schnell auf einen Sprung zu ihr hineinschauen“, dachte sie wohl zum hundertsten Mal, „nur für ein paar Minuten! Wenn ich sie doch nur wiedersehen und ihre Kinder herzen könnte! Ich weiß ja nicht einmal, ob es ihr überhaupt gutgeht!“ Das Herz wurde ihr schwer. Viele, viele Tagereisen trennten sie von ihrer geliebten Missie. Seltsam, sann sie, wie man sich nach einer Tochter sehnen kann, die doch das Fleisch und Blut einer anderen Frau ist. Missies leibliche Mutter hatte Ellen geheißen, doch Marty hatte dieses kleine elfenhafte Wesen von Anfang an wie ihr eigenes Kind geliebt.

„Du ahnst ja gar nicht, wie sehr du mir fehlst, mein kleiner Sonnenschein!“ flüsterte sie, und eine Träne tropfte schwer auf das Fensterbrett. „Wenn ich doch nur …“

Marty faßte sich wieder. Unten im Hof sah sie Luke und Arnie von der Scheune kommen. Aus den beiden Brüdern waren nun schon erwachsene Männer geworden – aber sie hatten es wie eh und je faustdick hinter den Ohren! Wer nicht wußte, daß Marty damals ihren ersten

Mann verloren hatte, der wunderte sich über das völlig unterschiedliche Erscheinungsbild der beiden. Luke wurde seinem Vater Clem von Tag zu Tag ähnlicher: kräftig, muskulös und ständig zu einem Streich aufgelegt. Arnie wirkte dagegen eher feingliedrig, dunkel und sensibel wie sein Vater Clark. Die beiden Brüder waren unzertrennlich. Bald hörte man sie herzlich lachen, bald rauften sie miteinander, und dann wieder trieben sie allerlei Schabernack. Auf dem Weg zum Gutshaus erzählte Luke, der Gesprächigere der beiden, seinem Bruder gerade eine lustige Begebenheit, die sich gestern bei einer Gesellschaft auf dem Nachbarhof zugetragen hatte. Arnie machte sich nicht viel aus Tanztees und dergleichen, während Luke sich keine Party unter den jungen Leuten der Umgebung entgehen ließ. Er wollte sich geradezu ausschütten vor Lachen, und auch Arnie schmunzelte ein wenig, doch Marty hörte ihn sagen: „Mensch, der arme Lou! In dessen Haut hätt' ich aber nicht stecken mögen! So was Peinliches!" Luke schien dagegen wenig Mitgefühl für den unglückseligen Lou aufzubringen. Er hatte seinem Bruder die Geschichte genüßlich in allen Einzelheiten geschildert.

Marty wandte sich seufzend und lächelnd zugleich um und begann sich anzukleiden. Mit dem Frühstück hatte es noch Zeit; ihre Jungs hatten erst noch die Kühe zu melken, bevor sie sich unten um den Tisch versammeln würden.

Marty fuhr sich mit dem Kamm durch das lange, seidig glänzende Haar. Geschmeidig und voll fiel es auf ihre Schultern herab, nicht wie das strähnige, ausgedünnte Haar älterer Frauen. Nein, an ihrem jugendlich schimmernden Haar konnte niemand ihr Alter ablesen. Bisher hatte sich keine einzige verräterische Silbersträhne eingestellt. Clarks Schopf war dagegen mit Grau geradezu übersät, besonders an den Schläfen. An ihm wirkte es aber eher männlich und interessant, fand sie. Seinem guten Aussehen tat es jedenfalls keinen Abbruch – ganz im Gegenteil!

Nachdenklich steckte Marty ihr Haar zusammen. Ein Geburtstag war ihr immer ein willkommener Anlaß zu einem besinnlichen Rückblick. Schließlich machte sie das Bett, schaffte ein wenig Ordnung im Schlafzimmer und machte sich auf den Weg nach unten.

Im Flur begrüßte sie der Duft frischen Kaffees.

„Clark wird doch nicht etwa seine Drohung wahrgemacht haben!“ war ihr erster Gedanke. Aber das war ja nicht möglich; sie hatte ihn doch gerade zum Futterspeicher gehen sehen. Sie blieb stehen und schnupperte noch einmal. Kein Zweifel: frischer Kaffee! Dazu lag jetzt eindeutig der Duft von gebratenem Speck und Frühstückshörnchen in der Luft. Marty steuerte neugierig auf die Küche zu.

„Oooch, Mama ..., es sollte doch eine Überraschung sein!“

Es war Ellie.

„Liebe Güte, Kind“, lachte Marty, „die Überraschung ist dir voll und ganz gelungen! Hier sind ja die Heinzelmännchen in aller Frühe am Werk gewesen!“

Ellie lächelte zurück.

„Larry wollte es dir eigentlich ans Bett bringen, aber bis dahin wärst du uns sicher längst auf die Schliche gekommen. Da hab' ich gedacht, wenigstens sollst du alles fix und fertig in der Küche vorfinden.“

Marty musterte den Tisch. Auf einem frischen, blütenweißen Tischtuch glänzte das Sonntagsgeschirr; Teller, Tassen und Besteck waren auf das sorgfältigste vor jedem Platz zurechtgelegt. Die Tischmitte schmückte ein Strauß wilder Rosen.

„Mir scheint, du hast das Essen tatsächlich so gut wie fertig. Und wie hübsch du alles gerichtet hast! Ich glaube, an den Rosen werde ich mich so satt sehen, daß ich darüber mein Frühstück ganz vergesse!“

Ellies Wangen röteten sich vor Freude über das Lob. „Larry hat sie hinter der Weide gepflückt."

Marty beugte sich über eine der Rosen und sog den süßen Duft ein. Sie konnte sich kein schöneres Geburtstagsgeschenk als diesen Rosenstrauß vorstellen. Jede einzelne Blüte war ein bildhafter Ausdruck für die Liebe ihrer Familie zu ihr.

„Wo steckt Larry denn jetzt?" wollte sie wissen, als sie sich wieder aufgerichtet hatte.

„Hm, das darf ich dir nun wirklich nicht verraten", meinte Ellie, „aber weit weg ist er nicht, und zum Frühstück ist er ganz bestimmt zurück. Möchtest du schon mal eine Tasse Kaffee vorweg?"

„Keine schlechte Idee." Marty schmunzelte. Das Geburtstagskind wurde heute aber auch nach Strich und Faden verwöhnt!

Ellie brachte ihrer Mutter eine dampfende Tasse Kaffee, um dann wieder nach dem Essen auf dem Herd zu sehen. Über den Tassenrand hinweg beobachtete Marty, wie ihre Jüngste am Herd wirtschaftete. Liebe Güte, aus den Kinderschuhen war Ellie wahrhaftig herausgewachsen. Sie war ja schon beinahe eine junge Dame! Wer weiß, wie bald sie an ihrem eigenen Herd stehen würde! Der Gedanke daran, daß auch Ellie eines Tages flügge werden würde, machte Marty das Herz schwer. Nein, noch eine Tochter wollte sie nicht hergeben – nicht ihre jüngste! Wie einsam ihr die Küche erscheinen würde, wenn das letzte Mädchen auch das Haus verlassen hatte! Bei Ellie hatte sie Trost und Gesellschaft gefunden, nachdem Missie von daheim ausgezogen war. Was sollte sie nur ohne ihre Ellie tun? Vor ein paar Tagen hatte Ma Graham noch im Scherz zu ihr gesagt, daß aus Ellie eine umschwärmte Dorfschönheit zu werden drohte. Marty war sich längst dessen bewußt, daß Ellies Kindertage gezählt waren – aber insgeheim hatte sie gehofft, daß das vorerst noch ein Geheimnis blieb. Wenn die jungen Burschen am Ort sich nämlich erst einmal zum Stelldichein mit ihr verabredeten, gab es kein Zurück mehr. In Scharen würden sie in der Wohnstube sitzen und um die Wette Süßholz raspeln, und einem von ihnen würde es dann schon gelingen, ihre Ellie im Sturm zu erobern. Eine Träne wollte sich von ihrem Wimpernrand lösen, als die Männer aus dem Stall wieder ins Haus kamen, Luke allen voraus.

„Du, Ma", rief er ihr schon von der Tür aus zu, „so antik siehst du eigentlich gar nicht aus, wenn man bedenkt ..." Er unterbrach sich und fing schallend an zu lachen.

Arnie warf seiner Mutter einen betretenen Blick zu.

„Hör mal, Luke, deine Scherze finde ich manchmal gar nicht komisch!" wies er seinen Bruder zurecht, doch dieser versetzte ihm einen gutmütigen Klaps auf die Schulter.

„Ma, dieser Arnie ist dir aber schwer mißglückt. Bei dem ist das Lachen ja in den Kniekehlen eingerostet. Ungesund ist so was!"

Dann machte er seine Schwester zur Zielscheibe seiner Späße.

„Na, Frau Wirtin, hier duftet's ja immer noch ganz passabel. Wann ist's denn soweit mit dem Anbrennen?"

Ellie lachte nur. Luke neckte sie den lieben langen Tag, und sie wußte, daß er es im Grunde gut mit ihr meinte. Außerdem besaß ihr ältester Bruder ihre ganze mädchenhafte Bewunderung, und auch er hing an ihr. Luke fuhr ihr mit seiner kräftigen Rechten durchs Haar und beeilte sich dann, sich vor dem Frühstück zu waschen. Ellie bemühte sich, ihre losen Haarsträhnen wieder zu ordnen, bevor sie die Rühreier auf den Tisch trug.

Arnie, der geduldig darauf wartete, daß das Spülbekken frei wurde, ging schließlich auf seine Mutter zu.

„Alles Gute zum Geburtstag, Ma!" sagte er und legte seine Hand auf ihre Schulter.

„Dank' dir, mein Sohn. Hat ja schon vielversprechend angefangen."

„Bis jetzt vielleicht, aber bald geht's ja los zu Cathy. Mensch, Nandrys Kinder werden von Tag zu Tag wilder. ‚Onkel Arnie, nimm mich huckepack!' – ‚Onkel Arnie, heb mich auch mal hoch!' – ‚Onkel Arnie, jetzt bin ich aber dran!' Onkel Arnie dies, Onkel Arnie das. So geht's doch jedesmal, wenn wir zu Besuch kommen."

„Nun, beklagt hast du dich eigentlich noch nie über so viel Anhänglichkeit!" meldete Ellie sich vom Herd her.

Arnie ließ es bei einem Lächeln bewenden. Marty mußte Ellie recht geben: Arnie mochte Kinder tatsächlich gern.

Im nächsten Moment kam auch Clark schon herein, trocknete sich die Hände und sah in die Runde.

„Mir scheint, wir sind fast vollzählig", bemerkte er. „Ihr habt doch nicht extra auf mich gewartet, oder?"

„Gewartet? Wir haben schon gedacht, du hättest dich draußen verlaufen, Pa!" sagte Luke mit einem Augenzwinkern, rollte das grob gewebte Handtuch zu einer Schlinge und ließ es durch die Luft pfeifen.

„Die Jungs sind auch gerade erst reingekommen, Pa", erklärte Ellie ihrem Vater. „Laß dir nur keinen Bären aufbinden!"

Die Männer setzten sich an den Tisch, und auch Marty rückte sich ihren Stuhl zurecht. Ellie trug die Schüssel mit dem Schinkenspeck auf. Erst jetzt bemerkte Marty den leeren Platz.

„Larry!" rief sie erstaunt. „Er ist ja immer noch nicht da!"

„Der schläft bestimmt noch süß und selig, diese Schlafmütze!" vermutete Luke.

„Ich glaube, in ein paar Minuten wird er kommen", gab Ellie zurück. „Am besten fangen wir schon mal ohne ihn an."

„Aber ..." wollte Marty protestieren, als sie die Haustür schlagen hörte und ein zerzauster, von der Eile rotwangiger Larry die Küche betrat. Beim Anblick ihres

Jüngsten machte Martys Herz unwillkürlich einen Freudensprung. Er war der Sanfte, der Schlichter und Träumer der Familie. Mit seinen fünfzehn Jahren war er schmaler als seine Brüder. Seine dunklen Augen verrieten etwas von der Tiefe seines Empfindens für andere.

„Entschuldigt", sagte Larry und rutschte schnell auf seinen Stuhl.

Clark nickte ihm nur zu, doch in dieser Geste lag keine Spur des Vorwurfs.

„Möchtest du dir auch eben die Hände waschen?" fragte er.

„Das mach' ich lieber nach dem Beten, damit euch das Essen nicht kalt wird."

„Das Essen kann warten, mein Junge. Wasch dich nur schnell!"

Larry sprang auf und lief an das Spülbecken. Unterwegs warf er einen kritischen Blick auf seine Hände. Sie waren geradezu übersät mit roten Flecken.

Als er wieder auf seinem Platz saß, schlug Clark die Familienbibel auf, um den Tagesabschnitt daraus vorzulesen und das Morgengebet zu sprechen. Heute dankte er seinem Gott dabei besonders für die Frau an seiner Seite, die seinen Kindern all die Jahre hindurch eine gute Mutter gewesen war. Dann erbat er Gottes reichen Segen für Martys neues Lebensjahr. Marty wurde an ein ähnliches Gebet erinnert, das er vor vielen Jahren gesprochen hatte. Damals war sie todunglücklich und am Rande ihrer Kräfte gewesen. Als junge Witwe war sie nur widerwillig Clarks Frau geworden – und er hatte Gott um seinen Segen für sie gebeten. Wie wunderbar hatte doch Gott dieses Gebet erhört! Sie hatte seine Nähe, seine Freundlichkeit und seinen Segen über die Jahre hinweg erfahren, und sie war von Herzen dankbar dafür.

Nach der kleinen Andacht wurde es lebendig in der Tischrunde. Luke warf Larry zwischen zwei Bissen einen Blick zu.

„Na, Brüderchen, was hast du denn schon so früh am Morgen getrieben?"

Larry wand sich verlegen auf seinem Stuhl.

„Ach, eigentlich wollt' ich ein paar Geburtstagserdbeeren für Ma pflücken, aber damit hab' ich Pech gehabt. Die Dinger sind noch so winzig und unreif, daß ich bloß 'ne halbe Tasse voll gefunden hab'." Damit reichte er seiner Mutter die Blechtasse mit der kärglichen Ausbeute.

Marty schluckte. Wieder wollten ihr die Tränen kommen. Da war ihr kleiner Langschläfer doch tatsächlich für ihre Geburtstagserdbeeren so früh aufgestanden! Vor Jahren hatte Missie diesen Brauch eingeführt; „Mamas Geburtstags-Frühstückserdbeeren" hatte sie es damals genannt. Nachdem Missie das Haus verlassen hatten, hatten ihre Geschwister gemeinsam die Tradition fortgesetzt, doch mit dem Umbruch des Erdbeerbeets hinter dem Haus waren die Geburtstagserdbeeren schnell in Vergessenheit geraten. Und heute hatte ihr Jüngster sich alle Mühe gegeben, ihr mit einer Tasse wilder Erdbeeren eine Freude zu machen!

Luke fuhr seinem kleinen Bruder anerkennend über das Haar. „Bist schwer in Ordnung, Junge!" sagte er mit seinen Augen; sprechen konnte er nicht, denn sein Mund war gerade viel zu beschäftigt mit Ellies frischen Frühstückshörnchen.

„Mensch, hättest mir doch Bescheid sagen sollen!" flüsterte Arnie. „Ich wäre mitgegangen und hätte dir pflükken geholfen!"

Marty seufzte unhörbar. Hier saß sie nun am festlich gedeckten Frühstückstisch, inmitten der vier Kinder, die ihr noch geblieben waren, und das Herz strömte ihr über vor Dankbarkeit. Heimlich wischte sie sich eine Freudenträne aus dem Augenwinkel.

Eine große Überraschung

„Meine liebe Cathy, mit dem Essen hast du dich mal wieder selbst übertroffen!" lobte Marty und wischte sich die letzten Kuchenkrümel vom Rock. Luke hielt sich nur den Bauch und verdrehte genießerisch die Augen, und Josh lachte.

Kaum waren die Teller abgeräumt, als der gesellige Teil des Beisammenseins begann. Plötzlich hatte jedermann, selbst die Kinder, etwas ungeheuer Wichtiges zu erzählen, bis Clark schließlich die Hände hob, um dem Stimmengewirr Einhalt zu gebieten.

„Sachte, sachte, ihr Rasselbande!" lachte er. „Bei diesem Lärm versteht man ja sein eigenes Wort nicht mehr! Wie wär's, wenn wir ein bißchen Ordnung in die Sache brächten?"

Tina, Nandrys Älteste, kicherte.

„Wie stellst du dir das denn vor, Opa: Ordnung beim Familienklatsch?"

„Darf ich jetzt aufstehen?" bettelte ihr Bruder Andrew. „Ich will endlich mit Onkel Arnie ..."

„Momentchen mal, junger Mann!" fiel Cathy ihm ins Wort. „Bevor wir uns in alle Winde verstreuen, müßten wir Oma doch wenigstens ihre Geschenke auspacken lassen, oder?"

„Au fein! Prima!" riefen die Kinder durcheinander und klatschten vor Vergnügen in die Hände. Geschenke waren eine aufregende Angelegenheit, selbst wenn sie für jemand anders bestimmt waren.

Ein Sessel für Marty wurde herbeigeholt, und das Überreichen der Gaben konnte beginnen. Die Kinder hatten allerlei Hübsches für ihre Großmutter gebastelt und gemalt. Tina hatte ein Taschentuch umhäkelt. Nandry und Cathy brachen in helles Gelächter aus, als sie entdeckten, daß jede ihre Mutter mit einer neuen Schürze überrascht hatte. Luke und Arnie hatten gemeinsam eine neue Teekanne gekauft.

„Jetzt kannst du die Kanne mit dem Sprung endlich ausmustern", erklärten sie. Ellie hatte eine Porzellanbrosche für ihre Mutter ausgesucht. Marty vermutete insgeheim, daß Clark zum großen Teil den Kaufpreis des hübschen Stückes bestritten hatte.

Als letztes der Kinder war Larry an der Reihe. Er schaute ein wenig unsicher drein, als er sich erhob und auf seine Mutter zuging.

„Ich hab' überhaupt nichts dafür ausgegeben", murmelte er verlegen, als er sein Geschenk überreichte.

„Du weißt doch, mein Junge, daß bei einem Geschenk der gute Wille mehr zählt als der Preis", versicherte sie ihm. Nun war ihre Neugier geweckt.

„Ja, das sagst du immer, aber ..., aber andere Leute sagen, ein Geschenk müsse etwas kosten."

Clark begriff, wo Larry der Schuh drückte.

„Hör mal, mein Sohn", sagte er, „ein Geschenk mißt man nicht in Dollar und Cent. Wenn du ein Stück von dir selbst schenkst, dann ist das mehr wert als eine ganze Tasche voller Geldscheine!"

Larry schien beruhigt. Er schob Marty sein unbeholfen verschnürtes Paket auf den Schoß.

„Die hast du so gern gehabt, Ma, und da dachte ich ..."

Mit einem linkischen Achselzucken trat er einen Schritt zurück, damit sie ihr Geschenk auspacken konnte.

Das in braunes Packpapier eingewickelte Etwas war unförmig und schwer. Was es nur sein mochte? Marty konnte es kaum erwarten, es von der groben, zerknitterten Verpackung zu befreien. Endlich fiel das Papier zu Boden – und in ihren Händen hielt sie zwei kleine Heidesträucher samt Wurzelballen und einer Handvoll Mutterboden. Marty erkannte die Pflanzenart auf den ersten Blick. Bei einem Familienausflug in die Berge hatte sie sich an dem rubinroten Blütenkleid dieser Sträucher gefreut. Bei dem Gedanken an die rote Pracht in ihrem eigenen Vorgarten schlug ihr Herz schneller.

„Meinst du, die werden auch hier anwachsen, Pa?“ erkundigte sich Larry besorgt. „Ich hab' so doll aufgepaßt beim Ausgraben, daß ich die Wurzeln nicht ...“

„Da mach dir nur keine Sorgen!“ beruhigte ihn Clark. „Wir pflanzen sie so naturgemäß wie möglich wieder ein.“ Und leise, wie zu sich selbst, fuhr er fort: „Und wenn ich eine ganze Wagenladung Muttererde aus den Bergen holen muß!“

Jetzt konnte Marty die Tränen nicht mehr zurückhalten. Ihr kleiner Larry! Für diese zwei Sträucher hatte er den weiten Weg in die Berge und eine beträchtliche Anstrengung nicht gescheut. Nun trat er verlegen von einem Fuß auf den anderen mit der stummen Bitte im Blick, sein sonderbar anmutendes Geschenk nicht zu belächeln. Marty zog ihn an sich und umarmte ihn kurz. Ihr Jüngster ließ es geschehen und setzte sich dann strahlend wieder auf seinen Platz.

„Danke, mein Junge! Ich freue mich ja schon so auf die Blütenpracht!“ hatte sie ihm zugeflüstert, und er wußte, daß ihre Freude aufrichtig war.

Schließlich richteten sich alle Augen auf Clark. Es war im Laufe der Jahre Brauch geworden, daß ihm bei Familienanlässen dieser Art das letzte Wort vorbehalten war. Clark räusperte sich und stand auf.

„Also, so hübsch anzusehen wie die anderen Sachen hier ist mein Geschenk nicht. Blüten wird's wohl auch nie tragen – aber ich hab's mit Liebe ausgesucht, und ich hoffe, daß es dir gefällt, mein Schatz. Hier, bitte schön!“

Damit reichte er Marty einen einfachen braunen Briefumschlag. Sie drehte ihn in den Händen hin und her. Er war völlig unbeschriftet. Kein einziger Hinweis, der ihr den Inhalt des rätselhaften Briefes verraten hätte.

„Mach ihn schon auf, Omi!" drängte eine helle Kinderstimme. Die anderen schlossen sich an.

Erwartungsvoll öffnete Marty den Umschlag. Zwei Notizzettel fielen ihr in den Schoß. Sie trugen Clarks Handschrift. Marty nahm einen davon und las vor: *„Vorher führe ich dich natürlich zum Großeinkauf aus. Du wirst sicher neue Sachen brauchen."*

„Du hättest den anderen Zettel zuerst lesen sollen", antwortete Clark ihrem fragenden Blick.

Marty griff nach dem zweiten Zettel.

„Gutschrift für eine Eisenbahnreise zu Missie. Wir fahren ..."

Eine Eisenbahnreise zu Missie! Marty konnte ihr Glück kaum fassen. Wie sehr hatte sie sich nach ihrer geliebten Tochter draußen im fernen Westen gesehnt – und nun sollte sie sie bald wiedersehen!

„O Clark!" Mehr brachte sie nicht hervor. Dann lag sie ihm auch schon in den Armen und schluchzte vor Freude.

Endlich hatte sie ihre Fassung wiedergewonnen und löste sich aus Clarks Umarmung. Mit einem unbeholfenen Lächeln auf den Lippen wandte sie sich nun an die ganze Familie.

„Ich glaube, auf den Schreck muß ich mir draußen erst mal die Beine vertreten. Und dann setzen wir uns gemütlich zusammen und bereden die Sache gründlich!"

Um nicht aufs neue in Tränen auszubrechen, hastete sie aus der kleinen Wohnküche hinaus in den sonnigen Juninachmittag.

Ziellos wanderte sie in Cathys Garten auf und ab. Zu Hause zog es sie, wenn sie einmal für sich sein wollte, stets an die Baumgruppe am Bach. Nun, der Schatten unter Cathys Apfelbäumen würde ihr heute genügen müssen, um Ordnung in ihren wirren Kopf zu bringen.

Sie sollte also ihre Missie besuchen! An Clarks Seite

würde sie die lange Strecke mit der Eisenbahn zurücklegen. Anstatt mehrere Wochen im Planwagen bei Wind und Wetter zubringen zu müssen, würden sie in einem plüschgepolsterten Eisenbahnabteil reisen, und beim Puffen der Lokomotive und dem Rattern der Räder würden die Meilen nur so vorüberfliegen! Kaum konnte sie die Zeit abwarten, bis die Reise losging. Clarks Zettel hielt sie noch immer in der Hand. *„Gutschein für eine Eisenbahnreise zu Missie“*, las sie. *„Wir fahren ab, sobald du reisefertig bist. In Liebe, Dein Clark.“*

„Sobald sie reisefertig war! Liebe Güte, sie hatte ja noch tausend Dinge zu besorgen! Schon allein ihre Garderobe – sie würde sich völlig neu einkleiden müssen. In ihrem blauen Hut konnte sie sich in feiner Gesellschaft wirklich nicht mehr sehen lassen, und ihr bestes Kleid hatte einen häßlichen Riß am Saum, der trotz aller Flickkünste nicht zu übersehen war. Wie um alles in der Welt sollte sie nur …? Aber halt, da war ja noch Clarks zweite Überraschung: *„Vorher führe ich dich natürlich zum Großeinkauf aus.“* Marty seufzte erleichtert auf. Clark hatte aber auch an alles gedacht!

Entschlossen machte sie sich wieder auf den Weg in Cathys Küche. Sie mußte unbedingt mit den Mädchen sprechen. In Sachen Mode waren sie ja weitaus besser auf dem laufenden als sie selbst und kannten sich auch in den Geschäften in den umliegenden Orten aus. Sie würden schon wissen, was sie auf ihre Einkaufsliste schreiben mußte und mit welcher Kutsche die anderen Ortschaften zu erreichen waren.

„Ach du liebe Güte“, murmelte sie überwältigt, „jetzt hab’ ich aber alle Hände voll zu tun. Wie soll ich das nur alles schaffen?“

Reisevorbereitungen

In den folgenden Tagen war Marty mit ihren Besorgungen für die große Reise vollauf in Anspruch genommen. Nandry und Cathy begleiteten sie zu einer Einkaufsfahrt in die Stadt, wo sie verschiedene Kleiderstoffe auswählten. Dann brüteten sie gemeinsam über den Entwürfen, die Cathy nach der neuesten Mode gezeichnet hatte.

Nach reiflicher Überlegung kamen sie zu dem Schluß, daß ein gründlicher Einkaufsbummel in der Großstadt unumgänglich war, wenn Marty für ihre große Reise gekleidet sein sollte. Doch würde ihr zu einem solchen Ausflug überhaupt noch Zeit bleiben? Eine passable Garderobe war zwar wichtig, aber daneben gab es noch unzählige andere Dinge, die erledigt werden mußten. Da waren zum Beispiel Lukes Heiratsabsichten. Bisher hatten die beiden jungen Leute noch kein Hochzeitsdatum festgelegt, doch Marty wäre erheblich leichter ums Herz, wenn sie vor der Reise noch Klarheit darüber gehabt hätte. Andererseits wollte sie das Paar auch nicht drängen, und so ließ sie es bei einem sachten Hinweis Luke gegenüber bewenden. Der angehende Bräutigam nickte verständnisvoll und versprach, die Frage so bald wie möglich mit seiner Auserwählten zu klären.

Auch das Kofferpacken bereitete Marty Kopfzerbrechen. Mit jedem Tag kamen ihr mehr Gegenstände in den Sinn, die Missie und Willie bestimmt dringend brauchten. Wieviel Hausrat würde sie wohl zum Transport ansammeln können, bis Clark – oder der Bedienstete der Eisenbahngesellschaft – kritisch die Brauen hob? Seufzend nahm sie sich vor, ihre Auswahl auf das Allernotwendigste zu beschränken.

Dazu sollte sie sich nun bald zu einem Abreisetermin entschließen. Clark hatte wichtige Angelegenheiten bezüglich der Farm zu regeln und wartete darauf, daß Marty einen Zeitraum für die Reise festlegte. Marty wiederum war sich nicht sicher, ob es besser wäre, die Reise vor Lukes Hochzeit oder lieber im Anschluß daran zu planen.

Den Haushalt würde Ellie in ihrer Abwesenheit führen. Das junge Mädchen hatte längst schon unter Beweis gestellt, daß sie der Aufgabe durchaus gewachsen war, aber war diese Bürde nicht vielleicht doch zu schwer für diese schmalen Schultern? Dabei vergaß Marty, daß sie selbst in Ellies Alter schon eine verheiratete Frau gewesen war.

Um Larry, ihr Nesthäkchen, sorgte sie sich jedoch am meisten. Wenn sie ihn doch nur mitnehmen könnte! Zugleich befürchtete sie insgeheim, daß Larry Gefallen am Westen finden und seine Eltern am Ende allein wieder auf die Heimreise schicken könnte. Nein, es war sicherer, wenn der Junge blieb, wo er war. Noch ein Kind an den fernen Westen zu verlieren war mehr, als Marty ertragen konnte.

So jagten ihr die Gedanken tagelang im Kopf umher. Sie hatte gehofft, daß niemand ihre Sorgenfalten bemerkte, doch vergebens. Zu guter Letzt beschloß die Familie, daß es höchste Zeit für einen ausgiebigen Einkaufsbummel in der Stadt war, bevor Marty sich völlig in ihren Grübeleien verlor. Nandry und Cathy baten eine Nachbarin, ihre Kinder zu beaufsichtigen, und begleiteten Marty per Überlandkutsche in die Großstadt. Auch Ellie war mit von der Partie. Angesichts der zahllosen Schachteln und Tüten mit den auf diese Weise erstandenen Waren fragte sich Marty auf der Rückfahrt ernstlich, ob sie nicht doch zu großzügig mit Clarks Geld umgegangen war, aber genossen hatte sie jede Minute dieses Ausflugs!

Sie hatte sich sogar dazu hinreißen lassen, ein paar elegante Lampenschirme für Missie zu kaufen. Wer wußte, wie lange Missie keinen Fuß mehr über die Schwelle eines besseren Geschäfts gesetzt hatte!

Luke unterbreitete seiner Kate die Reisepläne seiner Eltern, und gemeinsam berieten sie, was nun im Hinblick auf ihre Hochzeit zu tun war. Schließlich einigten sie sich darauf, mit der Heirat zu warten, bis Clark und Marty wieder zurück wären, und wählten schließlich den 27. August als Beginn ihres Lebens zu zweit. Die Zwischenzeit würde Luke nutzen, um das leerstehende alte Bauernhäuschen auf dem Grundstück seiner Eltern für sich und seine zukünftige Frau herzurichten, während Kate mit dem Nähen von neuen Vorhängen, Handtüchern und Fußmatten vollauf beschäftigt sein würde.

Ellie holte sich den Rat ihrer Mutter in zahllosen Haushalts- und Gartenfragen ein. Im Grunde wußte sie nur zu gut, daß sie schon allein zurechtkommen würde, vermutete aber zu Recht, daß Marty die Reise leichteren Herzens antreten würde, wenn sie genaueste Anweisungen hinterlassen konnte. Ellie versicherte ihrer Mutter ein ums andere Mal, wie sehr sie sich darauf freue, einmal „Hausmütterchen" spielen zu dürfen, und Marty war sicher, daß ihr diese Aufgabe im Grunde nur guttun würde. Nandry und Cathy versprachen, mit Rat und Tat zur Seite zu stehen, wenn sie doch einmal Hilfe brauchen sollte.

Larry ließ immer häufiger eine Bemerkung über die baldige Trennung von seinen Eltern verlauten. Eigentlich, so meinte er, sei dies doch eine willkommene Gelegenheit für ihn, einmal probeweise auf eigenen Füßen zu stehen. Er würde ohnehin die Abende über seinen Büchern für die Aufnahmeprüfung der Universität verbringen, so daß ihm zum Trübsalblasen gar keine Zeit bleiben würde. Marty spürte, wie sehr sich ihr Jüngster bemühte, seiner Mutter den Abschied von ihm zu erleichtern.

Jeden Tag überlegte Marty hin und her, was sie an Gepäck auf die lange Reise mitnehmen sollte. Ihr prüfender Blick streifte den Gemüsegarten, die Regale mit dem Eingemachten, ihre Stoffvorräte, den Hühnerstall und sogar die Milchkühe. Kopfschüttelnd seufzte sie tief. Liebe Güte, sie würde ja nie ein Ende finden! Kurz entschlossen bat sie die Familie, ihr bei der Auswahl der Mitbringsel behilflich zu sein, und bald war eine Liste erstellt, die auch Clarks Zustimmung fand.

Endlich war Martys Arbeit getan. Clark bestellte die Fahrkarten, und innerhalb weniger Tage konnte die Reise losgehen.

*

„Wann fahrt ihr denn nun ab?“ erkundigte sich Ma Graham am Sonntag nach dem Gottesdienst.

Marty war froh, endlich eine genauere Auskunft geben zu können.

„Also, am Mittwoch fahren wir mit der Postkutsche in die Stadt, und von da aus nehmen wir die Eisenbahn am nächsten Morgen“, antwortete sie.

„Da hast du ja bestimmt schon mächtiges Reisefieber, was? – Ach, weißt du“, fuhr sie fort, denn eine Antwort wäre überflüssig gewesen, „deine Missie fehlt mir ja selbst so, daß ich mir gar nicht ausmalen kann, wie es dir zumute sein muß. Grüß sie mir von Herzen! Hier, ich habe was für sie gehandarbeitet. Ist bloß ’ne Kleinigkeit; ich habe mir nämlich gedacht, für eine Häkeldecke habt ihr vielleicht gerade noch Platz im Gepäck.“

Marty nahm Ma in die Arme. In ihren Augen glänzte es feucht.

„Da wird Missie sich aber freuen!“ sagte sie.

Und so wurden die vollen Kisten, Koffer und Truhen geschlossen, die Kleidung für die Reise sorgfältig zurechtgelegt und alle verstreut liegenden Überbleibsel geordnet. Manche Anweisung und Ermahnung, ob notwendig oder nicht, wurde erteilt. „Sicher ist sicher“, war Martys Devise.

Luke und Arnie hatten Erfahrung in der Landwirtschaft. Beide halfen ihrem Vater schon seit Jahren und hatten nebenbei ein eigenes Stück Land. Clark hatte keine Zweifel daran, daß seine Farm in ihren Händen gut aufgehoben war. Sollten sie allen Erwartungen zum Trotz doch einmal in Not geraten, so gab es hilfsbereite Nachbarn, an die sie sich jederzeit wenden konnten. Auch Larry war gern bereit, seine Freizeit für die Feldarbeit zu opfern. Daß aus ihm selbst jedoch nie ein Farmer werden würde, stand außer Frage. Er besaß einen außergewöhnlich scharfen Verstand, gepaart mit einer Empfindenstiefe, wie man sie nicht häufig findet. Gegenwärtig erwog er eine Laufbahn als Arzt. Clark und Marty unterstützten ihn in diesem hohen Ziel, ohne ihm jedoch über Gebühr zuzureden.

So sollten die Jungen also die Farm versorgen, während Ellie in der Küche das Sagen hatte. Obwohl Marty im Grunde wußte, daß das junge Mädchen vollauf in der Lage war, ihren Brüdern den Haushalt zu führen, beunruhigte sie noch immer der Gedanke an die umfangreiche Arbeitslast, die ihrer Tochter nun aufgebürdet werden sollte.

Wolkenlos und warm zog der Tag der Abreise herauf. Eine strahlende Morgensonne begrüßte die erwachende Welt. Marty war schon vor Clark auf den Beinen, um in ihrer Aufregung noch hier und da ein paar Handgriffe zu tun und zahllose Dinge zu richten, die eigentlich keiner Aufmerksamkeit bedurften. Es erschien ihr wie eine Ewigkeit, bis das Gepäck in den Wagen verladen war und sie endlich aufbrechen konnten.

Ellie und ihre drei Brüder begleiteten sie auf dem Weg in die Stadt, wo Nandry und Cathy mit ihren Familien schon auf sie warteten. Viel zu früh trafen sie an der Kutschstation ein.

Alle schienen vom Reisefieber gepackt zu sein. Aufgeregte Stimmen verdichteten sich zu einem heillosen Gewirr; die Erwachsenen gestikulierten, die Kinder waren außer Rand und Band. Clark schüttelte schmunzelnd den Kopf und gebot dem Treiben Einhalt.

„Kompanie – stillgestanden!" rief er in die Runde. „Wie wär's, wenn wir ein bißchen Ordnung in dieses Tohuwabohu bringen?" Augenblicklich verstummte ein jeder; dann verbreitete sich ein zustimmendes Lachen.

„Ich mache euch einen Vorschlag, liebe Leute", fuhr Clark fort. „Laßt uns rüber ins Hotel gehen und uns bei Kaffee und Butterbroten die Zeit vertreiben. Erstens gibt's da nämlich Stühle, und zweitens wird's dann ein bißchen ruhiger."

Kurz darauf marschierte die ganze Großfamilie Davis in Reih und Glied zum Hotel. Josh flüsterte Nandry etwas zu und griff in seine Tasche.

„Tina", rief er dann seiner Tochter zu, „deine Ma hat erlaubt, daß du mit den Kleinen geschwind in den Gemischtwarenladen läufst und jedem von euch ein Bonbon kaufst, weil heute ein besonderer Tag ist!"

Die Kinder brachen in Begeisterungsstürme aus. Tina nahm die Münzen in Empfang und faßte Marty und Esther Sue bei der Hand. Andrew zog es vor, für sich neben den Mädchen herzugehen. Die kleine Jane blieb derweil zufrieden in den Armen ihrer Mutter.

Im Hotel angekommen, setzten sie sich um einen Tisch und gaben ihre Bestellungen auf. Anstatt des Stimmengewirrs von vorher kam nun tatsächlich eine geordnete Unterhaltung auf. Marty verspürte nicht den geringsten Appetit. Sie bestellte sich nur eine Tasse Tee, an der sie hin und wieder nippte. Den Männern dagegen reichten die belegten Brote nicht aus; sie bestellten noch Kuchen und Obsttörtchen dazu. Marty war es ein Rätsel, wie sie wenige Stunden nach einem herzhaften Bauernfrühstück auch nur an Essen denken konnten.

Sie schaute auf die Wanduhr. Die Zeiger schienen geradezu stillzustehen! Die Speisen waren längst verzehrt, die Tassen geleert, nachgefüllt und aufs neue geleert worden. Wohl zum hundertsten Mal hatten sie einander letzte Anweisungen gegeben, Grüße aufgetragen und liebevolle Ermahnungen ausgesprochen. Marty rutschte ungeduldig auf ihrem Stuhl hin und her. Endlich erhob sich Clark und mahnte zum Aufbruch.

Vor der Kutschstation schloß sich Charles LaHaye, Willies Vater, der Gruppe an. Er schwang seinen Hut zum Gruß und wandte sich dann an Clark.

„Ich brauch' dir ja nicht zu sagen, wie ich euch beneide. In den Westen hat's mich immer schon gezogen, aber jetzt, wo mein Junge da draußen wohnt, bin ich manchmal drauf und dran, mit der nächsten Eisenbahn loszufahren."

„Dann pack doch dein Bündel und komm einfach mit!"

„Lust hätt' ich schon. Für heute bleibt's aber bloß bei diesem Päckchen, wenn's euch keine Unannehmlichkeiten macht. Ich kann euch doch nicht ziehen lassen, ohne euch wenigstens eine Kleinigkeit für die jungen Leute mitzugeben!"

„Keine Sorge, das Päckchen hat noch Platz!" versicherte Clark und legte es zu dem übrigen Gepäck.

Marty musterte den Berg von Kisten, Koffern und Schachteln auf der Laderampe. Neben ihren persönlichen Habseligkeiten und den Haushaltsgegenständen, die sie für Missie und Willie besorgt hatten, waren da die Dinge, die Cathy und Nandry für ihre Schwester mitschickten, die Geschenke von Ma Graham, Wanda Marshall, Sally Anne und Missies ehemaligen Schülern. Ja, das Gepäck hatte einen stattlichen Umfang angenommen. Jede zusätzliche Schachtel bedeutete sehr wohl „Unannehmlichkeiten", aber um Charles' willen nahm Marty das gern in Kauf. Lieber hätte sie sich von ihrer Hutschachtel getrennt, als ihm sein Geschenk zu verwehren.

Endlich ratterte die Kutsche in die Station und hielt an der Laderampe an. Das Gepäck wurde verladen, und auch die letzte Schachtel fand Platz. Von allen Seiten kamen die Abschiedsrufe:

„... und sag Willie, daß ...“

„... gib Missie ...“

„... und vergeßt nicht, die Grüße von ...“

Mit tränenfeuchten Augen und einem vor Aufregung pochenden Herzen wandte sich Marty von einem zum anderen. Endlich ging die Reise los! Ach, wenn doch nur das Abschiednehmen nicht wäre! Sie gab Larry einen letzten Kuß, nahm Ellie noch einmal in die Arme, warf ihren Enkelkindern Kußhände zu und beeilte sich dann, in die Kutsche zu steigen. Im nächsten Moment zogen die Pferde auch schon an, und die Kutsche rollte auf die Hauptstraße hinaus.

Marty lehnte sich zum Fenster hinaus, um ihren Lieben ein letztes Mal zuzuwinken. Dann sank sie erschöpft auf ihren Platz zurück.

„Also, ich muß doch sagen“, bemerkte sie stirnrunzelnd zu Clark, „Reisen ist Schwerarbeit. Ich bin ja jetzt schon restlos geschafft!“

„Und dabei geht's doch jetzt erst so richtig los, meine Liebe“, lächelte Clark. „Das Reisen selbst ist halb so schlimm; du hast dich beim Packen und Verabschieden zu sehr verausgabt. Von jetzt an kannst du's dir bequem machen und dich wieder ausruhen.“

Clark hatte natürlich recht. Wie sie sich allerdings ausruhen sollte, wenn sie vor Tatendrang nahezu platzte, war ihr ein Rätsel. Nun, sie würde ihr Bestes tun. Versuchen würde sie es wenigstens.

In der Stadt

Die Fahrt in dem stickigen, staubigen Inneren der Postkutsche schien nicht enden zu wollen. Wenn sie mit ihrer eigenen offenen Kutsche in die Stadt unterwegs waren, kühlte ihnen eine frische Brise den Kopf, und wenn ihnen nach einer Rastpause zumute war, hielten sie einfach die Pferde an und vertraten sich die Beine ein wenig. Inzwischen stand die Sonne schon hoch am Himmel, und trotz der geöffneten Fenster herrschte eine nahezu unerträgliche Hitze in der Kutsche.

Die drei Mitreisenden waren Männer. Clark tauschte ein paar Bemerkungen mit ihnen aus, doch Marty lag wenig an der Unterhaltung; sie war vollauf mit ihren eigenen Gedanken beschäftigt. Eine echte Lady nahm in Gegenwart anderer niemals ihren Hut ab, doch in der Hitze des Tages empfand Marty den ihren wie eine bleierne Last. Ein Königreich für einen frischen Windstoß um ihre heiße Stirn!

Die Kutsche hielt an, um die Pferde zu wechseln. Die Passagiere nutzten die Pause dazu, um ein wenig frische Luft zu schnappen. Kurz darauf ging die Fahrt weiter.

Die Landstraße war voller Schlaglöcher. Holpernd und ratternd drehten sich die Räder der Kutsche und versetzten den Fahrgästen fortwährend unsanfte Stöße.

Um die Mittagszeit legte der Kutscher eine weitere Pause ein. Mit schmerzenden Gliedern stieg Marty die Stufen hinunter, um im Schatten einer Baumgruppe in der Nähe Schutz vor der glühenden Mittagssonne zu suchen. Die Männer vertraten sich derweil die Beine oder streckten sich der Länge nach im kühlen Gras am Wegrand aus.

Marty holte die Tasche mit dem Reiseproviant hervor und bereitete belegte Brote, Plätzchen und Limonade auf einer gewürfelten Decke aus. Sie selbst verspürte keine Spur von Hunger, doch Clark langte kräftig zu. Sein Appetit schien nicht im geringsten beeinträchtigt zu sein.

Viel zu bald wurde zur Weiterfahrt aufgerufen, und die Fahrgäste nahmen ihre Plätze auf den heißen, verstaubten Ledersitzen wieder ein. Langsam flossen die Nachmittagsstunden dahin. Das monotone Rattern der Räder und die Hufschläge der Pferde wurden nur hin und wieder von einem „Hü!" oder „Hott!" des Kutschers unterbrochen.

Marty wurde der Kopf schwer. Die Hitze, das Stillsitzen und der mangelnde Schlaf der vergangenen Nächte taten das Ihre dazu, so daß ihr immer wieder die Augen zufielen. War sie jedoch ein wenig eingenickt, so rüttelte sie unweigerlich das nächste Schlagloch unsanft wieder auf. Nein, lieber würde sie ganz auf den Schlaf verzichten, beschloß sie und setzte sich aufrecht auf ihrem Platz zurecht.

Und wieder machte die Kutsche halt, um die Pferde zu wechseln. Marty war dankbar für die kurze Gelegenheit, ihre müden Glieder zu strecken, bevor die Fahrt weiterging. Der Gedanke, daß Missie die ganze Strecke in den tiefen Westen in einem weit weniger bequemen Planwagen zurücklegen mußte, ließ sie erschaudern. Welch eine beschwerliche Reise mußte das gewesen sein!

Am frühen Abend fuhr die Kutsche endlich vor der Hauptstation der Stadt ein. Eine Dame reckt nicht neugierig den Kopf zum Fenster hinaus, sagte sich Marty und bemühte sich, von ihrem Platz aus möglichst viel von den breiten Straßen und den Menschenmassen auf den Gehsteigen zu erspähen.

Die Passagiere wurden gebeten auszusteigen. Marty ging auf der Laderampe umher und ließ das geschäftige

Treiben der Großstadt auf sich wirken, während Clark das Gepäck entgegennahm, ordnete und bis auf zwei kleine Koffer und Martys Hutschachtel zur Eisenbahnstation weiterleitete. Marty sah dem Karren mit ihrem Gepäck besorgt nach. Ob dem Mann dort auch zu trauen war? Und würde er dafür sorgen, daß alles tatsächlich im richtigen Zug befördert wurde? Waren auch alle Teile mit einem Namensschild versehen? Ach, nicht auszudenken, wenn das Gepäck verlorenginge!

Clark dagegen schien ihre Sorgen nicht im geringsten zu teilen. Er machte sogar einen erleichterten Eindruck, als ob er froh sei, ihr Hab und Gut endlich aus der Hand geben zu können! Vergnügt faßte er sie am Arm.

„So, Frau Davis", sagte er, „die Großstadt liegt Ihnen zu Füßen. Was belieben gnädige Frau nun anzufangen?"

„Anfangen?"

„Nun, die Stadt ist doch angeblich voller sündhafter Abenteuer. Wollen wir uns nicht mal in das eine oder andere davon stürzen?"

„Was denn ... wir???" Marty war entsetzt.

Clark quittierte ihren Ausruf mit einem herzlichen Lachen.

„Ich hab' doch bloß Spaß gemacht! – Aber weißt du, ein paar erstklassige Gasthäuser soll's hier geben. Ich hätte nichts gegen ein handfestes Abendessen. So ein paar belegte Brote halten nämlich nicht allzulange vor. Nun, was meinst du?"

„Gute Idee", stimmte Marty zu, wenn sie dabei auch weniger an das Essen als an die großartige Aufmachung der Damen in dem Speiserestaurant dachte.

„Am besten suchen wir uns aber zuerst schnell ein Hotelzimmer, wo wir unsere Siebensachen unterbringen können, und dann wollen wir mal sehen, ob sich nicht was Eßbares in dieser Stadt auftreiben läßt."

Ein Hotel war bald gefunden. Es war das größte seiner Art, das Marty je gesehen hatte. Tausendfältig glitzernde

Kronleuchter hingen an der hohen, reichverzierten Decke der Empfangshalle. „Das wird uns bestimmt ein Vermögen kosten“, befürchtete Marty im stillen.

Clark nahm den Zimmerschlüssel von dem Portier entgegen und reichte seiner Frau den Arm, um sie die breite Treppe hinaufzuführen. Die Stufen schienen nicht enden zu wollen, doch Martys Augen waren viel zu sehr von den kunstvoll bedruckten Tapeten und dem bunten Teppich eingenommen, um sie zu zählen. Dann blieb Clark auch schon vor einer Tür stehen und öffnete sie.

Vor Martys staunendem Blick tat sich ein auf das vornehmste ausgestattetes Zimmer auf. Überwältigt studierte sie jede Einzelheit. Wenn nur ihre Töchter diese Pracht miterleben könnten!

Tiefblaue Samtvorhänge, mit schweren Seidenkordeln seitlich gerafft, schmückten die in Blautönen gehaltenen Wände. Der Überwurf für das Bett war aus cremefarbenem, mit blauen Fäden durchwirktem Brokat. Eine handgeschnitzte Truhe und ein hölzerner Ständer für das Gepäck des Gastes gehörten zur Einrichtung des Raumes. Der Teppich war ein Traum aus leuchtenden Violett-, Rot- und Blautönen, die zu einem grandiosen, in Gold getauchten Muster angeordnet waren.

Marty konnte sich kaum satt sehen.

„Wie prachtvoll das alles ist!“ rief sie schließlich. „Meine Güte, das ist ja umwerfend! So viel Eleganz habe ich mein Lebtag noch nicht auf einmal gesehen!“

„Da hoffe ich aber, daß es sich auf dieser ‚Eleganz‘ auch schlafen läßt“, gab Clark zurück und setzte sich probeweise auf die Bettkante. „Hm, bevor der Morgen dämmert, wünsch’ ich mir bestimmt unseren Strohsack von zu Hause herbei. In diesem Ding versinkt man ja!“

Marty ließ sich neben ihm nieder.

„Also, von mir wirst du keine Klagen über das Bett hören!“ lachte sie. „Todmüde, wie ich bin, schlaf’ ich zur Not auch im Stehen ein.“

Clark erwiderte ihr Lachen.

„Nun, mein Schatz, bevor du mir im Stehen einschläfst, laß uns lieber schnell etwas Eßbares auftreiben!“ schlug er vor und bot ihr den Arm.

„Augenblick mal!“ wandte Marty ein. „Wenn ich schon in ein piekfeines Lokal ausgeführt werden soll, muß ich mich aber erst noch ein bißchen herrichten. Nach dieser endlosen Kutschfahrt bei Staub und Hitze komme ich mir nämlich wie ein alter Putzlappen vor, weißt du!“

Clark wartete geduldig auf seine Frau, deren ganze Aufmerksamkeit nun ihrer Frisur und ihrem Kleid galt. Endlich war sie mit ihrem Aussehen zufrieden und ließ sich von Clark die Treppe hinunter in die Hotelhalle führen. Clark erkundigte sich beim Portier nach einer guten Gaststube und erhielt die Auskunft, das hoteleigene Restaurant gehöre zu den vorzüglichsten weit und breit.

Erleichtert darüber, keine weiten Wege machen zu müssen, betraten die beiden den Speiseraum. Zwischen hohen Säulen und fließenden Vorhängen aus weinrotem, schwerem Samt saßen Gäste an gepflegt gedeckten Tischen. Marty konnte den Blick kaum von der fürstlichen Raumausstattung wenden, um endlich die Speisekarte zu studieren. Keins der aufgeführten Gerichte sagte ihr recht zu; alles erschien ihr zu aufwendig, zu reichlich und zu teuer. Lieber wäre ihr eine Portion einfachen Auflaufs oder eine Tasse Hühnersuppe. Als Clark die Spezialität des Hauses bestellte, schloß sie sich kurzerhand an, ohne nach dem Namen des Gerichts zu fragen.

So unauffällig wie möglich betrachtete Marty die übrigen Gäste im Raum. Liebe Güte, diese Stadtmenschen lebten in einer anderen Welt! Nun, dank ihrer Töchter fühlte sie sich wenigstens nicht unpassend gekleidet. Die Mächen hatten sie bei der Wahl ihrer Garderobe tatsächlich glänzend beraten! Beruhigt setzte sie sich auf ihrem Stuhl zurecht.

Das Essen war köstlich, aber viel zu reichlich. Marty

war es nicht gewohnt, Speisen umkommen zu lassen, und bemühte sich redlich, ihren Teller zu leeren. Dazu mochte sie auch den Koch nicht kränken, indem sie einen Teil ihrer Portion unangerührt zurückgehen ließ. Als sie aber endgültig satt war und das Besteck beiseite legte, war ihr noch immer unklar, was ihr eigentlich serviert worden war. Geschmeckt hatte es ihr vorzüglich, wenn ihr auch von zu Hause her andere Gerichte vertraut waren. Auf der Farm aß man einfachere Speisen wie Rostbraten mit Bohnen und Kartoffeln mit Speck. Nun, die Stadt war halt ein anderes Pflaster!

Zum Nachtisch bestellten sie Kaffee und französisches Gebäck. Welch ein Genuß, sich ungestört und fern aller Pflichten an solchen Köstlichkeiten zu laben!

Bald war es an der Zeit, aufzustehen und in die Hotelhalle zurückzukehren. Dort erstand Clark eine Tageszeitung, bevor sie wieder zu ihrem Zimmer hinaufstiegen. Marty raffte sorgfältig ihre Röcke. Nicht auszudenken, wenn sie auf der Treppe über ihre Säume stolperte und das kostbare Kleid durch einen häßlichen Riß verunzierte!

„Was würdest du denn am liebsten mit dem angebrochenen Abend anfangen?“ erkundigte Clark sich, als er die Zimmertür aufschloß. „Ohne Strickstrumpf und Nähzeug zur Hand wird's dir doch sicher sterbenslangweilig hier, oder?“

„Nicht die Spur!“ seufzte Marty. „Ich bin nämlich zum Umfallen müde. Mein Handarbeitskorb kann mir gestohlen bleiben!“

Clark lächelte.

„Leg dich nur schon hin!“ meinte er. „Ich möchte noch einen Augenblick in der Zeitung blättern. Mal sehen, was in der Weltgeschichte so passiert.“

Marty schlüpfte in ihr weiches Nachthemd und streckte sich wohlig in dem mit frischem Leinen bezogenen Bett aus. Oh, wie müde sie war! Eine Mütze voll Schlaf würde ihr unsagbar guttun. Sie würde bestimmt nicht einmal mehr bis drei zählen können, bis ...

Aber sie hatte sich geirrt. Ihre Gedanken konnten einfach nicht zur Ruhe kommen. Immer wieder sah sie Missie und Willie vor sich, und dann wieder ihre Kinder, die sie daheim zurückgelassen hatte. Ob die jungen Leute tatsächlich ohne sie zurechtkommen würden? Hatte sie sie auch wirklich mit den wichtigsten Anweisungen versorgt? Ach, und all ihr Gepäck! Ob es wirklich in den richtigen Zug verladen werden würde? Und dann die lange Bahnfahrt, die ihnen bevorstand ..., wie es wohl sein mochte, ein enges Abteil mit fremden Mitreisenden zu teilen? Marty schwirrte der Kopf vor lauter Fragen.

Clark faltete seine Zeitung wieder zusammen, wusch sich zur Nacht und legte sich neben sie ins Bett. Kurze Zeit später verrieten seine regelmäßigen Atemzüge, daß er eingeschlafen war. Marty selbst konnte noch immer keine Ruhe finden und sehnte sich den Morgen herbei. Wenn sie erst mit der Bahn unterwegs waren, dann ließ die ganze Aufregung bestimmt ein wenig nach.

Schreck zu früher Stunde

Trotz der kurzen, unruhig verbrachten Nacht war Marty in aller Frühe schon auf den Beinen. Der Gedanke an einen weiteren erlebnisreichen Tag hatte sie aus dem Bett getrieben. Clark rührte sich nur träge, als Marty ihre Decke zurückschlug.

„Hat der Hahn etwa schon gekräht?“ murmelte er im Scherz, um die Augen gleich darauf wieder zu schließen und sich zur Wand zu drehen.

Marty lächelte und begann mit ihren Vorbereitungen. Das Kleid für die Bahnreise hatte sie schon am Abend hervorgesucht und versucht, es zwischen den Handflächen glattzustreichen. Sie schüttelte auch ihren Hut aus und steckte die Feder zurecht. „Was für ein riesiger Apparat!“ dachte sie schmunzelnd, als sie das Werk dann mit kritischen Augen betrachtete. Nun, es war halt ein modisches Stück, und wer in der Damenwelt etwas auf sich hielt, ging nicht ohne einen solchen Hut aus.

Marty kleidete sich mit aller Sorgfalt an, bevor sie ihr Nachthemd und das Kleid von gestern zusammenlegte. Das Kleid war verstaubt und völlig verknittert von der Kutschfahrt. „Wenn ich's doch nur ein bißchen aufbügeln könnte!“ dachte sie bekümmert. Sie nahm ein paar Seiten von Clarks Zeitung und wickelte es behutsam darin ein. Das Rascheln des Papiers schien Clark keineswegs in seinem Schlaf zu stören.

Alle notwendigen Handgriffe waren erledigt, doch Clark hatte sich noch immer nicht geregt. Marty war ratlos. Ob sie ihn wecken sollte? Nicht auszudenken, wenn sie den Zug versäumten! Sie hatte keine Vorstellung, wie spät es inzwischen sein mochte. Dort über dem Stuhl hing Clarks Jacke mit der Taschenuhr in der Brusttasche. Sie langte hinein.

Die Uhr war nicht da. Die Uhr ... war ... nicht ... da? Blitzartig fuhren Marty zahllose Schauergeschichten über das Stadtleben durch den Kopf. Natürlich! Jemand hatte sich bei Nacht und Nebel in ihr Zimmer geschlichen und Clarks Uhr gestohlen. Oh, und wenn die Uhr verschwunden war, dann fehlten bestimmt auch andere Wertgegenstände! Marty hastete zu dem Koffer zurück. hatte der Dieb etwa auch die Brosche von Ellie gestohlen? Und die goldene Anstecknadel, die Clark ihr vor zwei Jahren zu Weihnachten geschenkt hatte?

Marty hatte ihren Schmuck zuunterst im Koffer verstaut. Mit bebenden Händen räumte sie nun ihre gesamte Garderobe aus dem Koffer und verteilte sie Stück für Stück um sich auf dem Fußboden. Oh, die vielen Stunden, die es sie gekostet hatte, um jedes einzelne Teil sorgfältig zusammenzulegen und in den Koffer zu schichten! Ach, sie hätte heulen mögen! Wie sollte sie die mühselig erarbeitete Ordnung in der kurzen Zeit nur wiederherstellen? Viele ihrer Kleider und Blusen waren in Seidenpapier eingewickelt, und jetzt wollte es ihr einfach nicht gelingen, die Teile aus dem Koffer zu heben, ohne Papier und Stoff zu zerknittern. Aber sie hatte keine Wahl. Sie mußte unbedingt nachschauen, ob der Dieb auch ihren Schmuck gestohlen hatte. Oh, Clark würde seine Uhr ja so sehr vermissen! Seine drei Söhne hatten sie ihm gemeinsam zum Geburtstag geschenkt, und er hatte sie so stolz an der goldenen Kette getragen.

Marty hielt inne. Vielleicht verschwendete sie hier kostbare Minuten. Vielleicht sollte sie lieber schnell zum Portier nach unten laufen und den Diebstahl melden, damit man den Dieb noch fassen konnte. Nein, so würde es auch nicht gehen. Sie mußte ja zuerst feststellen, wie groß der Schaden überhaupt war, bevor sie ihn melden konnte. Seufzend kniete sie sich wieder neben den Koffer auf den Teppich und fuhr fort mit dem Auspacken.

Der Koffer war beinahe leer, als Clark endlich aufwachte und den Kopf hob. Träumte er etwa noch, oder ...? Vor wenigen Tagen hatte Marty diesen Koffer doch auf das sorgfältigste gepackt. Sie konnte ihn doch unmöglich schon wieder von vorn ... Clark rieb sich die Augen. Nein, es gab keinen Zweifel: Marty hockte auf dem kostbaren Hotelteppich und hob jedes einzelne Teil – aus dem Koffer heraus!

„Packst du um?“ fragte er nur. Marty schrak auf.

„O Clark!“ rief sie. „Gut, daß du endlich wach bist! Etwas Schreckliches ist passiert: Wir sind bestohlen worden!“ Mit fiebernden Händen zog sie die letzten Wäschestücke aus dem Koffer.

„Bestohlen?“

„Ja, bestohlen!“

„Was soll das denn bedeuten?“

Doch da rief Marty schon beglückt: „Da sind sie ja! Oh, wie bin ich froh!“

Clark sprang aus dem Bett und sah verständnislos auf seine Frau hinunter, die mit den beiden Schmuckstücken in den Händen auf dem Boden saß.

„Sieh doch nur!“ rief sie wieder. „Er hat sie nicht gefunden!“

„Gefunden? Ich versteh' nicht ...“

„Der Dieb! Der Dieb, der deine Uhr gestohlen hat. Ach Clark, du tust mir ja so leid! Du hast doch so an deiner Uhr gehangen, und jetzt ist sie ...“

„Meinst du etwa diese Uhr hier?“ Damit hob Clark sie von der Nachtkonsole neben dem Bett.

Marty starrte ihn entgeistert an.

„Da hast du sie ja!“ sagte sie tonlos.

„Sie wurde keineswegs gestohlen, ich habe sie nur hier auf die Konsole gelegt, damit ich am Morgen gleich sehen könnte, wieviel Uhr es ist.“

„O Clark! Ich hab' sie in deiner Jackentasche gesucht, und weil sie nicht da war, hab' ich gedacht, sie sei dir gestohlen worden ..."

Aber da hatte Clark schon aus vollem Halse zu lachen begonnen. Er zeigte auf Marty und den leeren Koffer inmitten von mühsam aufgeschichteten Kleiderbergen und hielt sich den Bauch vor Lachen.

Marty warf ihm einen fassungslosen Blick zu. All die Aufregung und Mühen der vergangenen Stunde – und Clark lachte sie einfach aus! Sie sah sich um. Da saß sie nun auf dem teuren Orientteppich, mitten in einer unbeschreiblichen Unordnung – und die Uhr, die sie in den Händen eines skrupellosen Diebes gewähnt hatte, lag sicher und unangetastet in Clarks großer, kräftiger Hand! Schließlich schlug sie die Hände vors Gesicht und stimmte in Clarks Gelächter ein. Es war aber auch wirklich zu komisch!

Endlich hatte sie sich wieder gefaßt.

„Ach, ich bin vielleicht ein Dummkopf!" stöhnte sie. „Vor lauter Aufregung kann ich wohl nicht mehr klar denken! O Clark, sieh dir bloß dieses Durcheinander an!"

Plötzlich durchfuhr sie eine neue Sorge. Hatte sie überhaupt noch genügend Zeit, um ihre Kleider, Röcke und Blusen wieder einzupacken? Womöglich würde ihr nichts anderes übrigbleiben, als alles wahllos in den Koffer zu stopfen, nur um den Zug nicht zu verpassen! Mit fliegenden Händen begann sie, die Kleidungsstücke zu ordnen.

„Wie spät ist's, Clark? Schaffe ich's noch ...?"

Er nickte verständnisvoll und versicherte ihr schmunzelnd, daß ihr mehr als genug Zeit blieb, selbst wenn sie es dabei genauer nähme als Tante Gertie. Marty hatte nicht die geringste Ahnung, wer diese Tante Gertie eigentlich war. Wenn jemand ein übermäßiges Aufheben um Kleinigkeiten machte, dann sprach Clark stets von der pedantischen Tante Gertie. Auch ihre Jungs hatten sich diese Redewendung inzwischen angeeignet, obwohl

Marty sicher war, daß keiner von ihnen auch nur die leiseste Ahnung von dieser legendären Dame besaß.

Beruhigt darüber, daß sie sich nicht zu überstürzen brauchte, machte Marty sich an die Arbeit und legte jedes Teil an seinen Platz zurück. Clark rasierte sich indessen und zog sich an.

Sie stand noch immer über den Koffer gebeugt, als Clark sich mit dem Hut in der Hand neben sie stellte.

„Müssen wir gleich los?" fragte Marty.

„Keine Sorge, Schatz, wir haben noch jede Menge Zeit. Wenn du fertig bist, gehen wir nach unten zum Frühstück. Ein leerer Magen reist nämlich nicht gern, weißt du! Und dann kommen wir wieder und holen unsere Sachen ab." Mit einem verschmitzten Seitenblick fügte er hinzu: „Die übrige Zeit vertreiben wir uns am besten direkt am Bahnhof. Du wirst mir ja doch keine ruhige Minute haben, bis wir endlich im Zug sitzen. Stimmt's?"

Marty legte die letzten Kleidungsstücke in den Koffer und schloß ihn. Dann richtete sie sich auf und nickte nur. Clark hatte natürlich recht. Er kannte sie halt wie seine eigene Westentasche!

„So, jetzt bin ich aber fertig!" verkündete sie erleichtert. „Hast du gerade was von Frühstück gesagt? Ich könnte nämlich eins gebrauchen!"

Clark bot ihr den Arm, warf einen letzten Blick auf seine Taschenuhr und mußte gegen seinen Willen noch einmal schmunzeln.

„Wenn einer eine Reise tut ...“

Marty schwirrte der Kopf. So viele Menschen wie in dieser Bahnhofshalle hatte sie noch nie auf einmal gesehen. Clark machte eine freie Sitzbank für sie ausfindig, um dann ein paar letzte Angelegenheiten zu erledigen. Dankbar nahm Marty ihren Platz ein und studierte das geschäftige Treiben um sie herum. Wie seltsam sie die Kleider der Frauen anmuteten: Rüschen, Spitze, Federbesätze – und alles in kunterbunten Farben! Selbst die Männer hatten etwas von den Figuren einer Schaustellerbühne an sich.

Obwohl sie bis zur Abfahrt des Zuges noch reichlich Zeit hatten, schlug Marty nervös ein Bein über das andere. Clark hatte recht gehabt: sie würde tatsächlich erst ruhiger atmen können, wenn sie endlich im fahrenden Zug in Richtung Westen saßen. Sie war unsagbar erleichtert, als sie Clark aus der Menge auftauchen sah.

Eine besonders aufwendig zurechtgemachte Frau mit einem geschwungenen, federgeschmückten Hut auf den hoch aufgetürmten kupferfarbenen Locken ließ sich auf der Bank gegenüber von Marty nieder. Zu Martys Erstaunen schien auch die fremde Frau vor ihr Clark aus den schwarzgeränderten Augenwinkeln zu verfolgen. Plötzlich ließ sie verstohlen einen ihrer Handschuhe zu Boden gleiten, um gleich darauf wieder eifrig in ihrer Reiselektüre zu blättern. Marty war sprachlos. Clark bemerkte den Handschuh am Boden, hob ihn auf und sah sich suchend nach der Besitzerin des verlorenen Stücks um. Die Fremde wagte einen blitzschnellen Blick zu Clark hinüber. Dann begannen ihre kohlgeschwärzten Wimpern unschuldig auf und ab zu flattern. Marty ahnte, daß sie sich im nächsten Moment bemerkbar machen wollte.

Bevor die Rothaarige auch nur ein Wort sagen konnte, sprang Marty auf.

„Da bist du ja, Liebling!" rief sie ihm entgegen. „Hast du alles geregelt? – Oh, ein Handschuh! Ist das vielleicht Ihrer, Madame?" Mit einem entwaffnenden Lächeln reichte sie dem Rotschopf den Handschuh. „Er paßt haargenau zu Ihrem Hut!"

Wortlos nahm die Frau den Handschuh entgegen. Marty hakte sich bei Clark ein und steuerte auf eine andere Bank in der Nähe des Ausgangs zu.

„Unverschämtes Frauenzimmer!" kochte es in ihr. „Macht sich mir nichts, dir nichts an einen verheirateten Mann heran! Unerhört!" Clark selbst hatte von dem kleinen Manöver nicht das geringste wahrgenommen.

Endlich ertönte der Ruf: „Alles einsteigen!", und Marty sprang auf, um sich ihr Kleid geschwind glattzustreichen. Clark drückte ihr aufmunternd den Arm, und gemeinsam schlossen sie sich der Menschenmenge an, die nun auf das eiserne Roß dort auf den Gleisen zusteuerte.

Marty war noch nie mit einer Eisenbahn gefahren. Ein wenig beklommen war ihr schon zumute. Zudem erwies sich das lange Kleid beim Einsteigen als äußerst hinderlich. Dankbar ergriff sie deshalb Clarks Hand und ließ sich von ihm in den Eisenbahnwagen helfen.

Die Sitzbänke im Inneren des Wagens waren längst nicht so elegant, wie Marty es sich vorgestellt hatte. Die Plüschbezüge waren abgewetzt und wiesen stellenweise sogar Löcher auf. Bestimmt setzte die Eisenbahngesellschaft die besseren Personenwagen auf den Strecken an der Ostküste ein, überlegte Marty.

In dem engen Mittelgang wurden sie von den Mitreisenden geschoben und gedrängt. Jeder schien es eilig zu haben, einen freien Platz zu erobern. Dennoch gelang es Clark und Marty bald, zwei Plätze zu finden. Sie verstauten ihr Handgepäck unter dem Sitz und ließen sich erleichtert auf ihre Plätze fallen. Geschafft! Blieb nur noch zu hoffen, daß der Zug tatsächlich in Richtung Westen losfahren würde.

Inzwischen hatten auch die übrigen Reisenden ihre Plätze eingenommen. Marty sah sich um. Die meisten der Passagiere waren Männer: Geschäftsleute, Viehzüchter, Goldgräber, Farmer, Vagabunden und junge Burschen auf Wanderschaft.

Beim Anblick des allzu vertrauten scharlachroten Federbüschels im Mittelgang erstarrte Marty. Ihre Röcke gerafft, die geschwärzten Wimpern auf und ab flatternd, ließ diese Person sich, fern von den anderen Frauen im Waggon, inmitten einer Gruppe von Männern nieder, die es sich gerade mit einem Kartenspiel bequem gemacht hatten.

Die Luft füllte sich bald mit dem Rauch von Zigarren und Pfeifen. Vergeblich hoffte Marty, daß niemand in ihrer Nähe rauchte. In den immer dichter werdenden Schwaden schmerzten ihr die Augen. Würden sie diese Qual nun tagelang ertragen müssen, bis sie Missies neue Heimat erreicht hatten? Marty hatte das Gefühl, erstikken zu müssen, und dabei hatte der Zug den Bahnhof noch nicht mal verlassen!

Endlich setzten sich die Räder der Lokomotive in Bewegung. Jetzt ging die Reise tatsächlich los! Nur die Fahrtrichtung konnte Marty zu ihrem Leidwesen noch immer nicht bestimmen.

Schneller und schneller rollten die Räder. Schon flogen die einfachen Holzhäuser am Stadtrand vor dem Fenster vorüber. Kutscher und Reiter hielten ihre Pferde in sicherer Entfernung vor den Schienen an, um das lärmende, feuerspeiende Ungetüm an sich vorbeirattern zu lassen. Kinder riefen und winkten; Hunde kläfften aufgeregt, doch ungerührt und unaufhaltsam dröhnte die Eisenbahn an allem vorüber.

Bald hatten sie die Stadt hinter sich gelassen und fuhren durch das offene Land. Marty konnte den Blick nicht von dem Fenster wenden. Bäume und Flüsse sausten vorüber; ganze Viehherden suchten das Weite, und Pferde flohen schnaubend und wiehernd, die Mähnen und Schwänze fliegend, vor dem donnernden Ungeheuer. Mit ohrenbetäubendem Geratter rollte der Zug durch das Land und zog einen weithin sichtbaren Schweif von Dampf und Ruß hinter sich her.

„Ein Wunder – ein richtiges Wunder ist das!" dachte Marty überwältigt. „Wir fahren schneller, als ein Pferd im Galopp laufen kann, und kein Mensch muß auch nur einen Finger dafür rühren!"

Der Heizer in der Lokomotive erfuhr glücklicherweise nichts von Martys falschen Vorstellungen. Andernfalls hätte er sie ohne Zweifel gern eines Besseren belehrt!

Marty riß sich von dem Anblick der Landschaft draußen los, um Clark einen Blick zuzuwerfen. War er ebenso beeindruckt wie sie? Zu ihrem maßlosen Erstaunen fand sie Clark, den Kopf gegen das Bündel mit dem Reiseproviant gelehnt, fest schlafend vor, als ob der gesamte Zweck einer Bahnreise in nichts anderem als seligem Schlummer bestünde!

„Also, das ist doch ...", murmelte sie lächelnd. Eigentlich sollte sie sich selbst auch ein wenig ausruhen. Die letzten Tage waren anstrengend gewesen, und sowohl sie als auch Clark hatten eine ganze Menge versäumten Schlaf nachzuholen. Am besten tat sie es Clark nach und machte es sich auf ihrem Platz bequem. Aber es war zwecklos; sie konnte sich einfach nicht entspannen. Am besten würde sie weiterhin die Landschaft da draußen betrachten. Vielleicht würde der Schlaf später von selbst kommen.

Sie mußte tatsächlich eingenickt sein. Das Schreien eines Säuglings schreckte sie auf. Wo war sie denn? Ach ja, natürlich! Sie saß in der Eisenbahn und war unterwegs zu Missie.

Das Kind schrie mit unverminderter Lautstärke. Marty schlug die Augen auf und wandte sich um zu Clark – doch halt! Er war ja gar nicht da! Angesichts des leeren Platzes neben ihr wollte ihr angst und bange werden. Wo konnte er nur stecken? Immerhin befanden sie sich doch in einem fahrenden Zug! Doch der Gedanke an die Episode mit der vermeintlich gestohlenen Uhr brachte sie rasch wieder zur Vernunft. Nur nicht die Nerven verlieren!

Die Luft in dem Eisenbahnwaggon war heiß und stikkig. Die Rauchschwaden der Zigarren hatten sich zu einem blauen Nebel verdichtet. Marty sehnte sich nach klarer, frischer Luft. Sie blickte sich um. Das Pokerspiel am hinteren Ende des Wagens war noch immer in vollem Gange. Die Rothaarige hatte ihren Hut abgelegt. Ein gut gekleideter Herr saß neben ihr. Die beiden unterhielten sich geräuschvoll und lachten affektiert.

Das Schreien des Säuglings kam von der anderen Seite des Mittelgangs. Die junge Mutter machte einen völlig übermüdeten Eindruck. Neben dem Säugling hatte sie noch zwei kleine Kinder. Der Mann an ihrer Seite knurrte sie an: „Sieh bloß zu, daß das Geschrei aufhört, sonst schicken sie uns noch samt und sonders zu Fuß weiter!“ Die Frau bemühte sich nach Kräften, doch ohne Erfolg. Nun brach eins der anderen Kinder in ein jämmerliches Weinen aus. Die junge Mutter war am Rande der Verzweiflung. Marty wollte ihr gerade ihre Hilfe anbieten, als eine rundliche, mütterlich wirkende Frau ihr zuvorkam.

„Na, was fehlt denn dem Kleinen?“ fragte sie und nahm der jungen Frau das Baby, ohne eine Antwort abzuwarten, aus den Armen. „Kümmern Sie sich nur um Ihren Sohn; ich versuch’ derweil, dieses kleine Würmchen in den Schlaf zu wiegen.“

Marty seufzte ein Dankgebet für diese Seele von einer Frau. Der Säugling wurde tatsächlich ruhiger und war bald eingeschlafen. Marty vermutete, daß das in Decken gewickelte Kleinkind hoffnungslos überhitzt gewesen war.

Auch Martys Wangen glühten vor Hitze. Sie nahm den Hut ab. „Ein Königreich für einen Spaziergang an der frischen Luft!“ dachte sie sehnsüchtig.

Clark kehrte an seinen Platz zurück. Marty war erleichtert.

„Fühlst du dich ein bißchen besser?“ erkundigte er sich.

„Viel besser! Ich habe sogar ein bißchen geschlafen. Wenn's doch hier nur nicht so heiß und verraucht wäre! Man könnte glatt meinen, wir säßen in einer Kneipe anstatt ...“

„Hoppla, meine Dame! Woher weißt du denn, wie eine Kneipe von innen aussieht?“

„Weiß ich ja gar nicht, ich hab' ja bloß ...“

Aber da brach Clark auch schon in schallendes Gelächter aus.

„Wo warst du eigentlich?“ wechselte Marty das Thema.

„Hab' mir ein bißchen die Beine vertreten. Für Spaziergänge taugt so ein fahrender Zug nicht viel, das steht fest. Hin und zurück, hin und zurück – aber lieber das, als stundenlang stillzusitzen!“

„Du ahnst ja gar nicht, wie mir nach einem Spaziergang im Grünen zumute ist!“ seufzte Marty.

„Soll ich dem Lokführer Bescheid geben, daß er den Zug anhält und dich aussteigen läßt?“

„Clark ...“

Er wurde wieder ernst.

„Wie spät ist's eigentlich?“ fragte Marty.

Clark zog seine Taschenuhr hervor.

„Gleich Viertel vor zwölf.“

Wieder stieß Marty einen Seufzer aus.

„Und ich dummes Huhn hab' gemeint, es wäre schon spät am Nachmittag!“ sagte sie. „Mir kommt's vor, als säßen wir schon eine halbe Ewigkeit in diesem Zug.“

Clark lächelte nur.

„Sag mal, wie lange fahren wir eigentlich mit der Bahn?“

„Das kann ich dir nicht genau sagen. Ungefähr eine Woche, hab' ich gehört, je nach Wetter und dergleichen.“

„Was, eine Woche? Eine ganze Woche in diesem Zug?“

„Nicht in diesem Zug. In drei Tagen steigen wir um in einen anderen. Dieser hier kommt wohl meistens pünktlich an, aber die nächste Strecke soll ein bißchen heikel sein.“

„Ich hab' gar nicht gewußt, daß wir umsteigen müssen. Was für eine Eisenbahnlinie wird das sein?“

„Genaues weiß ich nicht – nur, daß es mit der Pünktlichkeit dort draußen selten klappt. Ist aber halb so schlimm; wenn wir erst in dem nächsten Zug sitzen, dann ist's nicht mehr weit bis zu Missie.“

Marty verspürte plötzlich Hunger.

„Haben wir noch etwas Eßbares in unserem Proviantpaket?“

Clark reichte ihr das Bündel. Die belegten Brote hatten sich trotz der Hitze erstaunlich frisch gehalten. Ellie hatte ganze Arbeit geleistet!

„Jetzt fehlt mir nur noch eine Tasse Kaffee oder Tee zu meinem Glück“, gestand Marty seufzend.

„Die kann ich dir gern besorgen“, gab Clark zurück. Er stand auf, ging an das Waggonende und verschwand hinter der Schwingtür. Kurz darauf kehrte er mit zwei dampfenden Bechern Kaffee zurück. Das Gebräu war stärker, als Marty es gewohnt war, aber immerhin war es Kaffee, und sie war froh, den Staub und den Zigarrenrauch aus der Kehle spülen zu können.

Zum Nachtisch aßen sie ein paar Plätzchen. Dann verschnürte Marty ihr Proviantbündel wieder.

„Willst du dir nicht auch ein bißchen die Beine vertreten?“ schlug Clark vor. „Hier im Zug gibt’s noch mehr Frauen. Dort drüben ist auch ein ‚stilles Örtchen‘.“

Marty lächelte dankbar und erhob sich. Entsetzt stellte sie fest, daß ihr Kleid nach einem halben Tag in der Eisenbahn schon völlig verknittert war. Alle Versuche, es glattzustreichen, waren vergeblich; so ließ sie es resigniert dabei bewenden und schickte sich an, aufzustehen.

Das Rütteln und Schaukeln des fahrenden Zuges hatte sie zwar wahrgenommen, aber sie hatte nicht die geringste Vorstellung, wie unsanft es tatsächlich war, bis sie den ersten Schritt auf dem Mittelgang wagte. Plötzlich schien der ganze Waggon unter ihren Füßen zur Seite zu kippen. Marty hatte ihr Gleichgewicht gerade wiedergewonnen, als der Waggon sich zur anderen Seite neigte. Der Fußboden schien aus einer Folge von Bergen und Tälern zu bestehen. Schwankend wie ein betrunkener Seemann kämpfte sich Marty vorwärts. Verzweifelt suchte sie Halt an den Sitzbänken rechts und links des Gangs. Der Weg zu dem „stillen Örtchen“ erschien ihr meilenweit, und als sie ihren Platz neben Clark wieder erreicht hatte, hatte sie vorerst genug von diesem halsbrecherischen Abenteuer.

Puffend und ratternd, zischend und stampfend rollte der Zug immer weiter westwärts. Bei jedem Sonnenaufgang stellte Marty erneut zu ihrer Beruhigung fest, daß der Zug tatsächlich in die richtige Richtung fuhr.

In den kleinen Ortschaften entlang der Bahnstrecke hielt der Zug an, um Passagiere aus- oder einsteigen zu lassen. Manchmal stand die Lokomotive schier eine Ewigkeit lang still, während die Waggons rangiert wurden und kräftige Männerhände Gepäck verluden. Clark und Marty nutzten diese Fahrtunterbrechungen aus, auf dem Bahnsteig auf und ab zu marschieren und ihre steifen Glieder zu strecken. Hin und wieder suchten sie ein Lebensmittelgeschäft auf, um ihr Proviantbündel aufzufüllen. Oft bot die Luft draußen wenig Erleichterung von der stickigen Hitze im Inneren des Eisenbahnwaggons. Marty gewann den Eindruck, als hätte die Reise nach Westen in einem dürftigen Planwagen kaum unbequemer sein können.

Mit jedem Tag zeigte die Landschaft ein neues Gesicht. Der Baumbewuchs wurde zusehends spärlicher; nur hier und da fand sich eine einsame Baumgruppe an einer Flußbiegung. Die Siedlungen lagen nun weiter auseinander und bestanden oft nur aus wenigen Holzbauten. Am dritten Tag rollte der Zug in die Stadt, wo sie Anschluß an eine andere Bahnlinie bekommen sollten. Marty fiel es nicht schwer, von ihrem bisherigen Quartier auf Rädern Abschied zu nehmen. Es gab wenig, was sie mit den anderen Passagieren verband. Diejenigen unter ihnen, mit denen sie nette Gespräche geführt hatte, waren bis auf eine ältere Dame in Grau längst ausgestiegen. Frau Swanson, seit kurzem verwitwet, war nach Westen unterwegs, um zu ihrem Sohn zu ziehen. Marty bewunderte den Mut der zierlichen, resoluten Frau.

Clark hatte bei einigen der männlichen Mitreisenden Erkundigungen über das Leben im Wilden Westen eingezogen. Um nichts in der Welt wollte er auf der Ranch seines Schwiegersohns als unbedarfter Stümper aus dem Osten gelten.

Der Zug hielt, und die Passagiere stiegen aus. Clark und Marty waren ein wenig benommen von der langen Zugfahrt. Auf dem schmalen Bahnsteig mischten sich die Ausrufe von Reisenden und Ortsansässigen; inmitten von fröhlichen Begrüßungsszenen und Bahnhofsangestellten, die Gepäck ausluden, drängten Menschen geschäftig in alle Richtungen. Clark und Marty kannten niemanden in dieser fremden Stadt. Zuerst galt es für sie, ein Quartier für die Nacht ausfindig zu machen.

Ein Passant, den Clark angesprochen hatte, deutete auf ein Hotel in der Nähe des Bahnhofs. Dort angekommen, erkundigte Clark sich bei dem Portier nach einem freien Zimmer. Der Angestellte nickte und nannte einen Preis, bei dem Marty fast schwindelte. Doch ohne zu protestieren, zählte Clark ihm die Geldnoten auf den Tisch.

Dann stiegen sie die abgenutzte Treppe hinauf und erreichten ihr Zimmer. Angesichts des Anblicks, der sich ihr hinter der aufgeschlossenen Tür bot, weiteten sich Martys Augen vor Entsetzen. Der fast leerstehende Raum war über und über mit einer dicken Staubschicht bedeckt, und die Bezüge auf dem Bett sahen aus, als hätte sich der vorherige Gast soeben daraus erhoben. Gegen eine spärliche Einrichtung hatte Marty nichts einzuwenden, aber eine derartig haarsträubende Unsauberkeit war eine unerhörte Zumutung! Auch Clark musterte die lehmigen Stiefelabdrücke auf dem Fußboden und die verschmutzten Kopfkissen, ohne jedoch eine Bemerkung darüber fallenzulassen.

„Ich würde ganz gern einen kurzen Gang durch die Stadt machen, um mich ein bißchen umzusehen. Hast du Lust, mitzukommen?“ fragte er dann.

Nach ihrem ersten Eindruck von dieser Stadt zu urteilen, war Marty nicht sicher, ob ein Spaziergang hier sonderlich lohnend sein würde.

„Ich glaube, ich bleibe lieber hier und ruhe mich aus. Später gehen wir ja ohnehin wieder zum Essen aus.“

So nahm Clark seinen Hut und machte sich ohne sie auf den Weg.

Allein in dem Hotelzimmer, wußte Marty zunächst nichts Rechtes mit sich anzufangen. Am liebsten wäre sie dem Schmutz um sie her mit Seifenlauge und Scheuerbürste zu Leibe gerückt.

Sie ging zu dem Bett, um sich ein wenig darauf auszuruhen, doch nach einem zweiten Blick auf die ungewaschenen Bettbezüge erschien ihr der Gedanke wenig einladend. Vielleicht würde ihr die Zeit bis zu Clarks Rückkehr schneller vergehen, wenn sie das Stadtleben vom Fenster aus betrachtete, überlegte sie, mußte aber feststellen, daß außer der verlassenen, windumfegten Prärielandschaft von hier aus weit und breit nichts zu sehen war. So hob sie ihre Reisetasche von dem einzigen Sessel in dem Zimmer, um sich dort niederzulassen. Das Polster wies eine zerbrochene Sprungfeder auf, so daß es unmöglich war, bequem darauf zu sitzen. Marty seufzte. Sie hatte keine andere Wahl, als in dem kleinen Raum auf und ab zu gehen. Nun, ein wenig Bewegung würde ihr nach der langen Bahnfahrt nicht schaden. Auf und ab ging sie, hin und her. Ach, wäre sie doch nur Clarks Einladung zu einem Spaziergang gefolgt!

Sie wähnte sich kurz davor, den Verstand zu verlieren, als Clark zurückkehrte. Über dem Arm trug er einen Stapel sauberer Bettwäsche.

„Achtung, hier kommt das Zimmermädchen!" scherzte er.

„Wo hast du das denn aufgetrieben?" staunte Marty. „Du hast dich doch nicht am Ende in der Wäschekammer selbst bedient, oder?"

„Das nicht gerade. War sogar ein beachtliches Kunststückt, an diese Wäsche zu kommen. Also, wie gesagt, zuerst habe ich einen Spaziergang gemacht. Außer diesem Hotel gibt's bloß noch ein zweites hier. Auf dem Schild davor stand: ‚Kein Zimmer frei'. Nicht mal eine ordentliche Herberge habe ich finden können. Also bin ich nach hier zurückgegangen und habe den Mann unten an der Aufnahme um frische Bettwäsche gebeten. Dem Zimmermädchen muß wohl ein Versehen unterlaufen sein, habe ich gesagt. Begeistert war er nicht, aber ich habe einfach dagestanden und ihn freundlich angeguckt, bis er sich endlich bequemt hat und frische Wäsche holte."

Marty beeilte sich, die unansehnlichen Bezüge gegen die frischen zu vertauschen.

„Wirtshäuser sind hier auch spärlich gesät", fuhr Clark fort, während Marty noch mit den Bezügen beschäftigt war. „Nicht weit von hier gibt's eine kleine Gaststube; sieht eigentlich eher nach Kneipe als nach Gasthaus aus, aber wenn wir zeitig hingehen und uns nicht allzulange dort aufhalten, ist's bestimmt ganz passabel."

„Von mir aus kann's jederzeit losgehen", meinte Marty. „Ich mache mir nur schnell die Frisur zurecht und hole meinen Hut."

Gemeinsam verließen sie das Hotel. Draußen blies ein scharfer Wind. Marty hielt sich den Hut mit der einen, den Rock mit der anderen Hand fest.

„Hier fegt der Wind wohl immer so, hab' ich gehört", bemerkte Clark. Marty fragte sich im stillen, was in aller Welt die Frauen in diesem Landstrich nur taten, wenn sie einmal eine freie Hand für ihre Einkäufe brauchten.

Bald hatten sie das schmucklose Gasthaus erreicht. Clark zog die Tür gegen den Druck des heftigen Windes auf. Sie nahmen an einem kleinen Tisch Platz, und Clark winkte den Besitzer heran, der auch zugleich seine Gäste bediente. Als Tagesgerichte waren Eintopf, Rinderbraten und Bohnen mit Speck zu haben. Marty und Clark bestellten eine Portion Braten mit Bohnen und lehnten sich dann auf ihren Stühlen zurück, um auf das Essen zu warten.

Marty sah sich um. Der Raum war nur von wenigen flackernden Lampen erhellt. Die trüben Fensterscheiben ließen das Tageslicht draußen nur schwach erahnen. Unter der Decke verdichteten sich die Rauchschwaden von Zigarren zu einem undurchdringlichen Nebel. Die meisten der Gäste waren scheinbar hauptsächlich der Getränke wegen hier; sie hatten anstelle von Tellern nur Gläser vor sich stehen. An einem Tisch in der Ecke saßen drei Männer bei einer Mahlzeit beisammen; die übrigen unterhielten sich oder spielten Karten. Hin und wieder durchbrach ein tiefes Lachen die gedämpfte Stimmung. Marty war die einzige Frau in der Gaststätte.

Sie hoffte inständig, daß die bestellte Mahlzeit nicht zu

lange auf sich warten ließ. Wenn dieses also Missies neue Heimat sein sollte, so mutete sie die ganze Umgebung doch recht fremd an. In dieser Stadt mitten in der Prärie fühlte sie sich ausgesprochen unwohl. Zum ersten Mal hatte sie nun ihre Heimat verlassen, und auf der Reise hierher hatte sie manches Neue, Fremdartige gesehen und gehört. Vieles davon mißfiel ihr regelrecht: die rauhbeinigen Umgangsformen, das übermäßige Trinken, das Pokerspielen, die lockere Moral.

Endlich brachte der Kellner das Essen.

„Was wollen Sie zu trinken?“ fragte er kurz angebunden.

Martys Bitte um eine Tasse Tee quittierte er mit einem unwirschen Stirnrunzeln. Bevor er jedoch antworten konnte, bestellte sie statt des Tees eine Tasse Kaffee, die er ihr widerspruchslos brachte. Sie nippte an ihrem Becher. Der Kaffee war so stark gebraut, daß es ihr beinahe den Atem verschlug.

Das Fleisch war ein wenig zäh und die Soße zu fett. Marty aß, bis sie satt war, und schob dann den Teller zurück. Clark leerte noch eine zweite Tasse Kaffee, bevor er zahlte und sie die Wirtsstube verließen.

Draußen blinzelte Marty in den grellen Sonnenschein. Sie hatte beinahe vergessen, daß es noch hellichter Tag war. Nun, bei Tageslicht ließen sich die Häuser und die Auslagen in den Geschäften besser betrachten, überlegte sie, und musterte ausgiebig die Schaufenster. Getröstet stellte sie fest, daß die hiesigen Geschäfte im Grunde die gleichen Waren führten wie Frau Emory in ihrem Gemischtwarenladen daheim. Vielleicht wohnte Missie gar nicht so weit entfernt von einer guten Einkaufsmöglichkeit.

Es war zu früh, um zu Bett zu gehen. Clark schlug vor, einen kleinen Spaziergang zu machen. Nach ihrem mißglückten Versuch, sich in dem ungastlichen Hotelzimmer auszuruhen, willigte Marty trotz des scharfen Windes ein.

So gingen sie die Hauptstraße entlang, an der Bank vorbei, an dem Sheriffbüro, dem Telegrafenamt, der Kutschstation, dem Tierfutterladen und dem Mietstall. An der Hufschmiede blieb Clark stehen, um den Männern bei der Arbeit ein wenig zuzusehen. Zwei kräftige Burschen zerrten und schoben gerade einen stattlichen Ochsen in die Schlinge, um seine Hufe zu beschlagen. Der Ochse schien dem Vorhaben überaus abgeneigt zu sein. Marty hörte Ausrufe, die unmöglich für die Ohren einer Dame bestimmt sein konnten, und beeilte sich, ein Stück vorauszugehen. Clark folgte ihr und hatte sie bald erreicht.

Der Gehsteig aus Brettern, der die Straße stadteinwärts säumte, endete mit dem Stadtrand. Wie gut es tat, frisch voranzumarchieren! Marty ließ ihren langen Rock befreit im Wind flattern. Ob sie sich inzwischen an die steife Brise gewöhnt hatte oder ob der Wind tatäschlich ein wenig nachgelassen hatte, wußte sie nicht zu sagen. Sie nahm ihren Hut ab, um sich die Stirn zu kühlen. Am liebsten hätte sie sich alle Haarnadeln aus der Frisur gezogen und den Wind in ihrem offenen Haar spielen gelassen.

Sie schlugen einen Fußweg ein, der sie an einer kleinen Baumgruppe vorbeiführte. Weiter feldeinwärts entdeckten sie einen stillen Bach, der sich langsam durch das Land wand. Er war bei weitem nicht so lebhaft und klar wie der sprudelnde Bach hinter ihrem Haus daheim, aber dennoch wurde Marty das Herz beim Anblick des Wassers leichter. Sie bückte sich und pflückte ein Sträußchen von den kleinen, süßlich duftenden Blumen am Bachufer.

Auch Clark schien sich hier wohl zu fühlen. Tief sog er die reine Luft ein.

„Wo das Wasser wohl herkommen mag?“ sann er. „Und wer weiß, wo es hinfließt? Dieses Bächlein hier verrät uns so gut wie nichts darüber. Vielleicht hat es hoch oben in den Bergen als Gletscherbach angefangen und ist unterwegs so stark versickert, daß nur noch dieses winzige Rinnsal übrigbleibt. Vielleicht ist es aber auch der Anfang von einem mächtigen Fluß, weißt du, einer, der als kleiner Bach in den nächsten mündet, bis er als breiter Strom in den Ozean fließt. Eines Tages trägt er dann riesige Dampfer und Flöße. Interessant, nicht?“

Marty sah das Bächlein nun mit neuen Augen an.

Nachdem sie sich eine Weile an dem grünen Bachufer aufgehalten hatten, machten sie sich gemächlich auf den Rückweg in die Stadt. Im Westen versank eine glutrote Abendsonne hinter dem weiten Horizont. Herrliche Farben leuchteten an dem wolkenlosen Himmel über ihnen.

„Herrlich, dieser Sonnenuntergang“, flüsterte Marty überwältigt.

Im Hotel wartete ein unverändert karges und ungastliches Zimmer auf sie. Marty war von Herzen dankbar für die frische Bettwäsche. Oh, wie unsagbar müde sie jetzt war! Nach zwei unruhigen Nächten im Zug würde ein richtiges Bett ein wahres Labsal sein. Marty und Clark legten ihre staubigen Kleider ab, beteten gemeinsam und streckten sich dann wohlig unter der sauber bezogenen Decke aus. Clark löschte das Licht. Kurze Zeit darauf schlief er schon fest. Marty lag noch eine Weile wach und dachte an ihre Kinder daheim. Eine Spur von Heimweh wollte in ihr aufkommen, doch sie fand Trost in der Freude, Missie bald wiederzusehen. Endlich schlief auch sie ein.

Doch irgendwann in der Nacht schrak Marty auf. Was war nur geschehen? Irgend etwas hatte sie doch in ihrem Schlaf gestört. Ein Geräusch? Nein, alles war still. Clark regte sich. Auch er schien keine Ruhe finden zu können. Marty drehte sich auf die andere Seite und versuchte, wieder einzuschlafen. Nichts. Wieder wälzte sie sich herum.

„Kannst du auch nicht schlafen?“ fragte Clark leise.

„Nein. Weiß gar nicht, warum, aber …“

„Ich auch nicht.“

Mehrere Minuten lagen sie wach nebeneinander.

„Wie spät ist's eigentlich?“ erkundigte Marty sich dann. „Ist's schon Morgen? Dann könnten wir nämlich geradesogut aufstehen.“

Clark nahm seine Uhr von der Nachtkonsole. In der Dunkelheit konnte er die Zeiger nicht erkennen.

„Macht's dir was aus, wenn ich kurz mal die Lampe anzünde?“

„Nicht die Bohne. Keine Lampe der Welt kann mich noch wacher machen, als ich schon bin.“

Clark zündete ein Streichholz an und führte es an die Lampe heran. Marty starrte entsetzt auf die Bettdecke. Clark ließ die Taschenuhr sinken.

„Wanzen!!!“ schrie Marty.

Im nächsten Moment waren beide auch schon aus dem Bett gesprungen, während eine ganze Armee von den winzigen ungebetenen Gästen sich beeilte, Deckung in den Ritzen und Falten des Bettes zu suchen.

„Wanzen! Kein Wunder, daß wir nicht schlafen konnten! O Clark, dieses Ungeziefer hat uns bestimmt ganz furchtbar zugerichtet!“

„Komisch“, bemerkte Clark, „ich hab' gar nicht gemerkt, wie sie mich gebissen haben.“

„Warte nur ab, bis die Stiche anschwellen und jucken! Morgen spürst du garantiert jeden einzelnen!“

Marty hastete zu den Koffern, stellte aber beruhigt fest, daß sie fest verschlossen waren. Blieb nur noch die abgelegte Kleidung vom Vortag.

„Clark, wenn wir abreisen, müssen wir schwer aufpassen, daß wir keine blinden Passagiere mitnehmen.“

„Und wie machen wir das am besten?“

„Ich weiß auch nicht genau, aber eins steht fest: Das Licht bleibt an, bis es draußen hell wird, und ich rühr' das Bett nicht mehr an!“

Sie wuschen sich sorgfältig und untersuchten jedes einzelne Kleidungsstück auf das gründlichste, bevor sie es anzogen. Marty bürstete ihr Haar sorgfältig in der Hoffnung, es von den Insekten, die sich dorthin verirrt hatten, zu befreien, doch keine einzige Wanze fand sich anschließend in der Bürste. Marty wußte nicht recht, ob dies ein gutes Zeichen war oder ein schlechtes.

Nachdem sie ihre übrigen Dinge auf versteckte Wanzen untersucht hatten, packten sie sie in die Reisetaschen und verschlossen diese. Marty räumte die Koffer und Taschen im Schein der Lampe und nahm sich vor, das Gepäck von nun an nicht aus den Augen zu lassen. Liebe Güte, es war erst vier Uhr morgens – viel zu früh, um sich auf die Straße zu wagen!

So warteten sie geduldig die ersten Sonnenstrahlen des jungen Tages ab, bevor sie das Hotel verließen. Clark hatte die Zimmermiete schon tags zuvor bezahlt und legte nun nur noch den Schlüssel auf den Empfangstisch. Der schlafende Portier regte sich kaum und murmelte etwas Undeutliches. Kurz darauf erfüllte sein geräuschvolles Schnarchen wieder die Halle. Marty und Clark zogen die unlackierte Holztür hinter sich zu und schritten auf die Straße hinaus.

„Wo sollen wir bloß hingehen?“ fragte Marty. „Die Läden sind doch bestimmt noch geschlossen.“

„Drüben vor dem Sheriffbüro steht eine Sitzbank. Wollen wir uns dort von der Morgensonne bescheinen lassen?“

Marty nickte. Sie fröstelte ein wenig; die Luft war noch recht kühl, und die Sonne würde ihr guttun.

Erst allmählich füllte sich die schlafende Stadt mit Leben. Ein Stallknecht tauchte auf, um die Pferde im Mietstall zu füttern. Nach und nach traten Männer in Cowboyhosen auf unsicheren Beinen aus dem Hotel. Bald ertönte das Schlagen des Schmiedehammers. Ladenbesitzer begannen, ihre Geschäfte aufzuschließen und die Auslagen in den Schaufenstern hier und da neu zu ordnen. Der Sheriff schaute kurz in sein Büro, um sich dann im Hotel zuerst einmal an einer Tasse Kaffee gütlich zu tun. Überhaupt steuerten jetzt immer mehr Menschen auf das Hotel zu, und bald durchströmte der herzhafte Duft von gebratenem Speck und frischem Kaffee die Morgenluft. Erst jetzt spürte Marty, wie hungrig sie war.

„Interessant, einer ganzen Stadt beim Aufwachen zuzusehen, nicht?“ bemerkte Clark. „Hab’ ich eigentlich noch nie gemacht.“

„Weißt du“, antwortete Marty, „so anders als unsere Stadt ist diese hier gar nicht, aber man fühlt sich halt fremd. Bis jetzt ist mir noch nichts aufgefallen, was ...“ Mitten im Satz unterbrach sie sich.

Vier Cowboys hoch zu Pferd ritten gerade um die Ecke auf die Hauptstraße. Hinter sich führten sie vier weitere Pferde, die mit allerhand Bündeln beladen waren. Keins der Pferde war gesattelt; zwei von ihnen trugen eine buntgestreifte Decke über den Rücken gebreitet. Wortlos ritten die Männer die Straße entlang. Ihre lederbeschuhten Füße schwangen frei, und die schulterlangen Haare trugen sie in langen Flechten. Flechten? Liebe Güte, das waren ja gar keine Cowboys, das waren Indianer! Welch ein ungewohnter Anblick! Mit unbeweglicher Miene ritten die Männer geradewegs auf den Gemischtwarenladen zu, wo sie die Pferde anhielten und die Bündel von den Lasttieren losschnürten.

„Scheint ’ne ganz stattliche Ausbeute an Tierfellen zu sein“, beobachtete Clark.

„Tierfelle!“ staunte Marty. „Das hätte ich nie erraten! Was mögen das für Felle sein?“

„Keine Ahnung. Kojoten vielleicht oder Dachse. Bären oder Wildkatzen können’s eigentlich nicht sein; dazu sind die Berge zu weit entfernt. Aber ich kann mich auch irren.“

Marty sah interessiert zu, wie die Männer ihre Tierfelle in die Gemischtwarenhandlung trugen.

„Wie wär's mit einem handfesten Frühstück?" schlug Clark dann vor und stand auf.

Auch Marty erhob sich, nahm das Bündel mit dem Reiseproviant und die Hutschachtel und kratzte sich angelegentlich den Bauch. „Oh, das ist aber gar nicht damenhaft!" schalt sie sich erschrocken. Da bemerkte sie, wie auch Clark sich heftig den Hals kratzte. Marty sah genauer hin.

„Ach, du liebe Zeit!" flüsterte sie erschrocken.

Clark sah sie fragend an.

„Da hast du dir aber eine gehörige Schwellung eingehandelt!" erklärte sie. „Dein Hals ist ja böse zugerichtet!"

„Du meinst, von den Wanzen?"

„Ja, genau, von diesen Biestern."

„Mein Blut muß diesen Untieren besser als deins geschmeckt haben, nehme ich an."

„Leider nicht", gestand Marty. „Wenn's bloß nicht so entsetzlich unfein wär', würde ich mich jetzt zu gern mal gründlich kratzen."

Clark lachte auf.

„Vielleicht bringen dich eine Tasse Kaffee und eine Scheibe Schinkenspeck auf andere Gedanken", meinte er. Damit hob er die Reisetasche auf, und gemeinsam gingen sie zu dem Hotel zurück.

„Besonders schick soll der Speiseraum hier im Hotel angeblich nicht sein, aber ansonsten ist um diese Zeit weit und breit kein Essen zu bekommen. Außerdem kann man an Kaffee und Speck nun wirklich nichts verderben."

Ob es nun an ihrem herzhaften Appetit lag oder ob das Essen tatsächlich gar nicht schlecht war, wußte Marty nicht zu sagen; jedenfalls leerte sie ihren Teller bis auf den letzten Bissen.

Endlich am Ziel

Die nächsten drei Tage, die sie in einer quälend langsam dahinrumpelnden Eisenbahn zubrachten, stellten Marty auf eine arge Geduldsprobe. Mit allen Fasern ihres Herzens sehnte sie sich nach Missie. Dazu fühlte sie sich erschöpft, weil sie in den vergangenen Nächten keine rechte Ruhe finden konnte. Der Zug, in dem sie nun reisten, war noch weniger komfortabel als der erste. Die verschlissenen Sitzpolster und die Enge in dem vollbesetzten Waggon machten es nahezu unmöglich, bequem zu sitzen. Es gab keinen Platz, um die Beine einmal auszustrecken oder ein Stück auf und ab zu gehen.

Außer Marty zählten nur zwei andere Frauen zu den Passagieren, doch sie schienen wenig geneigt zu sein, untereinander Freundschaft zu schließen. Die Männer, bärtig und ungehobelt, waren rechte Abenteurer und Goldwäscher auf der Suche nach dem großen Los draußen im Westen. Der Rauch von starken Zigarren erfüllte die Luft und machte Marty das Atmen zur Qual. Mit jedem Tag wurde die Hitze im Zug unerträglicher. Die Insektenstiche taten das Ihre dazu, um Marty das Ende der Reise sehnlichst herbeiwünschen zu lassen. Hin und wieder bot der Blick aus dem Fenster eine willkommene Abwechslung; so sahen sie einmal eine Büffelherde, die ziellos neben den Bahngleisen einhertrottete. Zumeist erstreckte sich jedoch eine eintönige, von der Sonne verdorrte Prärielandschaft zu beiden Seiten der Eisenbahn. Hier und da stießen sie auf eine Viehherde oder die notdürftig errichtete Unterkunft eines einsamen Präriesiedlers. Nur drei regelrechte Häuser zählte Marty. Sie waren jeweils von mehreren Holzbauten umgeben. Marty vermutete, daß es sich um die Anwesen wohlhabender Viehzüchter handelte.

Die wenigen an der Strecke gelegenen Ortschaften machten einen erstaunlich betriebsamen Eindruck. Woher die Bewohner wohl stammen mochten? Eigentlich hatte Martys Augenmerk stets den Menschen um sie her gegolten, doch jetzt nahm sie sie kaum im einzelnen wahr. Jedesmal, wenn der Zug in einem Bahnhof Station machte, zählte sie ungeduldig die Minuten, bis die Fahrt weiterging. Was in aller Welt hielt die Eisenbahner nur so endlos lange auf? Manchmal glaubte sie, diese ganze Reise keinen Augenblick länger ertragen zu können. Die brütende Hitze, die Enge, der beißende Rauch, die kostbare Zeit, die an jedem Bahnhof verlorenging, und obendrein die Insektenstiche – es war schlichtweg zum Auswachsen!

Andererseits, wenn man es recht betrachtete, sagte sie sich schließlich, so brachte ihre Gereiztheit sie ihrem Ziel keinen Meter näher, soviel stand fest. Sie sollte sich lieber ein Beispiel an Clarks Gelassenheit nehmen, ermahnte sie sich. Seufzend lehnte sie sich auf ihrem Platz zurück und nahm sich vor, sich nicht aus der Ruhe bringen zu lassen. „Wer weiß, vielleicht ist die Gegend da draußen doch gar nicht so langweilig anzusehen“, überlegte sie und schenkte der Landschaft ihre ganze Aufmerksamkeit.

Früh am dritten Morgen kehrte Clark nach einer Unterhaltung mit einem Mitreisenden zu Marty zurück. Der Mann hatte gemeint, so berichtete er, daß die nächste Haltestelle schon Missies Stadt sein würde, und ohne unvorhergesehene Zwischenfälle müßten sie sie gegen Mittag erreicht haben. Martys Herz machte einen Sprung vor Freude. Von nun an fiel ihr das Stillsitzen noch schwerer. Ach, könnte sie die letzten Meilen doch nur wie ein Pfeil durchfliegen!

Der fremde Mitpassagier behielt recht: Kurz vor Mittag drosselte der Lokführer das Tempo. Die Reisenden begannen, von ihren Plätzen aufzustehen und ihr Gepäck bereitzustellen.

Marty warf einen letzten Blick auf ihre Weggenossen. Ein junger Bursche schulterte sein kleines Bündel und ging auf die Wagentür zu. Er machte einen müden, ausgehungerten Eindruck. In seinen Augen stand eine stumme, furchterfüllte Einsamkeit geschrieben.

„Armer Kerl!“ dachte Marty mitleidig. „Er kann ja kaum älter als mein Luke sein! Bestimmt ist er mutterseelenallein auf großer Fahrt nach irgendwo! Ob man ihm nicht irgendwie helfen kann?“

Marty wollte sich gerade an Clark wenden, um gemeinsam zu überlegen, was für den Jungen zu unternehmen sei, als der Zug hielt und sie ihn in der Menschenmenge aus den Augen verlor.

Sie stiegen aus dem Eisenbahnwaggon auf den Bahnsteig hinunter, blickten sich einen Moment lang suchend um und steuerten dann auf den staubumwehten Gehsteig zu. Die Gehsteige hier waren nagelneu; auch die Gebäude waren offensichtlich vor nicht allzulanger Zeit errichtet worden. Marty fiel die schlichte, schmucklose Bauweise auf. Anscheinend hatte man die Häuser in Eile und mit den billigsten Materialien gebaut.

Jenseits der Bahngleise bewegten sich zahllose lärmende Rinder in ihren Gehegen. Mit ihren Hufen wirbelten sie Staubwolken auf, und ihr Blöken und Muhen übertönte das geschäftige Treiben in den angrenzenden Straßen. Kein Zweifel, dieser Ort war eine Viehzüchtersiedlung, wie sie im Buche stand!

Martys Blick tanzte aufgeregt über der Menschenmenge. Oh, wie sie hoffte, Missies Gesicht zu erspähen!

Cowboys in verstaubter Kleidung ritten auf ebenso staubbedeckten Pferden die Hauptstraße auf und ab. Unter den breitkrempigen Hüten waren die Gesichter der

Männer kaum zu erkennen. Die Frauen auf den Gehsteigen trugen schlichte, praktische Hauben anstelle der teuren Damenhüte, die Marty in der Großstadt gesehen hatte. In dem Strom der Passanten hatten sie alle Mühe, an Clarks Seite zu bleiben und gleichzeitig Ausschau nach Missie zu halten.

„'Tschuldigen Sie", ertönte plötzlich eine tiefe Männerstimme neben ihnen, „sind Sie vielleicht die Familie Davis?"

Marty sah auf. Vor ihr stand ein hochgewachsener Cowboy, den Hut in den Händen.

„Ja, das sind wir", antwortete Clark.

„Freut mich sehr. Ich bin Scottie – Aufseher auf der LaHaye-Ranch. Ich soll Sie von der Bahn abholen."

Marty war enttäuscht. Missie war also nicht selbst gekommen.

Clark setzte seinen Koffer ab, um dem Cowboy die Hand zu schütteln.

„Das ist aber nett von Ihnen, Herr Scott!"

Scottie verzichtete lächelnd darauf, ihn zu korrigieren.

„Ich bring' Sie gern eben zum Hotel rüber, damit Sie sich ein bißchen frisch machen können, Ma'am. Bis zur Ranch ist's nämlich noch ein ganzes Stück Weg. Wenn Sie fertig sind, laden wir Ihr Gepäck auf und fahren los."

„Gute Idee!" willigte Marty ein. Clark und sie folgten Scottie die Straße entlang.

„Frau LaHaye ist gespannt wie ein Flitzbogen. Wird sich schwarz ärgern, daß sie Sie nicht selbst abholen konnte. Man weiß nämlich nie genau, wann der Zug genau ankommt. Ihrer hätte eigentlich gestern einrollen sollen. Einen Tag Verspätung läßt man sich noch gefallen, aber manchmal sind's fünf. Mit zwei kleinen Burschen im Schlepptau wird das Warten da ein bißchen schwierig, wissen Sie."

Ohne eine Antwort abzuwarten, fuhr Scottie fort:

„Der Chef hat die ganze Familie gestern in die Stadt

kutschiert. ‚Vielleicht kommt der Zug ja doch pünktlich!‘ hat er gemeint. So war's leider nicht. Heute hat er mich geschickt, und morgen wollte er's selbst noch mal versuchen. Na, das ist ja jetzt überflüssig. Da wird Frau LaHaye sich aber freuen!“

Auch Marty war erleichtert.

„Fünf Tage Verspätung?“ dachte sie mit gerunzelter Stirn. „Das hätte ich nie ausgehalten – und Missie erst recht nicht!“

Sie betraten ein kleines Hotel. Scottie verhandelte mit dem Portier, und kurze Zeit später bekam Marty ein Zimmer zugewiesen. Es war einfach, aber sauber. Marty war dankbar für den mit kühlem Wasser gefüllten Waschkrug. Die Männer gingen zur Bahnstation zurück, um das Gepäck in den Wagen zu verladen. Marty hoffte inständig, daß alles den Transport unbeschadet überstanden hatte.

Plötzlich fühlte sie sich unsagbar enttäuscht und leer. Sie hatte sich so sehr darauf gefreut, aus der Eisenbahn zu steigen und Missie in die Arme zu fliegen. Scottie hatte natürlich recht. Wie dumm von ihr! Missie konnte unmöglich jeden Tag den weiten Weg in die Stadt machen, ohne die geringste Ahnung zu haben, wann der Zug eintreffen würde.

Das Zimmer war angenehm kühl. Nachdem sie sich gewaschen hatte, streckte Marty sich auf dem Bett aus. Sie würde sich nur ein paar Minuten lang ausruhen, bis die Männer vom Bahnhof zurückkehrten, nahm sie sich vor.

Kurze Zeit später fand Clark sie in tiefem Schlaf auf dem Hotelbett. Zu gern hätte er ihr die dringend benötigte Ruhe gegönnt und die Tür leise hinter sich geschlossen, aber er wußte, daß sie ihm das nie verzeihen würde. So weckte er sie sanft und richtete ihr aus, daß Scottie eine schnelle Mahlzeit in einem Gasthaus vorgeschlagen hatte, bevor sie die Kutschfahrt zur Ranch hinaus antraten.

Obwohl Marty einen Bärenhunger hatte, bedauerte sie jede Minute, die sie so kurz vor dem Ziel noch aufhielt. Hastig nahmen alle drei ihre Mahlzeit ein, denn auch Scottie hatte es eilig, zu der Ranch zurückzukehren.

Willie hatte die Kutsche mit einem Sitz für seine Schwiegermutter ausgestattet, während Clark neben Scottie auf dem Bock Platz nahm. Scottie war von Natur aus ziemlich schweigsam, gab aber erschöpfende Auskunft auf Clarks Fragen. Marty verfolgte die Unterhaltung nicht. Selbst die Landschaft um sie her ließ sie unbeachtet an sich vorüberziehen. Ihr ganzes Denken und Fühlen waren zu Missie vorausgeeilt. Eine leise Unruhe hatte sie erfaßt. Ob Mutter und Tochter sich in den Jahren seit Missies Abschied von daheim auseinandergelebt hatten? Würden sie einander je wieder so nahekommen wie damals? Und Missies Kinder, ihre Enkelsöhne – würden sie schnell Freundschaft mit ihr schließen, oder würden sie ihr mit Mißtrauen begegnen? Immer mehr Ängste und Zweifel stiegen in ihr auf. Hin und wieder, wenn Clark sich zu ihr umwandte, wagte sie ein tapferes Lächeln. Wenn er nur ihre heillose Zerfahrenheit nicht bemerkte!

Sie hatten gerade eine Hügelkuppe hinter sich gelassen, als Scottie das Gespann anhielt.

„Dort unten liegt sie, die LaHaye-Ranch!“ sagte er. Ein Unterton des Stolzes schwang in seiner Stimme.

Marty wollte das Herz aussetzen. Dort! Dort, vor ihren Augen, war also Missies Zuhause. Gegen einen sanften Abhang gebaut lag es da: ein stattliches, weitläufiges Haus aus grauen Steinquadern mit freundlichen Rauchwolken über dem Schornstein. Seitwärts ein Garten, umgrenzt von einem Bächlein. Ein Hühnergehege. Viehweiden, so weit das Auge reichte. Die Unterkunft für die Cowboys. Die Küchenhütte. Und dort ein strohfarbener Erdhügel. „Das muß Missies Lehmhaus gewesen sein!“ durchfuhr es Marty. Nur mühsam hielt sie die Tränen zurück. Am liebsten wäre sie aus der Kutsche gesprungen und den Hügel hinabgelaufen, so schnell sie ihre Beine trugen. Statt dessen hielt sie an sich. Scottie schnalzte den Pferden zu, und weiter ging die Fahrt.

War es nun Scotties Zügelführung, Martys Ungeduld oder die Pferde, die ihre heimatlichen Ställe witterten – Marty wußte es nicht zu sagen, warum die Fahrt in das Tal hinein im Nu verging.

Unten angekommen, hielt Scottie das Gespann wieder an und reichte Clark die Zügel.

„Die Pflicht ruft", sagte er. „Ich mach' mich gleich wieder an meine Arbeit. Und außerdem werden Sie zur freudigen Begrüßung wohl kaum einen Zuschauer brauchen." Damit sprang er vom Wagen.

„Haben Sie vielen Dank!" rief Clark ihm nach. „Herzlichen Dank für Ihre Hilfe!"

Scottie winkte mit dem Hut zurück und verschwand in der Scheune. Marty vertauschte ihren Sitz im Inneren des Wagens gegen den frei gewordenen Platz neben Clark. Die Pferde zogen an, und das Wohnhaus rückte immer näher. Etwas Rotgeblümtes leuchtete am Fenster auf ..., und da kam Missie schon auf sie zugestürzt, die Arme weit ausgebreitet und die Wangen tränenüberströmt. Marty lief ihr entgegen, und im nächsten Moment lagen sie einander in den Armen und lachten und weinten in einem.

„Endlich! Endlich!" sang es in Martys Herz. „Endlich ist mein Traum in Erfüllung gegangen!"

Frohes Wiedersehen

Unter lebhaftem Erzählen und Austauschen flogen die nächsten Stunden dahin. Die beiden Enkelsöhne hatten ihre Großeltern auf den ersten Blick ins Herz geschlossen. Marty war unsagbar erleichtert darüber, daß sie ihnen so furchtlos begegnet waren und sich sogar umarmen ließen, Nathan barst geradezu vor Begeisterung.

„Mama hat erlaubt, daß ich euch mal mein Zimmer zeige!" rief er.

„Mama hat gemeint, daß du mit mir reiten gehst, Opa."

„Mama hat gesagt, ihr wärt bestimmt schon mächtig auf mein Pony gespannt."

„Mama hat gemeint, daß du mir vielleicht mal aus meinem Buch vorliest, Omi."

Missie lachte. Marty konnte nur vermuten, wie sorgfältig und liebevoll Missie ihre Kinder auf die Ankunft der fremden Großeltern vorbereitet hatte.

Josia war noch zu klein, um bei den wilden Sprüngen seines Bruders mithalten zu können; statt dessen zupfte er die Erwachsenen an den Rockzipfeln und streckte ihnen die Arme entgegen zum Zeichen, daß er aufgehoben werden wollte. Marty hatte ihre Freude daran, wie unbefangen die beiden Jungen mit ihren Großeltern Freundschaft schlossen. Josia warb eifrig um ihre Aufmerksamkeit: „Guck mal, Omi!" – „Omi, trag mich!" – „Will auf deinen Schoß, Omi!" Die beiden Bürschchen hatten das Herz ihrer Großeltern im Sturm erobert.

Das ganze Haus war von frohen Stimmen erfüllt, als

Missie ihre Eltern nun stolz durch jeden Raum führte. Marty staunte, wie angenehm kühl das Innere des großzügig angelegten Steingebäudes war. Durch eine breite Doppeltür waren sie in die geräumige Diele eingetreten. Der Fußboden bestand aus polierten Steinquadern. Stuckarbeit zierte die weißgetünchten Wände. In der Eingangshalle hingen Gemälde spanisch-mexikanischer Prägung. Eine antike spanische Sitzbank aus weißlackiertem Schmiedeeisen lud den Besucher zur Rast ein. Die Sitzkissen auf der Bank waren zartgrün geblümt; den gleichen Grünton hatte Missie mehrfach als Akzente über den ganzen Raum verteilt verwendet, was eine harmonische Wirkung erzielte.

Das Wohnzimmer war geräumig und luftig gestaltet. Den Mittelpunkt beherrschte der größte Kamin, den Marty je gesehen hatte. Die Möbelpolster waren aus tiefroten, mit Goldfäden durchwirkten Stoffen. Die Vorhänge aus demselben Material, waren von goldfarbenen Kordeln gerafft. Auch in diesem Raum war der spanische Einfluß deutlich erkennbar. Der dunkel gebeizte Fußboden war mit farbenfrohen Teppichen bedeckt – nicht etwa mit handgeflochtenen Flickenteppichen, die Marty von daheim kannte, sondern mit gekauften Teppichen, wie sie beeindruckt feststellte. Die Wände waren weiß wie die in der Diele und trugen ähnliche Stuckornamente. Die Gemälde und Lampen waren ebenfalls spanischen Stils. Ihre durch schwarze und goldfarbene Akzente hervorgehobenen Rottöne rundeten das Bild ab. Marty war überwältigt. Ein wahrhaft grandioses Wohnzimmer!

Von hier gingen sie weiter in das Eßzimmer.

„Und damit, meine Damen und Herren“, sagte Missie mit einer ausladenden Geste, „und damit endet die Vorstellung unserer ländlichen Eleganz.“ Sie lachte hell auf. „Der Rest des Hauses ist nämlich schlicht, einfach und ergreifend! Nach und nach wollen wir mehr Möbel kaufen, wenn die Erträge steigen.“

Sie deutete auf eine Tischplatte, die auf einem Schreinerbock ruhte.

„Willie hat mir einen richtigen Tisch und passende Stühle dazu für den Herbst versprochen", erklärte sie. Die bestehenden Stühle waren zwar bequem, aber sie stammten allesamt aus Restbeständen; man konnte ihnen ihr Alter ansehen. Keine Bilder zierten die weißgetünchten Wände. Schlichte, selbstgenähte Gardinen hingen vor den Fenstern. In einem roh gezimmerten Regal in der Ecke, erspähte Marty das feine Tafelgeschirr, das sie Missie mit auf den Weg nach Westen gegeben hatte. In der Einfachheit dieses Raumes konnte Marty erleichtert aufatmen. Vielleicht hatten Mutter und Tochter sich gar nicht so weit voneinander entfernt, wie sie anfangs befürchtet hatte.

„Missie, ich bin mächtig stolz auf dich!" sagte sie und legte den Arm um sie. Clarks breites Lächeln pflichtete ihr bei.

Auch die Schlafzimmer waren großzügig angelegt, aber einfach eingerichtet. Die Teppiche, Bettüberwürfe und Vorhänge waren selbst gemacht. Marty erkannte manches Stück wieder, das unter ihren eigenen Händen entstanden war.

Missie führte ihre Eltern zu dem anderen Flügel des Hauses, wo die Küche war. Marty war überrascht, als Missie vor der Küchentür stehenblieb und kurz anklopfte, bevor sie eintrat. Ein kleingewachsener Chinese war gerade emsig mit den Vorbereitungen für das Abendessen beschäftigt. Marty hatte nicht gewußt, daß Missie und Willie sich einen Koch hielten.

„Wong, ich möchte Ihnen meine Eltern vorstellen", sagte Missie.

Der Chinese begrüßte die Gäste mit einem treuherzigen Lächeln und heftigem Kopfnicken.

„Fleut mich, fleut mich", sagte er ein ums andere Mal. „Wong sich fleuen, Ihnen kennenlernen!"

Clark und Marty lächelten zurück.

„Wong gibt sich mächtig Mühe, Englisch zu lernen", erklärte Missie. Der kleine Chinese lächelte noch immer unverwandt. „Er hat schon große Fortschritte gemacht. Das Kochen braucht er allerdings nicht mehr zu lernen. Darin war er schon ein Meister, als er zu uns kam. Die ganze Umgegend beneidet uns um seine Kochkünste und wartet schon auf die nächste Einladung zum Essen bei uns!"

Wong strahlte vor Freude über das Lob und führte die Besucher durch sein Reich. Marty hatte noch nie so große Anrichten und Arbeitsflächen gesehen. Auch der Herd wies beachtliche Ausmaße auf. Wong hob die Deckel von mehreren dampfenden Töpfen, die die köstlichsten Düfte verbreiteten.

Über den Korridor führte Missie ihre Eltern auf einen Seitenausgang zu.

„Sogar einen eigenen Koch habt ihr, Missie! Alle Achtung!" staunte Marty.

„Wong ist noch gar nicht lange bei uns", erklärte Missie. „Als Willie vorschlug, einen Koch einzustellen, war ich zuerst dagegen – aber jetzt weiß ich gar nicht, wie ich ohne ihn auskommen sollte! Wong ist mir eine große Hilfe, auch bei der Wäsche. Ich habe plötzlich viel mehr Zeit für die Kinder und den Haushalt. Er selbst profitiert auch davon: Jetzt hat er nämlich nicht nur eine Arbeitsstelle, sondern auch ein Zuhause. Nathan und Josia hängen an ihm – weshalb Smutje auch anfangs furchtbar eifersüchtig war." Missie schmunzelte. „Er hat doch tatsächlich Angst gehabt, daß jemand anders seinen Platz einnehmen würde! Irgendwie ist's den beiden Lausejungs aber dann gelungen, sich alle beide Köche gewogen zu halten, und wenn sie ehrlich sein sollen, mögen sie einander sogar gern. Abends sitzen sie oft bei einer Tasse Kaffee beisammen, und Smutje hilft Wong, sein Englisch zu verbessern."

Inzwischen waren sie bei der Veranda hinter dem Haus angelangt. Eine grüne Gartenanlage war von dem Mittelteil des Hauses und den beiden Seitenflügeln umgeben. Nach außen hin war sie von einem Brunnen jenseits der farbenprächtigen Blumenbeete begrenzt. Die Blumen, erklärte Missie ihrer Mutter, stammten aus den umliegenden Hügeln. Nur die Rosen waren ein Geschenk von Scottie, der ihr die Pflanzen von einer Fahrt zu einer Viehauktion mitgebracht und ein wenig verlegen überreicht hatte.

Die überdachte Veranda zwischen der Grünanlage und dem Haus war windgeschützt und trotz der Hitze des Spätnachmittags angenehm kühl. Dies war bestimmt Missies Lieblingsplatz, wo sie nähte oder ihren Kindern Geschichten vorlas, vermutete Marty im stillen. Ja, Willie hatte ein gediegenes, gemütliches Heim für seine Frau gebaut, und Missie hatte einen außergewöhnlich feinen Geschmack bei der Wahl der Einrichtung bewiesen. Dazu konnte Marty an all den neuen Möbeln ablesen, wie erfolgreich Willies Viehzucht sein mußte und daß das Einkommen der jungen Familie gesichert war. Doch auch die einfacher ausgestatten Zimmer waren auf ihre Art bedeutsam: Hier erkannte Marty, daß die beiden jungen Leute geduldig und umsichtig vorgingen und nicht alles auf der Stelle haben wollten. Sie hatten Vernunft bei ihren Anschaffungen gezeigt, und Marty war stolz auf sie – auf alle beide!

Nach dem Gang durch das Haus lud Willie seinen Schwiegervater ein, die Ställe zu besichtigen, während Missie darauf brannte, ihrer Mutter den Garten, den Brunnen, das Hühnergehege und die alte Lehmhütte zu zeigen. Die beiden Jungen waren ratlos. Nathan, der sich einerseits nicht von der Hand seiner Großmutter lösen wollte, konnte es andererseits nicht erwarten, stolz sein Pony vorzuführen. Josia hatte vergnügt auf den Schultern seines Großvaters gethront, doch wenn es nun daran ging, seine Mutter aus den Augen zu verlieren, wurde ihm ein wenig bange zumute. Dazu war er völlig in die Hühner vernarrt. So wurde beschlossen, daß die drei „großen Männer“ zu den Ställen gingen, während das Nesthäkchen die Frauen in den Garten begleiten sollte.

Marty war äußerst angetan von Martys Gemüsebeet. Zugegeben, ihr eigener Garten daheim war schon weiter fortgeschritten, aber die Pflanzen sahen gesund und vielversprechend aus. Manche gute Mahlzeit würde Missie hier ernten können!

Auch das Quellwasser im Brunnen sprudelte nicht so lebhaft wie das daheim, aber wie lebensspendend es doch wirkte! Inmitten der kargen, windumwehten Hügellandschaft brachte die Erde in der Nähe des kleinen Bachs zartes Grün und ein paar Bäumchen mit zarten Blättern hervor – eine richtige kleine Oase.

Mit beschwingtem Schritt ging Missie zum Hühnergehege voran. Um die fünfzig Hennen gackerten lustig und scharrten im Boden. Das Hühnervolk schien sich bester Gesundheit zu erfreuen, bemerkte Marty, und Missie versicherte ihr, daß die Hennen fleißige Eierlegerinnen seien.

Vor Vergnügen quietschend, lief Josia an den Zaun und schickte sich an, mit beiden Händen Grasbüschel und Erde durch die Drahtmaschen hindurch auf die Hühner zu werfen. Dabei hatte er die Rechnung jedoch ohne den Wind gemacht, der ihm seine Geschosse geradewegs wieder ins Gesicht blies. Als Missie Einhalt gebot, folgte er willig und rieb sich den Staub aus den Augen.

Unterwegs zu der Grashütte sprach Missie liebevoll und geradezu sehnsüchtig von ihrer bescheidenen ehemaligen Unterkunft. Marty war verwundert. Missie schob die unbehauene Holztür auf, und sie traten in das unerleuchtete Innere der Hütte ein. Es brauchte eine Weile, bis Martys Augen sich in der Dunkelheit zurechtfanden. In einer Ecke stand ein Bett; der Rest der Einrichtung bestand aus einem eisernen Ofen, einem kleinen Tisch und zwei Stühlen.

Sprachlos blickte Marty sich in der dürftigen Behausung um: die Decke und Wände aus Grasnarbe, die Einrichtung kläglich und der Fußboden aus festgestampfter Erde.

„Das war also dein ‚Zuhause', das dich nach der langen, beschwerlichen Reise erwartet hat? Und du hast tatsächlich hier gewohnt?" dachte Marty ungläubig. „Hier hast du gewohnt – und noch dazu mit einem Säugling? Wie um alles in der Welt hast du das bloß fertiggebracht? Wie hast du bloß unter solchen Umständen leben können? Also, ich weiß nicht, ob ich ..." Aber da unterbrach Missie schon ihre Gedanken.

„Willie wollte die Hütte eigentlich abreißen", sagte sie, „aber ich hab's nicht zugelassen. Nie im Leben! Dazu hänge ich zu sehr an unserem ersten kleinen Heim. Wir haben die Grasnarbe ein paarmal erneuern müssen. So ein Grasdach hält nicht lange, weißt du. Schneestürme, Wind und Regen setzen ihm schwer zu, und wenn erst ein Loch darin ist, ist's aus mit der Gemütlichkeit!"

Martys Herz klopfte laut. Sie legte einen Arm um ihre Tochter.

„Du ahnst gar nicht, wie stolz ich auf dich bin, mein Kind", sagte sie. „So unbeschreiblich stolz! Ich habe mir immer gewünscht, daß aus dir mal eine Frau würde, die für den Mann ihrer Wahl aus einem bloßen Haus ein richtiges Zuhause macht. Genau das hast du getan. Du hast dich mit den Wänden aus Gras und Erde abgefunden. Ein Zuhause besteht nicht aus Silberbesteck und Kronleuchter; ein Zuhause bedeutet Liebe und Verstehen und Zeit füreinander haben. Weißt du noch, als ich dir das gute Geschirr mitgegeben habe? Eines Tages würdest du noch Freude daran haben, dachte ich, und habe darauf bestanden, daß du es mitnahmst, obwohl ihr kaum noch Platz in eurem Planwagen hattet und ihr andere Sachen viel dringender gebraucht hättet. Missie, ich habe mich getäuscht!“ Sie strich ihrer Tochter zart über die Wange. „Ich habe mich geirrt, und du hattest recht. Ein Zuhause besteht nicht aus feinem Geschirr und weißen Tischtüchern. Ein Zuhause ist ein warmes Nest, wo die Liebe regiert und man füreinander da ist. Du hast bewiesen, daß du mit deinen zwei Händen und deinem Herzen ein solches Heim schaffen kannst. Ich bin stolz auf dich. Kann dir gar nicht sagen, wie stolz!“

Missie lächelte nur verständnisvoll, als ihre Mutter sich eine Träne aus den Augenwinkeln wischte. Marty sah sich ein letztes Mal um, bevor sie die Lehmhütte wieder verließen. Plötzlich erschien ihr die kleine Stube längst nicht mehr so erbärmlich und dürftig. Etwas war in diesen wenigen Minuten geschehen – etwas, das an ein Wunder grenzte.

Bericht von daheim

Nachdem sich die Kinder von beiden Großeltern eine Gutenachtgeschichte erbeten hatten und endlich in ihren Betten schliefen, zogen Clark und Willie sich in das Arbeitszimmer neben der Küche zurück, um sich über Fragen der Viehwirtschaft und Landnutzung auszutauschen. Missie und Marty machten es sich derweil im Wohnzimmer mit einer Tasse Kaffee bequem.

„Endlich haben wir einmal ein paar ruhige Minuten für uns!" seufzte Missie. „Ich habe ja so viele Fragen! Erzähl mir von daheim, Mama, von jedem einzelnen! Ich weiß gar nicht, nach wem ich mich zuerst erkundigen soll. Am besten erzählst du einfach der Reihe nach. Ich kann dich unmöglich zu Bett gehen lassen, bis ich weiß, wie es der Familie geht."

Marty holte tief Luft.

„Ach, Kind, ich habe mich ja so darauf gefreut, dir von deinen Geschwistern zu berichten! Du würdest staunen, wenn du sie sehen könntest!"

„Treibt Luke immer noch ständig Schabernack?"

„Schlimmer ist's mit ihm geworden, scheint mir. Er neckt und witzelt den lieben langen Tag. Manchmal frage ich mich, ob er je erwachsen wird, aber dein Pa meint, wenn er erst verheiratet sei, würde ihm der Ernst des Lebens schon von alleine dämmern."

„Was ist denn seine Kate für ein Mädchen? Luke hat mir von ihr geschrieben. Seinem Brief nach zu urteilen, muß sie ja ein wahrer Engel sein. Wie ist sie denn nun wirklich?"

„Kate ist ein nettes Mädchen. Wir finden, sie ist goldrichtig für Luke. Ruhig ist sie und besonnen, manchmal vielleicht ein bißchen allzu vorsichtig, aber so ergänzen sich die beiden gut. Sie ist groß und schlank, braunhaarig und hat große, violettblaue Augen. Ich glaube, diese Augen waren es auch, in die der Junge sich gleich so verliebt hat. Wenn sie auch ansonsten nicht gerade eine Schönheit ist, hat sie doch wunderschöne Augen."

„Und im Herbst will er sie vor den Altar führen, hast du gesagt?"

„Am 27. August. Sie wollten eigentlich etwas früher heiraten, aber bis wir von der Reise wieder zurück sind und die Hochzeit vorbereitet haben, ist der August mehr als halb um."

„Hat Arnie ein Mädchen?"

„Er hat sich mit einem jungen Ding aus Donavan angefreundet. Du weißt ja, wie schüchtern Arnie ist. Bei solchen Sachen überstürzt er nichts. Ellie hat schon gemeint, Hester wird über kurz oder lang um Arnies Hand anhalten müssen, wenn überhaupt was aus den beiden werden soll." Marty schmunzelte. „Ich glaube allerdings eher, daß Arnie sich selbst noch nicht ganz sicher ist. Hester ist ein liebes Mädchen, aber ihre Brüder sind samt und sonders Taugenichtse. Die Leute daheim lassen kein gutes Haar an ihnen. Arnie läßt sich zwar vom Gerede der Leute nicht beeinflussen, aber er meint halt, man heiratet nicht nur das Mädchen, sondern die Familie mit, und mit der muß man wohl oder übel auch auskommen."

„Das läßt sich aber in manchen Fällen einfach nicht einrichten", wandte Missie ein.

„Arnie besteht aber darauf. Hester nimmt ihre Brüder ständig in Schutz. Ich glaube, sie würde sogar für sie auf die Barrikaden steigen. Arnie bewundert das an ihr, bloß würde er für sein Leben gern das Gute an ihnen entdekken, das Hester zu sehen scheint." Marty lachte leise. „Mühe gegeben hat er sich mit diesen Burschen, soviel steht fest!"

„Hoffentlich wird er nicht Jahre damit verbringen, sich mit diesen sauberen Herren Brüdern abzumühen, während links und rechts die patentesten Mädchen anderweitig unter die Haube kommen, oder?“

„Weißt du“, seufzte Marty, „Arnie verdient schon ein feines Mädchen. Er ist jemand, der keiner Fliege etwas zuleide tun könnte. Schlägt ganz seinem Vater nach, der Junge.“

„Und Ellie? Hat sie einen Verehrer?“

„Eigentlich nicht. Noch nicht. Insgeheim habe ich gehofft, daß mir diese Frage erspart bleiben würde ... Ich versuche mir noch immer einzureden, daß sie für so was viel zu jung ist, aber im Grunde weiß ich, daß ich mir bloß selbst etwas vormache. Klar ist sie alt genug! Und hübsch genug dazu. Sie hat sich halt bisher bloß noch nicht viel aus Jungs gemacht, aber das kann sich im Handumdrehen ändern. Ma Graham hat neulich noch gemeint, daß meine Ellie langsam flügge wird. Recht hat sie! Die Jungs können die Augen gar nicht von ihr lassen. ‚Nur ruhig Blut‘, habe ich mir immer gesagt, ‚das sind doch alles noch Kinder!‘ Stimmt aber nicht so ganz. Eines Tages wird unser Dornröschen nämlich aufwachen, weißt du.“

„Ach, ich würde sie für mein Leben gern wiedersehen! Meinst du, sie könnte uns auch mal besuchen kommen?“

Marty erschrak.

„Meine Ellie hierher schicken?“ dachte sie entsetzt. „Alles, was recht ist! Der Westen steckt doch voller Männer! Nicht auszudenken, wenn sie von dem Besuch bei ihrer Schwester nicht mehr zurückkäme, weil ihr einer von diesen Cowboys den Kopf verdreht hat. Nicht auszudenken!“

So ruhig, wie sie konnte, antwortete sie: „Vielleicht in ihren Flitterwochen.“

„Aber ... aber du hast doch gerade eben noch gesagt, sie hat gar keinen ...“

„Hat sie auch nicht – noch nicht. Aber so etwas kann

schnell passieren. Wenn sie uns nur nicht vor vollendete Tatsachen stellt, wenn wir nach Hause kommen!“

Missie lachte.

„Also, so schnell geht’s nun auch wieder nicht! Nicht in der kurzen Zeit, die ihr bei uns seid! Wollt ihr denn wirklich nur zwei Wochen bleiben? Da lohnt sich ja die weite Fahrt kaum!“

„Länger geht’s wirklich nicht, Missie. Die Fahrt allein dauert schon eine ganze Woche. Bis wir wieder daheim sind, ist ein Monat vorbei. Um diese Jahreszeit gibt’s auf der Farm alle Hände voll zu tun. Das Sommerheu werden die Jungs ohne Pa einbringen müssen, und obendrein muß Luke noch das Häuschen richten. Larry lernt fleißig für die Universität und ...“

„Mein lieber kleiner Larry!“ Missies Stimme war warm und sanft. „Wie geht’s ihm denn?“

Martys Augen wurden dunkel vor Sehnsucht.

„Er hat sich überhaupt nicht verändert. Gewachsen ist er ein bißchen, aber ansonsten ist er der gleiche geblieben. Weißt du noch, wie gern er sich’s als kleiner Kerl auf deinem Schoß gemütlich gemacht hat? Manchmal denke ich, er würde sich am liebsten noch auf meinen Schoß setzen. Und sich ankuscheln, wenn’s nur nicht so dumm aussähe! So drückt er seine Gefühle eben anders aus. Weißt du noch, wie du mir immer wilde Erdbeeren zum Geburtstag gepflückt hast? Pa hat die Weide, wo sie so gut gediehen, aufbrechen müssen, und seitdem ist diese Sitte in Vergessenheit geraten. Aber dieses Jahr hatte sich Larry in den Kopf gesetzt, daß ich zum Geburtstag meine Erdbeeren haben sollte. Deshalb ist er in aller Frühe aufgestanden und hat sich auf die Suche gemacht. Er hat sich mächtig anstrengen müssen, um seine Tasse auch nur halb zu füllen. Winzig waren sie, die Beeren, und noch ein bißchen grün, aber ich habe noch nie im Leben so köstliche Erdbeeren gegessen!“

„Ist er immer noch so ein guter Schüler wie früher?“

„Klassenbester ist er gewesen, aber jetzt ist er ja fertig mit der Schule. Die Lehrerin sagt, mehr kann sie ihm beim besten Willen nicht beibringen. Er hat alle Bücher verschlungen, die ihm unter die Finger kamen, aber das reicht ihm nicht aus."

„Wie wird's denn weitergehen?"

„Er möchte gern in die Stadt ziehen, um die Universität zu besuchen. Ich freue mich für ihn, aber Angst habe ich auch um ihn – und ein bißchen traurig bin ich obendrein. Ich lasse ihn nur ungern aus dem Haus; immerhin ist er doch erst fünfzehn ganze Lenze alt."

„Will er Lehrer werden?"

„Nein, Doktor."

„Doktor?" Missies Stimme klang überrascht. „Alle Achtung!"

„Er spielt schon seit ein paar Jahren mit dem Gedanken. Hat auch schon mit Doktor Watkins gesprochen. Der ist natürlich begeistert. Er hat selbst keine Kinder und hat sich gern des Jungen angenommen. Er unterstützt ihn, wo er nur kann."

„Das wäre gar nicht schlecht, einen Doktor in der Familie zu haben", meinte Missie.

„Larry sagt, er möchte anderen helfen. Das hat er immer schon gewollt, und es gibt noch so viele Städte ohne einen Arzt …"

„Was würde ich nicht für einen Arzt in unserer Gegend geben!" Missie wurde nachdenklich. „Ein Nachbarsjunge hat sich voriges Jahr den Arm gebrochen. Niemand hat ihm den Arm richten können. Der Arm wird für immer steif bleiben, bloß weil …" Sie ließ die Worte im Raum stehen. „Dann denke ich jedesmal: ‚Das hätte genausogut Nathan treffen können!'"

In Martys Blick stand Mitgefühl. Sie kannte die Angst eines Mutterherzens, wenn die Not groß und weit und breit kein Arzt zu erreichen ist. Auch ihr Gebet war es, daß diese abgelegene Siedlung bald einen Arzt bekommen würde. Sie betete allerdings mit einem großen Vorbehalt: „Nicht Larry, Herr! Bitte, nicht meinen Jungen!"

Missies Stimme riß sie aus ihren Gedanken.

„Erzähl mir von den Nachbarn, Mama! Haben wir immer noch dieselben Leute in der Nachbarschaft?"

„Im großen und ganzen ja. Die Coffins sind wieder in ihre alte Heimat gezogen. Frau Coffin hat sich in unserem Ort nie so recht wohl gefühlt. Man sagt, sie könnte halt ohne ihre Zwillingsschwester nicht leben. Nachdem ihre Tochter nun gestorben ist – das kleine kränkliche Mädchen, erinnerst du dich? –, also, nachdem sie die Kleine verloren hatte, gab es nichts mehr, was Frau Coffin bei uns hielt. Die Farm ist verkauft. Kentworth heißen die neuen Leute. Du ahnst gar nicht, wie unfreundlich sie sind. Die Nachbarn wollten sie kennenlernen und Freundschaft schließen. ‚Bemühen Sie sich nicht!' haben die Kentworths gesagt. Im Ort heißt es, er sei ein Verbrecher und wolle nicht, daß Fremde bei ihm herumschnuppern. So nennt er's, wenn Nachbarn zu Besuch kommen: herumschnuppern. Seine Frau ist keinen Stich freundlicher als er. Bleibt uns gar nichts anderes übrig, als zu beten und abzuwarten. Irgendwann merken sie vielleicht, daß wir's alle gut mit ihnen meinen. Muß 'ne wahre Qual sein, so ein bitteres Herz zu haben!"

Missie nickte zustimmend.

„Ansonsten hat sich nicht viel verändert", fuhr Marty fort. „Die Grahams möcht' ich um nichts in der Welt missen. Sally Annes drei Mädchen sind beinahe erwachsen. Tommys Evie hat vor kurzem einen kleinen Jungen bekommen. Sein großer Bruder ist schon sechs und freut sich wie ein Schneekönig."

„Und die Marshalls? Wie geht's den Marshalls?"

„Das ist ein trauriges Kapitel", antwortete Marty. „Traurig und doch wundervoll. Man spürt ihnen so eine tiefe Liebe ab! Rett ist ein liebes Kind. Eigentlich ist er schon ein junger Mann, aber er hat viel von einem Kind an sich. Wanda und Cam hängen sehr an ihm. Der Junge versteht sich auf Tiere. Erstaunlich, wie sie ihm gehorchen, ob wild oder zahm!“

„Und Wanda ist glücklich?“

„Glücklich? Ja, ich glaube, sie ist glücklich. Sie betet jeden Tag um neue Kraft. Einfach hat sie's oft nicht, aber sie würde bestimmt mit keiner Mutter der Welt tauschen.“

Missie schüttelte sachte den Kopf.

„Die Ärmste hat viel Leid tragen müssen“, sagte sie leise.

„Das stimmt“, gab Marty zurück, „gelitten hat sie, aber sie ist auch reifer geworden dadurch. Manchmal gehen Kummer und geistliches Wachstum Hand in Hand.“

„Wenn jemand so viel Schweres erleben muß, ist es doch ein großer Trost zu sehen, daß Gott trotz allem Segen schenken will – daß auch bittere Erfahrungen ihren Sinn haben“, sagte Missie nachdenklich.

Marty nickte.

„Wanda und Cam lassen euch grüßen. Sie haben uns sogar ein paar Kleinigkeiten für euch mitgegeben. Die Päckchen sind in unserem großen Koffer. Pa und ich wollten nicht gleich mit der Tür ins Haus fallen; die Mitbringsel können schließlich bis morgen warten.“

„Mitbringsel? Hört, hört! Jetzt, wo du die Katze aus dem Sack gelassen hast, weiß ich aber nicht, ob ich überhaupt ruhig schlafen kann!“ lachte Missie. „Gemein, mich so auf die Folter zu spannen!“

„Die Sachen laufen uns ja nicht weg“, sagte Marty beschwichtigend. „Wir wollten nur nicht sofort mit dem Auspacken anfangen. Nathan und Josia meinen sonst am Ende gar, Großeltern seien verkleidete Christkinder und sonst zu nichts zu gebrauchen!“

Missie lachte.

„Ich glaube, meine Herren Söhne haben euch ohnehin schon durchschaut. Sie scheinen zu denken, daß ihr einzig und allein gekommen seid, um sie nach Strich und Faden zu verwöhnen!“

„Da werden wir uns aber in acht nehmen müssen, daß wir's mit dem Verwöhnen nicht zu arg treiben – wenn's auch schwerfällt! Cathys kleine Esther Sue und Nandrys vier Sprößlinge sind felsenfest davon überzeugt, daß Spiel und Spaß unser ganzer Lebenszweck sind. Die Onkel müssen natürlich auch herhalten, besonders Arnie. Arnie mag Kinder wirklich gern. Die anderen haben die Kleinen auch lieb, aber Arnie spielt stundenlang mit ihnen. Er beklagt sich, wie anstrengend das ist, aber im Grunde genießt er's in vollen Zügen.“

„Hat Joe eigentlich seine Ausbildung zum Prediger schon absolviert? Er wird sich's doch wohl nicht anders überlegt haben, oder?“

„O nein! Er hofft, nächstes Jahr damit anfangen zu können.“

„Ach Mama, es tut so gut, von daheim zu hören! Ich habe mich so sehr nach euch allen gesehnt!“

Martys Augen füllten sich mit Tränen.

„Wir haben euch auch vermißt, Missie. Du ahnst ja nicht, wie oft ...“ Sie hielt inne und schüttelte entschlossen den Kopf. „Nein, das wäre undankbar. Ich bin ja jetzt bei euch und habe mit meinen eigenen Augen gesehen, wie schön ihr's hier habt. Eure Kinder sind gesund, und ihr seid glücklich miteinander. Ich habe oft gebetet, daß ich Gott für immer dankbar sein will, wenn ich diese Freude erleben darf. Jetzt sind wir hier, und ich werde mein Versprechen auch halten. Jawohl, ich bin dankbar, Missie. So dankbar!“

Doch nun konnte sie die Tränen nicht mehr zurückhalten. Liebevoll legte Missie die Arme um sie.

„Ach Mama“, sagte sie, „ich hatte doch auch so großes Heimweh nach euch! Auch ich habe unserem himmlischen Vater versprochen, damit zufrieden zu sein, euch wiederzusehen. Statt dessen beklage ich mich, daß ihr nicht länger bleiben könnt. Schämen sollte ich mich! Laßt uns jede Minute auskosten, die wir miteinander verbringen dürfen! Wir werden so viel Schönes erleben, daß wir noch lange von den Erinnerungen zehren können."

Marty strich Missie über das Haar.

„Das ist eine gute Idee", sagte sie. „Und heute habe ich schon ein paar wunderschöne Erinnerungen für meinen Koffer gesammelt."

Missie erhob sich.

„Dann laß uns doch gleich zur nächsten zukünftigen Erinnerung schreiten", schlug sie schmunzelnd vor. „Willie mag es gern, wenn wir abends bei einer Schüssel Popcorn gemütlich beisammensitzen. Er meint, es gehe nichts über den Feierabend und den Duft von frischem Popcorn."

Missie lachte und ging zur Küche voraus.

„Sooft ich in die Küche gehe, um Popcorn zu machen, komme ich mir wie ein unartiges kleines Mädchen vor. Wong ist schrecklich auf Ordnung bedacht. Ich gebe mir die größte Mühe, alles tipptopp zu hinterlassen."

Bald war der Imbiß aus getrocknetem Mais fertig, und die Männer gesellten sich zu Missie und Marty. Bei Popcorn und Limonade berichteten die Eltern nun ausführlich von den Nachbarn, der Schule und der Kirchengemeinde daheim. Willie erkundigte sich mit großer Besorgnis in der Stimme nach dem Wohl seines Vaters Charles LaHaye.

„Ich glaube, so eine Reise hierher wäre genau das richtige für ihn", meinte Clark. „Er braucht dringend Tapetenwechsel. Klar, er hängt noch mächtig an seiner Farm, aber dein Bruder besorgt sie ja jetzt fast allein. Er hat zwar seine Enkelkinder, aber seit deine Mutter nicht mehr lebt, ist ein einsamer Mann aus ihm geworden. Hat uns übrigens auch ein Päckchen für euch zugesteckt."

Nun konnte Missie nicht länger an sich halten.

„Noch ein Wort von all den Geschenken in eurem Koffer, und ich platze vor Neugier! Ihr erwartet doch nicht im Ernst, daß wir uns bis morgen früh gedulden, oder?"

Alle lachten, und nach einigem Hin und Her beschlossen sie, den Koffer trotz der vorgerückten Stunde ins Wohnzimmer zu holen und ihn auszupacken. Kaum war der letzte Gurt des Koffers gelöst, als Missie sich mit Feuereifer auf die verschnürten Mitbringsel in seinem Inneren stürzte. Die für Nathan und Josia bestimmten Dinge legte sie beiseite, um sich begeistert an all den Aufmerksamkeiten zu freuen, die ihr die Lieben daheim zugedacht hatten.

„Zum Frühstück gibt's morgen Nandrys Himbeermarmelade!" verkündete sie, ein rubinrotes Einmachglas in der erhobenen Hand.

Es war beinahe Mitternacht, als sie endlich den überall verstreut liegenden Kofferinhalt aufräumten und einander gute Nacht wünschten.

Dankbaren Herzens sank Marty auf ihr Kissen. Ihr Gebet war erhört, ihr sehnlichster Wunsch erfüllt worden. Nun konnte sie endlich erleichtert schlafen – mindestens eine ganze Woche lang!

Das Leben auf der Ranch

Am nächsten Tag ließ sich sogar Marty dazu überreden, hoch zu Pferd die Ranch zu erkunden. Sie hatte ihre helle Freude an den winzigen Blümchen am Wegrand und bestaunte Willies stattliche Herden, in den saftigen, grünen Tälern, aber auch die majestätischen Berge in der Ferne. Der starke Präriewind jedoch, der ihr Haar zerzauste und an den Rockzipfeln riß, war ihr weniger lieb, und auch der kargen, öden Landschaft, die sich meilenweit um sie her erstreckte, konnte sie nicht viel abgewinnen. Missie, die selten an ihren eigenen ersten Eindruck von diesem Landstrich zurückdachte, ahnte nichts von den Vorbehalten ihrer Mutter. Sie hatte Willies Land von Herzen zu lieben gelernt.

Der Sonntag brachte Gäste in das Haus der LaHayes. Pünktlich um zwei Uhr nachmittags stimmte Henry das Eingangslied zu der allwöchentlichen Sonntagsandacht an. Clark und Marty freuten sich, ihre Bekanntschaft mit dem Wagenführer zu erneuern. Henry hatte sich in den kurzen Jahren beachtlich verändert. Damals noch ein befangener, zurückhaltender junger Bursche, war aus ihm ein aufrichtiger, selbstsicherer Mann geworden. Voller Stolz stellte er Missies Eltern seine hübsche Frau und seinen zweijährigen Sohn Caldwell vor.

Während des Liedes streifte Martys Blick die Besucher, die hier in der Runde saßen. Obwohl sie ihr vorgestellt worden waren, konnte sie sich nicht an alle Namen erinnern. Dort drüben waren Smutje, Rusty und Lane. Die Namen der anderen beiden Cowboys waren ihr entfallen. Die Newtons, eine Nachbarsfamilie, kam erst seit kurzem zu den Andachten. Beim Anblick ihres Sohnes mit dem gekrümmten Arm wurde Marty das Herz schwer vor Mitleid. Insgesamt hatten die Newtons vier Söhne.

Juan und Maria mit ihren beiden Kindern waren heute nicht da. Missie behielt von ihrem Platz aus den Fußweg draußen den ganzen Gottesdienst über im Auge, um sie zu erspähen, doch leider vergeblich. Sie machte sich Sorgen. Schon am vorigen Sonntag hatten die De la Rosas in der Runde gefehlt. Auf Reisen konnten sie kaum sein, denn Scottie hatte sie erst am Freitag noch vollzählig in der Stadt getroffen. Ernsthaft krank war demnach auch keiner von ihnen. Missie konnte sich ihre Abwesenheit ganz und gar nicht erklären. Sie waren doch bisher immer mit Leib und Seele bei den Gottesdiensten dabeigewesen! Dieser Sache mußte sie unbedingt auf den Grund gehen, nahm sie sich vor. Sie hatte Mühe, sich auf den Gottesdienst zu konzentrieren.

Nach dem gemeinsamen Lied leitete Willie die Bibelstunde. Clark wurde gebeten, eine kurze Auslegung zu dem verlesenen Abschnitt aus der Heiligen Schrift zu geben. Die Besucher folgten seinen Worten aufmerksam, und hin und wieder sah Marty, wie der eine oder andere aus dem Kreis lebhaft mit dem Kopf nickte.

Nach der Andacht bewirtete Missie ihre Gäste mit Kaffee und einem hochgetürmten Teller mit Wongs Zimtwaffeln. Marty und Clark nutzten die Gelegenheit gern, um Bekanntschaft mit Missies und Willies Nachbarn zu schließen.

Als erste verabschiedeten sich die Cowboys. Die Arbeit wartete auf sie; Scottie achtete darauf, daß sie ihren Schichtdienst stets pünktlich antraten. Kurze Zeit später machten auch die Newtons sich auf den Heimweg. Herr Newton verrichtete einen großen Teil der Arbeit auf seiner Ranch noch allein; auch für ihn war es an der Zeit, sich wieder in den Sattel zu schwingen. Wenn seine Herde auch in letzter Zeit nicht von Viehdieben heimgesucht worden war, so konnte man nie sicher sein, ob Gefahr nahte, erklärte er. Die kleinen, schutzlosen Viehzuchtbetriebe fielen diesen skrupellosen Verbrechern nur allzuleicht zum Opfer. Die Newtons versprachen, am nächsten Sonntag wieder zum Gottesdienst zu kommen.

Henry und seine Familie wurden gebeten, zum Abendessen zu bleiben. Wong war hoch erfreut, seine Kochkünste einmal an einer großen Tafelrunde vorführen zu können. Nathan und Josia liefen mit ihrem Spielkameraden Caldwell in den Hof hinaus, wo sie ein schwanzwedelnder Max stürmisch begrüßte.

Während Missie den Tisch nun mit ihrem besten Porzellan und Besteck auf das sorgfältigste deckte, plauderten Marty und Melinda Klein miteinander. Marty fühlte sich schnell zu dieser jungen Frau hingezogen, teilten sie doch die bittere Erfahrung, auf dem Weg nach Westen ihren ersten Mann durch ein tragisches Unglück verloren zu haben. „Wie gut, daß sie Henry hatte, an dessen Seite sie ihren großen Kummer vergessen konnte“, dachte Marty. „Und wie froh bin ich, daß ich damals Clark hatte!“ Unwillkürlich wanderte ihr Blick quer durch den Raum zu ihm hinüber. Clark mußte ihre Gedanken erraten haben und lächelte ihr zu.

Auch Henry erkundigte sich nach Neuigkeiten aus der Heimat. Wenn Clark und Marty auch niemanden aus Henrys Bekanntenkreis dort kannten, so wußten sie doch manches aus der Umgebung zu berichten.

Nicht lange nach dem Essen gingen auch die Kleins wieder nach Hause, und die Kinder wurden zu Bett geschickt. Restlos glücklich, von beiden Großeltern eine Gutenachtgeschichte erzählt bekommen zu haben, kuschelten sie sich unter ihren weichen Decken zurecht und schliefen, erschöpft von dem ereignisreichen Tag, im Nu ein.

Auch Marty fühlte sich müde und abgekämpft. Willie erklärte ihr, daß der ungewohnte Höhenunterschied leicht diese Abgeschlagenheit verursachte. Oh, wie sie sich nach ihrem Bett sehnte! Jede Ausrede kam ihr gelegen, sich nur recht bald zurückziehen zu können.

Sie gähnte verstohlen und bemühte sich, der Unterhaltung zu folgen. Clark und Willie schmiedeten gerade Pläne für den nächsten Tag. Es klang nach einem längeren Ausritt. Willie schlug vor, den Ausflug gemeinsam mit den Frauen zu machen. Doch Martys Glieder schmerzten ohnehin schon von dem kurzen Ausritt am Vortag; sie hegte ernste Zweifel, ob ihr ein zweiter Ritt so bald nach dem ersten bekommen würde, aber da antwortete Missie schon: „Eigentlich würde ich morgen gern mit Mama einen Besuch bei Maria machen. Sie ist heute wieder nicht zur Andacht gekommen. Wenn Mama nichts dagegen hat, werden wir mal bei den De la Rosas nach dem Rechten sehen. – Weißt du, Mama“, wandte sie sich an ihre Mutter, „ich kann's kaum erwarten, dir Maria vorzustellen. Sie ist eine großartige Frau. Du ahnst gar nicht, welch große Fortschritte sie mit ihrem Englisch gemacht hat! Daneben kann ich mit meinen Spanischkenntnissen einpacken!“

„Aha“, dachte Marty resigniert, „morgen heißt's also doch wieder in den Sattel steigen!“ Bei diesem Gedanken seufzte sie im stillen. Der Ausritt würde obendrein alles andere als ein Kinderspiel werden. Die De la Rosas wohnten mehrere Meilen entfernt, und das Gelände war uneben.

Marty gab ihr Einverständnis mit einem Kopfnicken und hoffte inständig, daß Missie ihre Zweifel nicht aus ihrem Blick abgelesen hatte.

„Am besten gehen wir noch vor neun Uhr aus dem Haus“, fuhr Missie fort. „Ich meine, wir sollten mit der Kutsche fahren, weil Mama das Reiten nicht gewohnt ist. Außerdem ist der Weg weit, und wir haben ja die Jungs bei uns. Würdest du Scottie Bescheid geben, daß er uns das Gespann bereitstellt, Willie?“

Willie nickte, und Marty atmete erleichtert auf. Nachdem nun die Pläne für den kommenden Tag besprochen waren, wurde beschlossen, daß eine ausgiebige Nachtruhe vor dem anstrengenden Tag angezeigt sei. Sie wünschten einander gute Nacht und zogen sich zurück.

Besuch bei Maria

Mit den ersten Sonnenstrahlen früh am nächsten Morgen legte sich eine lähmende Hitze über das Land. Gegen neun Uhr fuhr Scottie mit dem Gespann vor, und Missie lud ihre Söhne und die Proviantbündel ein. Marty band sich eine Haube zum Schutz vor der Sonne um. Hätte sie doch nur ein leichteres Kleid mitgebracht!

„Heute ist's aber mächtig warm!" stöhnte sie; Missie dagegen schien die Hitze kaum zu bemerken.

„Laß nur, bald regt sich bestimmt ein kühleres Lüftchen!" meinte sie nur und ließ die Pferde lostraben.

Es dauerte nicht lange, bis tatsächlich ein Wind aufkam, wenn Marty ihn auch eher als orkanartigen Wüstensturm empfand. Der Wind peitschte ihr heißer als die Sonne ins Gesicht. Er zerrte an ihrem Rock und ließ ihre Haube wie ein knatternden Wimpel flattern.

„Merkwürdig, aber an den Wind habe ich mich inzwischen längst gewöhnt", bemerkte Missie, während ihre Mutter ihre Haube mit einer Hand und den Rock mit der anderen Hand zu bändigen versuchte.

Eine Zeitlang saßen Nathan und Josia geduldig auf ihren Plätzen, doch bald begannen sie, ein ums andere Mal zu fragen: „Wie weit ist's noch, Mama? Sind wir bald da?" Missie konnte die beiden eine Weile beruhigen, doch als Nathan seinen jüngeren Bruder aus schierer Langeweile neckte und reizte, hielt sie das Gespann an, um eine Pause einzulegen. Jeder der beiden erhielt einen Schluck Wasser aus dem Behälter und ein paar Plätzchen. Dann wurden sie zum Spielen in den Schatten des Wagens geschickt, während Marty und Missie ein wenig umhergingen, um die müden Glieder zu strecken. In der unbarmherzigen Hitze hielt es sie jedoch nicht lange, und Marty war erleichtert, als die Fahrt weiterging.

Sie näherten sich einem Fluß. Martys suchender Blick konnte keine Brücke entdecken, und Missie steuerte das Gespann geradewegs auf das Flußufer zu. Ihrer verständnislos dreinschauenden Mutter erklärte sie indessen, daß die Männer aus den umliegenden Ortschaften das Flußbett an dieser Stelle verbreitert hatten, um dem Wasser seine Tiefe zu nehmen.

„Siehst du“, sagte sie, „jetzt können wir fast das ganze Jahr über unbesorgt durch das Wasser fahren.“

Trotz Missies Versicherung, die Überquerung sei völlig ungefährlich, klammerte sich Marty mit aller Kraft an ihrem Wagensitz fest, bis sie das andere Ufer wohlbehalten erreicht hatten. Für die beiden Jungen war die Fahrt durch das Wasser dagegen ein lustiges Abenteuer. Vor Vergnügen kreischend, sahen sie zu, wie das Wasser zu beiden Seiten der Wagenräder in die Höhe spritzte. Kaum hatten sie jedoch den Fluß hinter sich gelassen, als die beiden aufs neue unruhig wurden. Es sei viel zu eng und heiß in dem Wageninneren, beschwerten sich die beiden Streithähne, und hungrig seien sie obendrein. Missie gab seufzend nach und reichte Marty die Zügel, um Josia auf ihren Schoß zu heben. Ohne seinen jüngeren Bruder im Wageninnern wurde Nathan schnell umgänglicher und ruhiger.

Gegen Mittag erreichten sie endlich das Anwesen der De la Rosas. Das Gutshaus war aus ähnlichen Steinquadern wie Missies und Willies Heim errichtet, wenn es auch weniger weitläufig angelegt war. Es lag direkt an einem von der Sonne ausgetrockneten Hang inmitten einer eintönigen Hügellandschaft. Kein Bach spendete frisches Pflanzengrün; nicht einmal das kleinste Rinnsal gab es in der Nähe. Missie erklärte ihrer Mutter, daß die De la Rosas ihren gesamten Wasserbedarf aus einem tiefen

Brunnen deckten, den Juan unter großer Mühe ausgeschachtet hatte. Über dem Brunnen drehte sich ein Windrad unablässig; es diente als Antrieb für eine Wasserpumpe, die das Brunnenwasser in die Viehtröge leitete.

„Aha! Dieser Wind kann sich also auch nützlich machen, wenn es darauf ankommt“, stellte Marty fest, als sie das Gespann in den Hof lenkte.

Eine junge Frau kam aus dem Haus gelaufen.

„Missie!“ rief sie begeistert. „Da freue ich mich aber, daß du kommst!“ Erst jetzt bemerkte sie Marty und blieb betroffen stehen. „Oh, bitte entschuldigen mein Unhöflichkeit! Ich habe nicht gewußt, daß Missie nicht allein gekommen sein. Sie müssen Missies Mutter sein, oder? Die Mutter, die Missie so sehr herbeigewünscht hat und viel darum geweint und gebetet hat.“

Marty nickte.

„Ja, ich bin Missies Mutter“, sagte sie.

„Und ich bin Maria – kopflose Maria!“ spaßte sie. „Ich einfach loslaufen, wenn ich Freundin sehe!“

Marty lachte und umarmte sie zur Begrüung.

„Missie hat mir viel von Ihnen erzählt, Maria. Sie sind ihr eine liebe Freundin, und ich freue mich von Herzen, Sie kennenzulernen“, sagte sie.

„Und ich freue mich auch“, erwiderte Maria. „Ich beneide Missie sehr viel. Wie gern würde ich meine Mama auch einmal wiedersehen! Es ist schon so lange Zeit her, seit ...“

Maria ließ den Satz unvollendet. Missie hob ihre Söhne aus dem Wagen.

„Wo ist denn José?“ wollte Nathan gleich wissen.

„Er ist im Haus, wo wir alle gehören an diese heiße Tag. Kommt nur mit mir herein. Ihr habt aber Mut, daß ihr in der heißen Sonnenschein gekommen seid!“ Damit führte Maria ihre Gäste in die kühle Diele.

„José ist in Küche, den Koch ärgern“, erklärte sie Nathan. „Du kannst ihn holen und mit ihm spielen in das

Kinderzimmer. Carlos wird froh sein, wenn nicht zwei kleine Jungen in Küche hat.

Nathan lief zu seinem Spielkameraden in die Küche, und die Frauen nahmen Josia mit in das Wohnzimmer. Marty war froh, der stechenden Hitze entkommen zu sein. Sie nahm die Haube ab und wischte sich mit ihrem Taschentuch über die Stirn. „Unglaublich, diese Hitze!" dachte sie bei sich.

Maria lud ihre Gäste ein, es sich auf dem Sofa bequem zu machen, während sie sich um die Getränke kümmerte. Josia, der die beiden älteren Jungen aus der Küche kommen hörte, beschloß, sich zu ihnen zu gesellen, und folgte ihnen ins Kinderzimmer.

Marty und Maria schlossen bei einem erfrischenden Glas kühlen Tees schnell Bekanntschaft. Missie und ihre Freundin tauschten Neuigkeiten über Familie, Nachbarschaft und Viehwirtschaft aus. Marty wurde in das Gespräch einbezogen, wenn ihr auch mancher Begriff aus dem Ranchwesen fremd war.

„Ihr hättet kommen sollen an ein Tag weniger heiß", meinte Maria, um gleich darauf in ein silberhelles Lachen über ihren Fehler auszubrechen. „Wie sagt man richtig?" fragte sie Missie.

„An einem kühleren Tag."

„Kühleren Tag? Nein, das kann nicht richtig sein. Kühl, kühler, am kühlsten heißt es. Heute ist aber gar nicht kühl, also anderer Tag kann nicht noch kühler sein als heute!"

Marty und Missie lachten. Maria schien nicht unrecht zu haben!

„Jedenfalls", fuhr Maria fort, „heute ist sehr heiß die Sonne. Wir sind gewöhnt daran, aber Sie, Frau Davis, finden bestimmt ganz schlimm heiß hier!"

„Ja, mir ist schon sehr warm heute", gestand Marty.

„Nun, vielleicht hätten wir einen kühleren Tag abwarten sollen", meinte Missie, „aber wer weiß, ob es nicht statt dessen noch heißer wird. Mir lag sehr daran, dich zu sehen, Maria."

„Hast du besonderen Grund?" merkte Maria auf.

„Ja, eigentlich schon. Wir haben am Sonntag auf euch gewartet, aber ihr seid nicht gekommen, und ich habe befürchtet ..., also, ich wollte mich vergewissern, daß auch alles in Ordnung ist, weißt du."

Maria senkte den Kopf.

„Ich wollte kommen. Sehr gern wollte ich kommen, aber Juan, er ..., er nicht genau weiß. Er ist nicht sicher, ob richtig ist, daß wir zu euch kommen. Zu Hause wir lehren unsere Kinder auf eine Weise zu beten, aber ihr betet auf andere Weise. Unser Junge ist ganz verwirrt, er versteht nicht. Juan sagt, wir dürfen ihn nicht zwei verschiedene Götter geben."

„Aber Maria!" rief Missie. „Darüber haben wir doch schon längst gesprochen! Es gibt nur einen Gott! Wir glauben alle an denselben Gott, nur tun wir's halt ein wenig anders als ihr."

„Ich weiß ja!" Maria warf die Hände in die Luft. „Ich weiß ja, und Juan weiß bestimmt auch. Aber Juan hat Angst – Angst, daß José nicht begreift, und vielleicht will er darum später überhaupt nicht an Gott glauben. Verstehst du?"

„Ja, ich verstehe", sagte Missie langsam, und ihre Augen füllten sich mit Tränen. „Ja, ich habe Verständnis für euch."

„Oh, ich bin froh! Sehr froh, daß du verstehst. Ich habe ganz viel Angst gehabt, du würdest unsere Sorge nicht verstehen. Ich nie, nie möchte, daß du uns böse bist."

„Maria, ich könnte euch niemals böse sein!"

Maria wandte sich schweigend ab, um ihre Tränen zu verbergen, doch als sie dann sprach, strömten ihre Tränen ungehindert.

„Bitte, ihr müßt für uns beten. Juan hat viele Zweifel, viele Fragen. Die Kirche seiner Kindheit – er kann sie nicht hinter sich lassen, aber er hat hier keine Kirche wie zu Hause. Er möchte viel gern, daß seine Söhne lernen, was recht ist, aber er einfach nicht weiß, was richtig für sie ist. Seine Kirche tut vieles falsch, aber er liebt sie doch! Er wird sie nie vergessen können. Bei euch wir haben viele neue Sachen von der Bibel gehört, neu und wunderbar. Wir haben noch nie so etwas gehört! Wir brauchen viel Zeit und Geduld, um die Wahrheit zu finden. Bitte, bedrängt uns nicht, Missie. Und bitte, betet für uns, daß wir die Wahrheit finden. Manchmal denken wir: ‚Dies ist richtig.' Manchmal wieder: ‚Nein, das ist falsch.' Es ist alles so schwierig!"

„Ja, ich verstehe", nickte Missie. „Wir werden für euch beten. Wir werden beten, daß ihr die Wahrheit findet – nicht, daß ihr so glauben sollt wie wir, sondern nur, daß ihr die Wahrheit findet. Wir glauben felsenfest, daß Gott uns die Wahrheit in seinem Sohn Jesus Christus gegeben hat und daß Jesus für unsere Sünden am Kreuz gestorben ist und ..." Sie hielt inne. „Aber genau dasselbe glaubt ihr ja auch, Maria. Du hast mir doch selbst gesagt, daß Jesus der einzige Weg zu Gott ist."

„O ja", bekräftigte Maria, „das ist wahr."

„Dann müssen wir Gott also bitten, euch zu zeigen, ob ihr weiterhin zu unseren Andachten kommen sollt."

„Ja – ja, das stimmt. Wir haben eine andere Weise zu glauben gelernt als ihr."

„Wir werden für euch beten."

„Juan möchte sehr, sehr viel, daß seine Kinder das Wahre, das Richtige lernen. Seine Familie ..." Maria unterbrach sich und sprang auf. „Aber Carlos hat bestimmt schon Kaffee und Kuchen fertig für uns. Ich schnell nachsehe!" Damit eilte sie aus dem Wohnzimmer.

An der gedeckten Kaffeetafel plauderten sie dann über äußerliche Dinge: Kleiderstoffe, die neueste Mode und die Gemüsegärten, die trotz der trockenen Hitze gediehen. Schließlich drängte Missie zum Aufbruch, und

Maria schickte José und Nathan zu Pedro, dem Stallknecht, um ihn zu bitten, das Gespann bereitzustellen.

Die beiden Spielgefährten liefen nach draußen, und die Frauen verabschiedeten sich von ihrer Gastgeberin.

„Bitte", sagte Maria, „laßt uns noch zusammen beten. Ich habe es so sehr vermißt!"

Gemeinsam knieten sie nieder. Missie begann zu beten, gefolgt von Marty. Maria sprach ihr Gebet mit sorgsam gewählten Worten. Doch auf einmal stockte sie und wandte sich an Missie und Marty.

„Macht es euch etwas aus … darf ich zu Gott in meiner Sprache beten? Ich weiß, er versteht mein Herz immer, aber mein Zunge er versteht besser, wenn Spanisch spricht."

Ermutigt durch Missies und Martys Kopfnicken und Lächeln, fuhr sie fort. Marty hatte noch nie jemanden so voller Inbrunst beten hören wie Maria jetzt. Die junge Frau schüttete vor ihrem himmlischen Vater ihr ganzes Herz aus. Die Worte flossen aus ihrem Mund wie kristallklares Gebirgswasser. Wenn Marty auch die Bedeutung der Worte verborgen blieb, so spürte sie doch die Aufrichtigkeit des Gebets und verband sich mit Marias Anliegen. Gewiß würde Gott das Flehen dieser jungen Frau um Weisung und Rat erhören.

Ein folgenschweres Unglück

Das Wetter kühlte sich tatsächlich ein wenig ab, und wenn die Temperaturen auch immer noch weit über dem lagen, was Marty als angenehm empfand, so war die Hitze doch erheblich erträglicher geworden. Missie und Marty hielten sich zumeist in dem schützenden Haus auf, während Clark fast jeden Tag mit den Männern ausritt. Er freute sich an den weiten Tälern, wo das Vieh graste, und dem gewaltigen Gebirgsmassiv am Horizont.

Nathan verbrachte jede freie Minute bei seinem Großvater. Er brannte darauf, ihm „seinen" Teil der Ranch zeigen zu dürfen. Es war ihm verboten, allein auf Erkundungsritt zu den entfernteren Weiden zu gehen, aber auf den Reitpfaden in der Nähe des Hauses durfte er sich nach Herzenslust austoben. Von seiner frühesten Kindheit an, als seine Mutter ihn hierher mitgenommen hatte, war er mit diesen Pfaden vertraut. Inzwischen behauptete Josia den Platz in dem Tragegestell auf dem Rücken seiner Mutter, und Nathan ritt stolz auf seinem eigenen Pony umher.

„Kannst du heute endlich mal mit mir reiten kommen, Opa?" bettelte er beim Frühstück.

„Läßt sich einrichten, mein Junge", gab Clark zurück. „Dein Pa wird heute ausnahmsweise mal ohne mich auskommen müssen."

„Au fein!" freute Nathan sich. „Morgen kannst du ihm dann wieder helfen. Ehrenwort!"

Ein Schmunzeln ging durch die Tischrunde.

„Wo soll's denn hingehen?" erkundigte sich Clark.

„Ich zeig' dir die Westhügel."

„So, so. Gibt's da 'ne Menge zu sehen?"

Den Mund voller Rührei, brachte Nathan nur ein heftiges Kopfnicken zustande.

„Na, prima! Dann machen wir zwei also heute einen Abstecher in die westlichen Hügel."

Aus Nathans Augen sprühte die geballte Abenteuerlust eines Fünfjährigen. So schnell er konnte, löffelte er seinen Teller leer. Kaum hatte er den letzten Bissen hinuntergeschluckt, sprang er auf.

„Welches Pferd soll Scottie dir denn satteln, Opa?"

„Nathan!" Willie deutete nur auf den leeren Stuhl seines Sprößlings.

Schuldbewußt kletterte der kleine Mann auf seinen Platz zurück und sah erst seine Mutter, dann seinen Vater an.

„Darf ich bitte aufstehen?" fragte er mit einem tiefen Seufzer.

Kaum hatte Willie seine Erlaubnis gegeben, als der Kleine schon aufs neue aufgesprungen war.

„Welches Pferd ..." begann er, doch Clark unterbrach ihn lachend.

„Laß nur, mein Junge! Ich glaube, Scottie hat auch ohne unsere Sonderwünsche alle Hände voll zu tun. Ich sattle mir Osman schon selbst, wenn wir soweit sind."

Nathan fuhr herum und stürzte auf die Tür zu.

„Ich hol' Harlekin aus dem Stall!" rief er und verschwand. „Schade, daß Joey noch zu klein ist!" tönte es von der Diele her.

„Joey?" fragte Marty verständnislos. „Wer ist denn das?"

Missie lachte.

„Weißt du, als unser zweiter Sohn geboren war, habe ich mir das Gehirn nach einem Namen zermartert, der nicht so ohne weiteres verballhornt werden würde. Ich habe gedacht, an ‚Josia' ist wirklich nichts abzukürzen oder dazuzudichten. Leider habe ich die Rechnung ohne Nathan gemacht. Von Stund an hieß das Kind bei seinem älteren Bruder nur noch ‚Joey'."

„‚Joey' klingt aber auch nett", fand Marty.

„Im Grunde ist wohl jeder Name recht, wenn er nur mit Liebe ausgesprochen wird", sann Missie.

Marty stimmte ihr zu. Clark leerte seine Kaffeetasse.

„Wirst wohl heut' deine Rindviecher allein in Schach halten müssen, Cowboy Willie!" lachte er. „Mein Kamerad und ich haben nämlich große Pläne, weißt du!"

„Ich würde ja gern mit euch kommen, aber ich habe Hugh Caly versprochen, seine neuen Tiere zu begutachten. Freu dich nur, daß dir unser Ausritt erspart bleibt! Der Weg ist lang, und heiß wird's obendrein werden. Um ein paar Meilen abzukürzen, reiten wir mitten durch ein böses Kakteental. Diese Dinger sind so kratzbürstig, daß sie einem fast die Kleider vom Leib reißen!"

„Da hab' ich mit den Westhügeln ja das große Los gezogen", schmunzelte Clark.

„Ja, diese Hügel sind vollkommen ungefährlich. Deshalb darf Nathan auch dort allein spielen. Kaum eine lebendige Kreatur gibt's da zu sehen. Selbst eine Klapperschlange auf der Flucht ist eine Seltenheit."

„Also, ehrlich gesagt, wenn uns tatsächlich eine Klapperschlange begegnen sollte, hoffe ich doch sehr, daß sie die Flucht ergreift. Ich muß zugeben, diese Tiere sind mir nicht so ganz geheuer."

„Wenn man sie nicht erschreckt, sind sie harmlos", erklärte Willie.

Als Clark wenig später den Stall erreichte, leistete Scottie dem vor Eifer glühenden Nathan gerade unauffällige Hilfestellung beim Satteln des Ponys. Clark holte Osman von der Koppel. Immer noch recht ungeübt im Lassowerfen, gelang es ihm erst beim zweiten Versuch, das Pferd einzufangen.

Endlich waren beide Pferde gesattelt. Clark und Nathan ritten gerade vom Hof, als Missie ihnen nachrief, um sie an ihr Proviantbündel zu erinnern.

„Mama macht sich aber auch dauernd Sorgen!“ vertraute Nathan seinem Großvater flüsternd an.

„Ich glaube, das gehört bei Mamas von Berufs wegen dazu“, gab Clark flüsternd zurück.

Sie schlugen einen Pfad in westlicher Richtung ein, ritten ein Stück Wegs nach Süden und folgten dann der Hügelkette ein paar Meilen weit. Die Aussicht war begrenzt; nur hin und wieder, von einer Anhöhe aus, war das Gebirgsmassiv in der Ferne zu erkennen. Nach Osten hin konnten sie Willies Herden bis zur offenen Prärie hin weiden sehen. Eine Gestalt zu Pferde ritt gerade an einer Herde entlang; es mußte einer der Cowboys sein, der die Tiere bewachte.

Die Sonne stand schon hoch am Himmel, als Clark vorschlug, in dem Schatten unter einem Felsvorsprung eine Verschnaufpause einzulegen und die belegten Brote zu vertilgen. Nathan war sofort einverstanden. Mittagessen im Freien war der Höhepunkt eines jeden Ausflugs für ihn.

Der Junge stieg von seinem Pony und befestigte die Zügel fachmännisch mit einem Stein am Boden. Clark tat es ihm nach und suchte die nähere Umgebung nach gefährlichen, ungebetenen Gästen ab. Auch Nathans Blick war auf die Erde geheftet.

„Weißt du, Opa, wenn's hier überhaupt Klapperschlangen gibt, dann eher drüben in der warmen Sonne als hier im Schatten“, erklärte er seinem Großvater. „Papa sagt aber immer: ‚Man kann nie vorsichtig genug sein. Mit solchen Tieren ist nicht gut Kirschen essen!‘“

Clark stellte befriedigt fest, daß der Junge sich in seiner Heimat gut auskannte und sich von Umsicht und Vernunft leiten ließ.

„Wie weit soll's denn heut' noch gehen?“ erkundigte sich der Großvater, als sie ihre Butterbrote ausgepackt hatten.

„Nur noch ein kleines Stück weiter“, meinte Nathan. „Dort drüben gibt’s nicht mehr viel zu sehen – bloß ein paar Hügel mit uralten Höhlen.“

„Hügel mit Höhlen?“

Nathan nickte.

„Was sind denn das für Höhlen, mein Junge?“

„Pa sagt, früher waren Bergwerke dort.“

„Bergwerke?“

„Ja.“

„Was ist denn da abgebaut worden?“

„Weiß nicht. Pa sagt, ich darf nicht rein, weil’s gefährlich ist in den Höhlen. Das Holz dort unten ist bestimmt längst ganz morsch, hat er gemeint.“

„Dann werden wir am besten einen großen Bogen um die Höhlen machen“, sagte Clark, doch seine Neugier war geweckt. Er nahm sich vor, Willie zu fragen, was es mit diesen Bergwerken für eine Bewandtnis habe.

Gerade hatten die beiden ihre Mahlzeit beendet und räumten die Überreste wieder zusammen, als sie von herannahenden Hufschlägen überrascht wurden. Es klang nach einem Pferd, das in vollem Galopp auf sie zuraste. Clark erhob sich, um sich forschend umzublicken. Wer in aller Welt mochte sein Pferd in der Hitze der prallen Mittagssonne so zum Galopp antreiben?

In hohem Tempo näherte sich ihnen ein junger Reiter, die Beine gegen den Pferdeleib gepreßt und die Haare vom Wind zerzaust. Clark hörte ihn schon von ferne rufen und gestikulieren, ohne ein Wort verstehen zu können.

„Wer ist das, Nathan? Kennst du ihn?“ fragte Clark, doch der Junge starrte dem Reiter nur verständnislos entgegen.

„Kennst du ihn?“ drängte Clark noch einmal.

Endlich schüttelte Nathan den Kopf. Der Reiter kam mit unverminderter Geschwindigkeit auf sie zugestürmt, und Clark hörte nun ein deutliches Schluchzen. Er trat einen Schritt vor, um das rasende Pferd aufzuhalten.

„Hilfe! Sie müssen kommen!“ schrie der Reiter aus Leibeskräften. „Schnell! Kommen Sie schnell! Andy und Abel ...“

Jetzt hatte er sie erreicht. Clark ergriff das schweißbedeckte Pferd bei den Zügeln, um es zum Stehen zu bringen, und strich ihm beruhigend über den Hals.

„Kommen Sie doch! Sie müssen mitkommen!“ Die heisere Stimme des Jungen bebte vor Entsetzen.

Clark nahm ihn beim Arm.

„Nun mal der Reihe nach, junger Freund! Nur ruhig Blut! Wir kommen ja mit dir. Sag uns erst mal, wo's brennt!“

„Abel und Andy!“ rief der Junge verzweifelt. Tränen hatten ihre Spuren auf seinem staubverklebten Gesicht hinterlassen. „Abel und Andy sind verschüttet!“

„Langsam!“ mahnte Clark wieder. „Berichte der Reihe nach!“

„Wir müssen uns aber doch beeilen!“

„Das werden wir auch“, versicherte ihm Clark, „aber zuerst mußt du uns sagen, wohin wir überhaupt kommen sollen.“

„Das Bergwerk! Der alte Stollen – sie sitzen in dem alten Stollen fest. Er ist eingestürzt! Sie können nicht raus!“

„Wo?“

„Dort drüben! Wir wollten in der Höhle spielen, da sind die Balken gebrochen, und der ganze Gang ist eingestürzt, und ...“

Doch Clark hatte sein eigenes Pferd schon beim Halfter gefaßt.

„Nathan“, sagte er, „kannst du ohne mich wieder nach Hause reiten? Erlaubt dein Pa dir, allein zu reiten?“

„Klar“, sagte Nathan, die Augen weit geöffnet.

„Hör mir gut zu“, sagte Clark und sah ihn eindringlich an. „Du reitest geradewegs zur Ranch zurück. Sag Scottie oder wen du auch zuerst antriffst, daß ein paar Kinder in einem der alten Bergwerkstollen verunglückt sind. Sag ihnen, sie sollen Schaufeln und Laternen mitbringen und sich beeilen. Hast du verstanden?“

Nathan nickte nur. In seinem Blick stand die nackte Angst.

„So, mein Junge, jetzt reite los! Reite zügig, aber nicht zu schnell, hörst du? Nimm dir genug Zeit und paß gut auf! Ich gehe mit diesem Jungen und helfe den anderen Kindern. Alles klar?“

Er half Nathan auf sein Pony und sah ihm nach, wie er den Heimweg einschlug. Verirren würde sich der kleine Kerl kaum; dazu kannte er sich zu gut in der Umgebung aus. Clark befürchtete eher, daß er in seiner Aufregung zu schnell ritt und womöglich stürzte. Nathan wandte sich noch einmal zu seinem Großvater um.

„Denk dran: langsam reiten!“ rief Clark ihm zu, und der Kleine winkte mit der Hand zurück.

Ein unterdrücktes Schluchzen neben ihm ließ ihn herumfahren.

„Schon gut, mein Junge! Komm, laß uns losreiten! Du zeigst mir den Weg, und ich folge dir. Reite vorsichtig; mit einem Sturz vom Pferd ist deinen Kameraden nicht geholfen!“

Sie brachen auf. Das abgekämpfte Pferd des Knaben schnaubte und keuchte. Der Weg zu der Mine war weiter, als Clark befürchtet hatte.

Immer wieder brach der Junge unterwegs in Tränen aus. Er trieb sein erschöpftes Pferd zur Eile an. Endlich hatten sie den Eingang zu dem verlassenen Bergwerk erreicht. Der Junge sprang aus dem Sattel.

„Da!“ rief er und zeigte auf die Öffnung. „Da drin sind sie! Wir müssen sie rausholen!“

Noch immer hing eine dunkle Staubwolke über dem Stolleneingang. Es konnte keine Zweifel geben: ein Gang im Inneren des Hügels war eingestürzt.

„Kennst du dich da drin aus?“ fragte Clark.

„Ja, ein bißchen“, gestand der Junge. Sein gesenkter

Blick verriet Clark, daß er die Höhle gegen das Verbot seiner Eltern erkundet hatte.

Die Bretter, mit denen der Eingang zugesperrt gewesen war, lagen achtlos beiseite geworfen am Boden.

„Erklär mir, wie die Gänge angelegt sind!“ verlangte Clark. Als der Junge zögerte, packte Clark ihn am Arm.

„Jetzt hör mir mal gut zu, mein Sohn. Deine Freunde sitzen in der Klemme. Ich habe keinen blassen Schimmer, wie es da drinnen aussieht. Wenn ich deine Freunde rausholen soll, dann mußt du wohl oder übel rausrücken mit der Sprache. Wir haben keine Zeit zu verlieren! Also: Gibt's nur einen Gang im Innern oder mehrere? Wie tief seid ihr vorgedrungen? Ist der Stollen an mehr als einer Stelle eingebrochen? Na los, sag schon!“

Der Junge begann zu reden. Seine Worte überstürzten sich jetzt beinahe.

„Drei Gänge gibt's. Der erste führt nach rechts, ist aber nur ganz kurz. Die Bergleute haben wohl hier nichts finden können. Der zweite führt auch nach rechts, aber die beiden sind in dem linken. Das ist auch der breiteste Stollen. Die Stützbalken sind ziemlich morsch. Der Weg fällt steil nach unten ab. Die Stufen sind brüchig und schlüpfrig. Wir wollten gerade wieder raufkommen. Damit wir nicht ausrutschten, haben wir uns an den Seitenstreben festgehalten, und da ...“ Er verbarg das Gesicht in den Händen und schluchzte verzweifelt.

Clark legte tröstend den Arm um seine Schultern.

„Schon gut, mein Junge. Wir werden deine Freunde bestimmt finden. Hast du 'ne Schaufel bei dir?“

Der Junge schüttelte den Kopf.

„Wir müssen mit unseren Händen graben“, schluchzte er.

„Du bleibst auf jeden Fall hier draußen!“ ordnete Clark an.

„Nein, niemals! Ich muß mit rein!“

„Kommt gar nicht in Frage. Ich brauch' dich hier vor

dem Eingang. Die Männer von der Ranch kommen bald. Du mußt ihnen sagen, in welchem Stollen sie nach den beiden suchen sollen. Die Männer werden Schaufeln und Spitzhacken mitbringen. Und sag ihnen wegen der morschen Balken Bescheid, hörst du? Das ist sehr wichtig!"

Der Junge nickte. Clark hoffte, daß er die Nerven nicht verlieren würde, bis Hilfe kam. Er schob ihn zu einem größeren Felsblock und bedeutete ihm, daß er sich setzen sollte.

„Hier wartest du auf die Männer. Die Zeit wird dir mächtig lang werden, aber sie kommen, darauf kannst du dich verlassen. Warte hier und halte Ausschau nach ihnen, und wenn du sie siehst, winkst du sie heran. Meinst du, du wirst jetzt allein zurechtkommen?"

Wieder nickte der Junge. Unter den tränenverwischten Schmutzspuren war sein Gesicht noch immer schreckensbleich.

Clark wandte sich um und ging auf das stillgelegte Bergwerk zu. Der Eingang war so niedrig, daß er sich bücken mußte. Als seine Augen sich an die Dunkelheit gewöhnt hatten, konnte er die verwitterten Querstreben über seinem Kopf ausmachen. Manche der Stützbalken sahen noch recht stabil aus, während andere gekrümmt oder völlig zersplittert waren. Clark tastete sich voran und stieß bald an die Öffnung zu dem ersten Seitengang zu seiner Rechten, wie der Junge es beschrieben hatte. Tastend und suchend folgte er dem Hauptgang tiefer in das Innere des Bergwerks. In der Dunkelheit prallte er unversehens mit der Stirn gegen einen niedrigen Querbalken. Der dumpfe Schmerz ließ tausend Lichter vor seinen Augen tanzen, doch er konnte sich schnell wieder aufrichten. Mit einer Hand hoch über dem Kopf tastete er sich nun weiter, um ähnliche Hindernisse zu umgehen.

Wenn er doch nur eine Laterne hätte! Die drei Kameraden mußten eine Fackel oder Laterne bei sich gehabt haben, überlegte er. Jetzt hatte er die zweite Abzweigung erreicht. Der Hauptstollen mußte gleich nach links abbiegen. Nach ein paar Schritten ertastete Clark tatsächlich eine scharfe Linkswende. Staub lastete plötzlich schwer in der Luft. Clark blieb stehen, um sich ein Taschentuch vor Mund und Nase zu binden. Weiter ging es. Der Junge draußen hatte etwas von einem steilen Gefälle gesagt. Gleich müßte er es – aber nein! da hatte er schon den Halt verloren und rutschte der Länge nach den Abhang hinunter. Scharfe Felssplitter zerschnitten ihm das Hemd und schürften seine Haut auf. Unten blieb er benommen liegen. Er tastete vorsichtig den Boden ab, bevor er sich wieder aufrichtete und einen Schritt wagte. Von hier aus führte der Gang immer weiter in die Tiefe, doch jetzt war Clark auf das Gefälle gefaßt. Wieder ein Abhang und ein paar Schritte voran, als ein schwaches Stöhnen direkt vor seinen Füßen ihn erstarren ließ. Clark sank auf seine Arme und Knie und tastete den Boden vor sich ab.

„Hallo!" rief er. „Hallo! Kannst du mich hören?"

Ein Stöhnen antwortete ihm. Clark kroch voran. Ja, jetzt hatte er eine schmale Gestalt ertastet.

„Kannst du mich hören?" fragte er wieder und umfaßte das Handgelenk, um den Puls zu fühlen. Der Junge bewegte sich. Clark spürte den Puls leise schlagen. Das Kind lebte. Gott sei's gedankt!

„Mein Junge", sagte er eindringlich, „mein Junge, kannst du mich verstehen? Bist du wach, kleiner Freund?"

Der Junge begann zu wimmern.

„Endlich!" schluchzte er. „Endlich sind Sie gekommen!"

„Ist ja gut, Junge!" tröstete Clark ihn und strich ihm über den Kopf. Seine wirren Haare waren von Staub und Gesteinstrümmern verklebt. „Ist ja alles gut. Bist du verletzt? Kannst du aufstehen?"

„Mein Bein!" stöhnte das Kind. „Mein Bein klemmt unter dem Balken hier fest."

„Das haben wir gleich. Nur keine Sorge! Bleib ganz ruhig liegen!“

„Abel“, sagte der Junge. „Haben Sie ihn schon gefunden?“

„Noch nicht.“

Clark tastete die Umgebung ab. Es galt festzustellen, wie er das Bein des Jungen freibekommen konnte. Aha, dort war der umgestürzte Balken. Nein, unmöglich! Er konnte ihn keinen Zentimeter weit anheben. Der schwere Balken hatte sich unbeweglich in den Boden gebohrt. Hätte er doch nur ein Werkzeug bei sich!

Clark suchte mit den Händen nach dem anderen Kameraden. Er tastete das scharfkantige Geröll ab, soweit er reichen konnte. Nichts. Er kroch weiter. Beinahe hätte er es nicht bemerkt. Doch da – etwas Weiches inmitten der Gesteinsbrocken! Ja, es war ein Stiefel. Clark tastete. Der Junge war fast vollständig unter dem Hagel von Steinen begraben. Clark begann, den Körper von Gestein und Erde zu befreien.

Endlich ... der eine Arm! Fieberhaft grub er weiter, um den Kopf zu ertasten. Bald hatte er ihn entdeckt. Hätte er doch nur eine Lichtquelle! Wenn er doch nur mit seinen eigenen Augen sehen könnte, wie arg das Kind verletzt war! Mit der Hand fuhr er über die Schläfen, die Stirn, das Gesicht und den Hinterkopf des Jungen. Nun wußte er alles. Clark kroch zu Andy zurück.

„Andy!“ sagte er. „Andy! Paß auf, jetzt komm’ ich wieder zu dir.“

Andy stöhnte eine Antwort.

„Gib acht, mein Junge! Ich muß dein Bein freikriegen. Den Balken kann ich nicht anheben. Er ist viel zu schwer, und ich hab’ keine Säge bei mir. Da bleibt uns nichts anderes übrig, als dein Bein von unten her freizugraben. Es wird mächtig weh tun, Andy. Kannst du’s aushalten? Bist du so tapfer?“

„Ja“, antwortete er schluchzend. „Wir müssen uns beeilen. Die Balken knarren wie verrückt. Ich glaub', gleich stürzt die Decke wieder ein!"

Clark suchte den Boden mit seinen Händen nach einem spitzen Stein ab. Er stieß auf einen, der sich als Werkzeug eignete, und begann, eine Grube im Boden auszuheben. Zuerst arbeitete er sich von außen an das Bein heran, doch bald hatte er so viel Schotter beiseite geräumt, daß das Bein mit jeder Handvoll Erde ein Stück nach unten sackte. Der Junge stöhnte, um kurz darauf in hilflose Schmerzensschreie auszubrechen. Unbeirrt grub Clark weiter, so behutsam er nur konnte. Er hatte keine Wahl. Es galt, den Jungen so schnell wie möglich zu befreien. Die Streben und Balken knarrten, als ob sie jeden Moment unter dem Gewicht des Berges über ihnen zusammenbrechen wollten.

Es erschien Clark wie eine halbe Ewigkeit, bis endlich das Fußgelenk des Kindes frei lag. Er würde ihm den Stiefel ausziehen müssen, damit der Fuß unter dem Balken Platz hatte. Andy schrie laut vor Schmerzen, als Clark den Stiefel mit beiden Händen faßte. Beinahe hätte Clark den Versuch aufgegeben, doch er wußte nur zu gut, daß das Andys sicheren Tod bedeutet hätte. Er hatte die Erde bis auf den blanken Felsen darunter ausgehoben. Es war unmöglich, die Öffnung um den verletzten Fuß herum zu vertiefen. Wenn er Andy freibekommen wollte, dann mußte er ihn jetzt mit aller Kraft aus dem Gefängnis herauszerren. Clark biß die Zähne aufeinander, packte das Bein und zog es mit sanfter Gewalt unter dem Balken hervor. Andy wurde ohnmächtig. Clark wischte ihm die Erdreste aus dem Gesicht und knöpfte seinen Kragen auf. Dann schulterte er den kraftlosen Körper und tastete sich vorsichtig an den Stollenwänden entlang zurück zum Eingang.

Den Weg vor sich mit den Füßen ertastend, immer wieder gegen Felsvorsprünge und Holzbalken stoßend, stolperte Clark den Tunnel entlang. Die steilen Gefälle wurden nun zu beinahe unüberwindlichen Hindernissen. An einer Stelle mußte er den Jungen ein Stück weit vorausschieben und die Steigung, die Hände in das Gestein am Boden krallend, mühsam erklimmen. So quälte er sich voran, bis er den ersten Zweigtunnel erahnen konnte. Er keuchte ein Stoßgebet des Dankes und hastete weiter. Der Boden wurde nun ebener. Bald hatte er auch die zweite Abzweigung hinter sich gelassen. Wenn nur die Männer mit ihren Laternen und Schaufeln bald einträfen!

Endlich sah er Tageslicht vor sich und dann den Eingang. Clark stürzte ins Freie hinaus. Greller Sonnenschein blendete seine Augen. Der Junge saß noch immer im Schatten auf dem Boden. Als er Clark sah, sprang er auf.

„Sie haben Andy gefunden!" rief er überglücklich. „Andy! Andy, wie geht's dir?" Erneut brach er in Tränen aus. „Ist er ... ist er ... er ist doch nicht tot, Mister?"

„Keine Sorge!" beruhigte ihn Clark. „Er hat einen schlimmen Fuß, aber er wird's schaffen. Lauf schnell und hol die Feldflasche aus meiner Satteltasche. Andy braucht einen Schluck Wasser."

Der Junge beeilte sich und tat, wie ihm geheißen.

Clark bettete Andy im Schatten behutsam auf dem Boden. Dann richtete er sich auf und spähte in die Richtung der Ranch. In der Ferne sah er aufgewirbelte Staubwolken. Hilfe war also unterwegs. Er hatte keine Zeit zu verlieren. Die Streben konnten jeden Augenblick nachgeben und das andere Kind tief im Innern der Mine unter sich begraben.

Er drehte sich um zu dem Jungen, der seinem Kameraden am Boden aus der Feldflasche zu trinken gab.

„Hör gut zu", sagte er. „Die Männer sind zu uns unterwegs. Siehst du die Staubwolken dort hinten. Sie werden noch eine Weile brauchen, bis sie hier sind. Du mußt bei Andy bleiben, und wenn sie kommen, sagst du ihnen, sie sollen hier draußen auf mich warten. Hast du verstanden? Ich weiß, wo Abel ist. Ich geh' ihn jetzt holen."

Der Junge nickte, und Clark machte sich unverzüglich wieder auf den Weg in das Innere der Höhle. Der Stollen war ihm jetzt vertrauter, und er kam schneller voran. Höchste Eile war geboten.

Tastend und stolpernd hastete er durch den Stollen. Er konnte nur hoffen und beten, daß er Abel erreichte, bevor das ganze Bergwerk einstürzte. Dichter Staub erfüllte die Luft, doch nichts deutete darauf hin, daß in der Zwischenzeit ein erneuter Einbruch erfolgt war.

Vorsichtig ließ Clark sich den letzten Abhang hinuntergleiten. Er mußte um jeden Preis vermeiden, Gesteinsbrocken ins Rollen zu bringen. Unten angekommen, kroch er auf Händen und Knien zu der Stelle, wo er Abel zurückgelassen hatte. Er tastete sich zu dem Arm und dem halb verschütteten Gesicht vor und begann, Erde und Geröll beiseite zu räumen. Es war ein hartes Stück Arbeit. Einige der Steine hatten die Größe eines Butterfasses, und Clark mußte alle Kraft aufwenden, um sie aus dem Weg zu rollen. Unablässig scharrte, grub und stemmte er, bis er den Jungen endlich aus der Grube befreit hatte.

Er holte tief Luft. Dann schulterte er das Kind mit beinahe zärtlicher Umsicht und machte sich erneut auf den Weg ins Freie. Gerade hatte er Abel auf dem steilen Hang vorausgeschoben, als plötzlich ein ohrenbetäubendes Krachen losbrach. Überall hagelte es Steine und Erdbrocken. Ein stechender Schmerz durchfuhr Clark, als sich ein schwerer Balken von der Decke löste und ihn mit niederschmetternder Gewalt am Bein traf. Er versank in Bewußtlosigkeit.

*

Die Wagen mit den Männern war gerade eingetroffen, als sie von dem gedämpften Dröhnen vom Stolleneingang her überrascht wurden. Ein neuer Einsturz! Der Junge warf sich weinend zu Boden, und auch Andy brach in ein klägliches Wimmern aus.

„Jemand soll sich um das Kind hier kümmern!“ ordnete Scottie an. Lane nahm eine Decke aus dem Wagen und kniete neben dem Jungen nieder.

Auf dem Weg zum Tunneleingang wurde Willie von Scottie aufgehalten.

„Ich geh’ rein“, erklärte Willie.

„Keiner geht rein, bis das Donnerwetter da drin aufgehört hat!“

Willie zögerte und blieb stehen. Tief in dem Hügel dröhnte es noch immer leise. Dunkle Staubwolken quollen aus dem Eingang hervor.

Willie drehte sich zu dem weinenden Jungen um.

„Ist der Mann, der mit dir gekommen ist, in den Schacht gegangen?“

Der Junge nickte.

„Hast du ihn seitdem gesehen?“

„Er hat Andy rausgetragen.“

„Wo ist er jetzt?“

„Er ist wieder reingegangen. Er wollte Abel holen.“

Es war genau, wie Willie befürchtet hatte. Seine Hoffnungen hatten sich als trügerisch erwiesen.

Nach und nach legten sich die dumpfen Geräusche. Willie ging an den Wagen, um eine Laterne und ein Seil zu holen. Wieder trat Scottie ihm in den Weg, nahm ihm wortlos die Laterne aus der Hand und zündete sie an.

„Lane, du holst die Schaufeln und kommst mit“, bestimmte der Aufseher.

Willie schloß sich an.

„Herr LaHaye“, sagte Scottie ruhig, „Sie bleiben hier.“

„Was? Wie stellst du dir das vor?“ begann Willie.

„Sie bleiben hier!“ sagte Scottie entschlossen. „Denken Sie an Ihre Frau und die beiden Steppkes!“

„Aber ...“

„Kein Aber. Das ganze Bergwerk kann jeden Moment zusammenbrechen. Das wissen Sie so gut wie ich. – Du, Lane!“ Er wandte sich um. „Ich verlang’ von niemandem, daß er sein Leben riskiert. Ihr geht ’n paar Schritte hinter mir her. Sobald ihr’s krachen hört, lauft ihr los. – Also, Junge, wo finden wir sie?“

Der Junge trat einen Schritt vor und wiederholte seine Beschreibung von dem Inneren des Bergwerks. Scottie und Lane nickten und machten sich unverzüglich auf den Weg.

Willie ging unschlüssig vor dem Eingang auf und ab. Es zog ihn in den Schacht, in dessen Tiefen er seinen Schwiegervater verschüttet wußte. Also los! Worauf wartete er? Und dann wieder der Gedanke an Missie. Missie und die beiden Jungen. Wenn Missies Vater schon etwas zugestoßen war, dann würde sie ihren Mann um so dringender brauchen.

Er trat zu dem Jungen, der stöhnend am Boden lag, und kniete neben ihm nieder, um nach dem Rechten zu sehen. Dann wandte er sich an den anderen Jungen im Schatten des Felsvorsprungs.

„Wohnst du in der Nähe?“ fragte er ihn.

„Drüben in der Stadt.“

„Ist das dort dein Bruder?“ fragte er und deutete auf Andy am Boden.

„Wir sind Freunde. Mein Bruder ..., mein Bruder ist noch im Stollen.“

„Warten eure Eltern nicht längst auf euch?“

„Kann schon sein.“

„Meinst du nicht, du solltest auf dem schnellsten Weg nach Hause reiten und ihnen Bescheid geben? Vielleicht möchte dein Pa herkommen und helfen, deinen Bruder zu bergen.“

Der Junge blickte überrascht auf.

„Ja ... doch, bestimmt ... Sie haben recht“, stotterte er und lief auf sein grasendes Pferd zu.

„Und vergiß nicht, auch Andys Eltern zu benachrichtigen. Sie sollen sich beeilen, herzukommen und sich um sein Bein zu kümmern."

Mit einem letzten Blick auf seinen verletzten Kameraden am Boden ritt der Junge los.

Von jetzt an konnte Willie nur noch tatenlos den Höhleneingang anstarren und beten, daß sich keine weiteren Einstürze ereigneten. Hin und wieder wechselte er ein paar Worte mit dem verletzten Jungen und gab ihm Wasser zu trinken. Das Kind litt starke Schmerzen, aber Willie konnte keine Anzeichen eines offenen Knochenbruchs erkennen. Vielleicht würde das Bein sogar wieder vollständig heilen.

Die Minuten krochen dahin. Mehrmals ging Willie auf den Tunneleingang zu, doch nur, um an Scotties Worte zu denken und wieder kehrtzumachen.

Endlich ratterte ein zweiter Wagen heran. Ein Mann, den Willie nur flüchtig kannte, sprang vom Kutschbock, bevor die Räder zum Stillstand gekommen waren. Er beugte sich zu Andy hinab und strich ihm über die bleichen Wangen, nickte Willie zum Gruß zu und lief dann geradewegs in den Tunnel hinein. Er trug noch nicht einmal eine Laterne bei sich.

Eine Frau näherte sich. Ihr Gesicht war fahl und verweint.

„Ist das hier Ihr Sohn?" fragte Willie.

Die Frau kniete neben dem Jungen nieder, strich ihm das wirre Haar aus der Stirn und wischte ihm die Staubspuren mit einem Zipfel ihrer Schürze aus dem Gesicht.

„Nein", antwortete sie. Ihre Stimme bebte. „Mein Sohn ist noch im Stollen."

„Tut mir aufrichtig leid für Sie", sagte Willie.

„Ach, wir haben's ihnen doch so verboten! Wie oft haben wir sie gewarnt! ‚Finger weg von dem alten Bergwerk!' haben wir gesagt. ‚Da unten ist's gefährlich.' Aber Jungs hören halt nicht auf ihre Eltern. Sie müssen alles auf eigene Faust ausprobieren." Jetzt schluchzte sie leise, und die Tränen rannen ungehindert über ihre Wangen.

„Die Schächte gehören verschlossen!" fuhr sie fort. „Wer weiß, wer der nächste sein wird!"

Willie dachte an seine eigenen beiden Söhne.

„Wir holen uns eine Genehmigung zum Sprengen, Ma'am, sobald alle in Sicherheit sind."

Der Junge am Boden regte sich. Die Frau sprach beruhigend auf ihn ein.

„Ist ja gut, Andy. Alles wird gut werden. Charlie holt gerade deine Eltern. Sie müssen jeden Moment hier sein. Sie bringen dich nach Hause und kümmern sich um deinen wehen Fuß.

Andy schloß erleichtert wieder die Augen.

Willie entdeckte den nächsten Wagen in der Ferne. Nicht lange darauf erreichten Andys Eltern das Bergwerk. Seine Mutter stürzte mit einem Aufschrei auf ihn zu. Es gelang ihrem Mann nur mit Mühe, sie an einem größeren Ausbruch zu hindern. Sie sank neben Andy zu Boden und überschüttete ihn mit einer Flut von Kosenamen und sanften Vorwürfen. Der Mann beugte sich über das Bein und untersuchte den verletzten Fuß. Der Junge schrie auf. Der Mann spannte die Kinnmuskeln an und machte sich daran, das Bein zu schienen. Der Junge schrie und weinte, während sein Vater das Bein streckte und mit einem Seil auf einer Latte festzurrte. Manchem der Umstehenden brach der kalte Schweiß aus, bis der Fuß endlich gerichtet war. Nun verbarg der Vater das Gesicht in den Händen und schluchzte erschüttert auf. Um den Höhleneingang herrschte noch immer Totenstille.

„Wie lange sind sie denn schon drin?" fragte eine der Mütter bange.

„Weiß nicht", gestand Willie. „Ich hab' längst jedes Zeitgefühl verloren. Mir kommt's wie 'ne Ewigkeit vor. Wenigstens haben wir kein Krachen mehr gehört. Das ist ein gutes Zeichen."

Wieder ging er vor dem Tunnel auf und ab. Dann wagte er ein paar Schritte in die Höhle hinein und lauschte angestrengt. Da! Das deutliche Scharren und Schieben unsicherer Füße. Dann der flackernde Lichtschein einer Laterne hinter der Biegung des Schachts. Willie drang weiter in den Gang vor, bis er auf Scottie stieß. Scottie trug das vordere Ende einer behelfsmäßigen Krankenbahre aus zerbrochenen Stützstreben. Lane stolperte mit dem anderen Ende der Bahre in den Händen hinter ihm her. Auf der Bahre lag Clark. Sein Gesicht war blaß und blutverkrustet. Leblos hing sein Arm seitwärts herunter.

„O mein Gott, steh uns jetzt bei!“ stieß Willie aus. Zu den Männern sagte er: „Ist er tot?“

Scottie antwortete nicht. Lane sagte tonlos: „Noch nicht.“

Willie nahm die Laterne, die am vorderen Ende der Bahre befestigt war, und ging zum Ausgang voraus. Erst als er sich nach den Männern mit der Bahre umwandte, nahm er den dritten Mann wahr. Es war der Vater des Jungen draußen, und auch er trug eine Last. Er hielt seinen Sohn in den Armen. Diesmal antwortete Scottie auf die stumme Frage in Willies Blick. „Zu spät“, sagte er nur.

Qualvolle Stunden

Sie betteten Clark auf ein paar Decken in dem Wagen und traten den langen Rückweg zur Ranch an. Trotz seiner Bewußtlosigkeit stöhnte der Schwerverletzte gelegentlich auf. Die Männer bemühten sich, so behutsam wie nur irgend möglich zu kutschieren, dennoch war das Rütteln und Schaukeln des Fuhrwerks für alle eine wahre Tortur.

Scottie hielt die Zügel. Er lenkte das Gespann in Schlangenlinien, um die ärgsten Schlaglöcher zu vermeiden. Willie saß an Clarks Seite. Er faßte ihn bei den Schultern, um ihn ruhig zu halten, und kühlte ihm das Gesicht mit Wasser aus der Feldflasche. Außer der Schwellung am Kopf und dem verletzten Bein schien er unversehrt zu sein. Willie wagte zu hoffen, daß die Kopfverletzung sich als eine leichte Gehirnerschütterung erweisen würde, von der Clark sich bald erholen könnte.

Um das Bein sah es dagegen schlimmer aus. Schaudernd betrachtete Willie den Knochensplitter, der aus der zerrissenen Hose herausragte. Wie konnte ein derart zugerichtetes Bein nur ohne das Eingreifen eines Arztes heilen?

„Vater im Himmel", betete Willie, „zeig uns doch, was wir tun sollen!"

Als sie endlich den Hof erreicht hatten, kamen Marty und Missie ihnen vom Haus her entgegengestürzt. Willie biß sich auf die Lippen. Hätte er doch nur jemanden geschickt, um die Frauen zu warnen! Er sprang von dem rollenden Fuhrwerk und bat Lane, Clark im Auge zu behalten. Scottie ließ das Gespann im Schritt gehen, während Willie energisch auf die Frauen zuging.

„Ist Clark etwa verletzt?“ fragte Marty mit schreckensdunklen Augen.

Willie nickte.

„Schlimm?“ Blankes Entsetzen lag in Missies Stimme.

„Ziemlich schlimm“, antwortete Willie, „aber nicht so arg, wie's auf den ersten Blick aussieht. Er hat sich böse am Kopf gestoßen und das Bewußtsein verloren.“

„O mein Gott!“ flüsterte Marty. Sie zitterte am ganzen Leib, doch Willie glaubte, ein Zeichen der Erleichterung in ihren Augen zu lesen, daß ihr Mann überhaupt noch am Leben war.

„Habt ihr die Jungs rausholen können?“

„Ja“, nickte Willie.

„Gott sei Dank!“ hauchte Marty.

Das Fuhrwerk hatte sie jetzt beinahe erreicht. Willie legte die Arme um die beiden Frauen. Er mußte sie auf das vorbereiten, was nun auf sie zukam.

„Dein Pa hat ein gebrochenes Bein, Missie“, begann er. „Wir müssen ihm auf der Stelle sein Bett herrichten. Danach holst du heißes Wasser und saubere Handtücher aus der Küche. Wir tragen ihn derweil ganz vorsichtig ins Haus. – Und Ma, kannst du mal schnell nachsehen, was wir an Desinfektionsmitteln haben? Er hat nämlich ein paar arge Kratzer abgekriegt.“

Mit einem letzten Blick auf das Fuhrwerk liefen die Frauen ins Haus zurück, um zu besorgen, worum Willie sie gebeten hatte.

Willie trat auf Scottie zu.

„Schnell!“ ordnete er an. „Wir müssen ihn fix und fertig im Bett haben, bevor sie ...“ Er brauchte den Satz nicht zu Ende zu führen. Scottie verstand. Lane eilte ihnen zu Hilfe, und zu dritt trugen sie Clark auf der Bahre ins Haus. Missie hatte die Bettdecke schon zurückgeschlagen, doch keine der beiden Frauen war in dem Zimmer.

Die Männer legten Clark auf das Bett und zogen ihm das Hemd aus. Scottie löste die Schuhe und Strümpfe von seinen Füßen, während Willie eine Schere nahm und das Hosenbein oberhalb des Bruches abschnitt.

„Was machen wir bloß mit dem Bein?“ Die Frage hatte schwer auf ihnen allen gelastet. Es war Lane, der sie schließlich aussprach.

„Vorläufig bleibt uns nichts anderes übrig, als es abzudecken, so gut's geht, damit wir die Frauen zu ihm reinlassen können“, antwortete Willie.

Marty erschien als erste an der Tür. Beim Anblick ihres Mannes entfuhr ihr ein Aufschrei. Dann kniete sie neben seinem Bett nieder und strich ihm über das blutige, schmutzbedeckte Gesicht und das staubige Haar. Willie ließ sie eine Zeitlang gewähren, bevor er leise fragte: „Hast du das Desinfektionsmittel gefunden?“

Marty hielt ihm die Flasche entgegen.

Nun kam auch Missie mit dem warmen Waschwasser und den Handtüchern dazu. Willie nahm ihr das Becken und die Tücher ab, und sie kniete neben ihrer Mutter vor dem Bett nieder. Erschüttert nahm sie Clarks leblose Hand in die ihre.

Willie stand schweigend daneben. Schließlich reichte er Marty ein kleines Handtuch.

„Willst du ihm das Gesicht ein bißchen waschen? Gib acht, daß das Wasser nicht zu heiß ist. Er kann's dir ja nicht sagen, und wir dürfen ihn auf keinen Fall verbrühen.“

Marty und Missie fuhren auf.

„Ich hole kaltes Wasser“, rief Missie und stürzte aus dem Zimmer. Marty legte sich das Handtuch und die Waschschüssel zurecht und untersuchte Clarks verschmutzte, blutverklebten Hände. Oh, wie sie zugerichtet waren! Die Knöchel und Handflächen waren von Schürfwunden übersät, und die zersplitterten Fingernägel steckten voller Erdreste.

„Das haben wir gleich!“ murmelte Marty ruhig. Ihre anfängliche Bestürzung war einer seltsamen Entschlossenheit gewichen.

Willie hielt Missie das Becken mit dem heißen Wasser entgegen, damit sie kühleres dazuschütten konnte.

Die beiden Frauen reinigten die Wunden an den Händen mit dem Desinfektionsmittel. Beim Waschen des Gesichts konnten sie außer ein paar leichten Schürfwunden keine Verletzung entdecken. Clark lag regungslos da. Willie sah, wie Marty verstohlen nach Clarks Puls fühlte. Eine verhaltene Erleichterung war in ihrem Blick zu lesen, als sie ihn fand. Nachdem Willie sich vergewissert hatte, daß die Frauen nun lange genug bei Clark gewesen waren, um den ersten Schreck zu überwinden, wandte er sich an Missie.

„Ich muß dich um ’nen großen Gefallen bitten, Liebling. Ich weiß, du möchtest am liebsten an Pas Seite bleiben, aber ich brauch’ jetzt deine Hilfe.

Mit großen Augen nickte Missie ihr Einverständnis.

„Ein paar von den Männern haben den ganzen Nachmittag über schwer in dem alten Stollen geschuftet. Sie haben mächtigen Hunger, aber Smutje hat schon Feierabend. Würdest du wohl für ein paar Butterbrote und frischen Kaffee sorgen?“

Missie runzelte überrascht die Stirn. Sie war noch nie gebeten worden, die Männer mit einer Mahlzeit zu bewirten; Smutje versorgte sie eigentlich rund um die Uhr. Nun, Willie würde schon seine Gründe haben. Sie schickte sich an, das Zimmer zu verlassen.

„Würd’s dir was ausmachen, ihr in der Küche zur Hand zu gehen?“ bat Willie seine Schwiegermutter.

Marty wollte protestieren, erhob sich aber dann. Sicherlich war es nicht zuviel verlangt, geschwind ein paar belegte Brote zu richten.

„Die Männer müssen bald zur nächsten Schicht ausreiten“, fügte Willie hinzu.

Marty nickte und folgte Missie aus dem Zimmer. Willie schloß die Tür hinter sich und hastete über den Flur in das Kinderzimmer. Josia schlief gerade, und Nathan war in eins seiner Bilderbücher vertieft. Missie hatte ihn in sein Zimmer geschickt, bevor Clark ins Haus getragen wurde, um dem Jungen den Anblick seines verletzten Großvaters zu ersparen.

„Hallo, Kumpel!" begrüßte Willie ihn. Er bemühte sich, seiner Stimme einen heiteren Ton zu verleihen. Wie wär's, wenn du schnell einen Botengang für deinen Pa erledigst?"

„Mama hat aber gesagt, ich soll mich nicht vom Fleck rühren, bis sie mich holen kommt", wandte Nathan ein. Voller Ernst fuhr er fort: „Hat Opa die Jungen aus dem Loch rausgeholt?"

„Und ob!" antwortete Willie und fuhr ihm über den Schopf. „Aber jetzt mußt du mir helfen, einverstanden? Ich sag' deiner Mama schon selbst Bescheid, daß ich dich losgeschickt habe. Du sollst nämlich schnell zu Smutje und Scottie laufen und ihnen ausrichten, daß ich sie hier im Haus brauche. Sie sollen sofort kommen. Danach gehst du gleich wieder in dein Zimmer zurück, hörst du?"

Nathan legte sein Buch beiseite und tat, was sein Vater ihm aufgetragen hatte. Kurze Zeit später erschienen Scottie und Smutje an der Haustür.

„Schnell", sagte Willie und schob sie in den Flur. „Ich hab' die Frauen in die Küche geschickt, um Butterbrote für die Männer zu schmieren."

„Butterbrote für die Männer?" wunderte Smutje sich.

„Was anderes ist mir nicht eingefallen, um sie aus dem Zimmer zu kriegen. Wir müssen das Bein verbinden, und zwar schleunigst."

Die beiden Männer nickten. Willie schlug die Decke zurück. Der Anblick war grauenvoll. Einen Moment lang wünschte Willie, er könnte das Bein einfach wieder zudecken und die Tür hinter sich schließen.

Ein unterdrücktes Fluchen entfuhr Smutje.

„So ramponiert war nicht mal meine Hüfte", sagte er.

„Wir müssen halt unser Bestes tun", meinte Willie. „Reicht mir mal die Waschschüssel."

Die drei Männer wuschen das Bein und leerten die Flasche mit dem Desinfektionsmittel über der offenen Wunde aus. Willie versuchte, das völlig verdreht liegende Bein geradezuziehen, doch er wußte nur zu gut, daß sie den Knochenbruch unmöglich richten konnten. Nachdem die Wunde gereinigt war, schienten sie das Bein behelfsmäßig und legten einen losen Verband an. Kaum hatten sie das Verbandsende befestigt, als Willie Missies leichte, energische Schritte im Flur hörte.

„Die Brote sind fertig", flüsterte er den beiden Männern zu. „Seht bloß zu, daß ihr 'n paar Leute zusammentrommelt, die sie essen."

Smutje nickte und machte sich gleich auf die Suche. Scottie folgte ihm. Im Flur stieß er auf Missie.

„Ich habe gehört, daß Sie uns ein paar Brote gerichtet haben, Ma'am. Ich komm', sobald ich mir in Smutjes Schuppen die Hände gewaschen habe. Mächtig nett von Ihnen, das! Und 'ne Tasse Kaffee dazu ist jetzt genau das richtige. Vielen Dank auch!"

Willie breitete die Decke wieder über Clark und nahm die Schüssel mit dem blutroten Wasser. Er balancierte sie über den Schultern, damit Missie das Wasser nicht sah.

„Ich glaub', er liegt jetzt ein bißchen bequemer", sagte er. „Dank' dir für die Butterbrote, Missie! Du kannst deiner Ma sagen, daß sie sich ruhig an sein Bett setzen kann. Die Männer finden ihr Essen schon von selbst. Und Missie, ich glaub', Nathan könnte ein bißchen Gesellschaft gebrauchen. Der Junge wundert sich bestimmt, was hier eigentlich vorgeht. Ich hab' ihn losgeschickt, um eine Kleinigkeit für mich zu besorgen. Er hat Angst gehabt, daß er Schelte von dir kriegt, weil er ohne deine Erlaubnis weggegangen ist. Kannst du ihn vielleicht ein bißchen beruhigen. Ich muß los. Habe selbst noch was zu erledigen. Aber ich komm' bald wieder."

Missie schaute verwundert drein, nickte aber wortlos und machte sich auf den Weg ins Kinderzimmer. Willie hätte sie am liebsten geschwind an sich gezogen, aber die Waschschüssel und die blutbefleckten Handtücher hinderten ihn daran. Er spürte seiner Frau ab, wie sehr sie noch immer unter der Wirkung des Schocks stand.

„Missie", sagte er sanft, „er wird durchkommen. Ganz bestimmt! Er ist zäh. Wenn sein Kopf erst ..." Er unterbrach sich. Dann fuhr er fort: „Sag deiner Ma, er darf sich auf keinen Fall bewegen. Wenn er wach wird und anfängt, unruhig zu werden, holt ihr Scottie. Wir haben den Bruch noch nicht richten können. Er muß still liegen, sonst schadet's dem Bein."

Wieder nickte Missie nur. Willie balancierte die Waschschüssel an ihr vorbei.

„Und Missie, mach dir keine Sorgen. Bitte! Ich komm' zurück, so schnell ich kann."

Er ging zur Tür hinaus und machte sich auf den Weg zu Smutjes Kochschuppen. Die Waschschüssel leerte er unter einem Strauch aus. Smutje fand er in seiner Küche.

„Hab' nur drei Jungs auftreiben können", berichtete der Koch. „Keiner von ihnen war hungrig. Ich hab' ihnen gesagt, sie sollen tüchtig zulangen, sonst gibt's Ärger."

„Lane und Scottie haben doch bestimmt Hunger", meinte Willie. „Die haben nämlich seit dem Frühstück ..."

„So 'ne Sache verschlägt einem gründlich den Appetit", gab Smutje zurück. „Aber essen werden sie, darauf können sie Gift nehmen, Boß. Und der Kaffee wird ihnen auch guttun."

Willie reichte Smutje die blutigen Handtücher.

„Kannst du diese Tücher hier 'n bißchen in Ordnung bringen, bevor die Frauen sie zu sehen kriegen?"

„Klar. Wird gemacht!" versprach Smutje und warf die Handtücher in eine Ecke in seiner Küche.

„Sag Scottie, daß ich in die Stadt mußte. Er soll das Haus im Auge behalten und sich in der Nähe aufhalten, für den Fall, daß die Frauen Hilfe brauchen."

Smutje nickte wortlos. Willie wußte, daß er sich auf ihn verlassen konnte.

Von der Küche ging Willie geradewegs zu der Koppel, wo er ein Lasso von der Zaunlatte nahm und sein Reitpferd sattelte. Wenig später verhallten galoppierende Hufschläge im Hof.

Marty war nicht recht bei der Sache. Ratlos überlegte sie, wieviele Löffel Kaffee man auf eine ganze Kanne rechnete und wo sie nach Brot und Butter suchen sollte. Missie selbst schien es nicht anders zu ergehen, obwohl sie sich in ihrer eigenen Küche befand. Wong war draußen, um das Gemüse für das Abendessen aus dem Garten zu holen. Weder Marty noch Missie kamen auf die Idee, ihn zu Hilfe zu rufen.

Wie betäubt machten die beiden Frauen sich daran, die Zutaten für die belegten Brote zusammenzusuchen und die Brotscheiben auf der Anrichte auszubreiten. Keine der beiden sagte ein Wort. Sie waren zu sehr von Angst und Sorge aufgewühlt. Schließlich bemerkte Marty, daß Missie mühsam ihre Tränen zu unterdrücken versuchte. Sie stellte die Butterdose auf die Anrichte zurück und nahm ihre Tochter in die Arme.

„Schon gut, Liebes! Er wird's schon schaffen. Gott wird nicht zulassen, daß ihm was zustößt. Warte nur, bald ist er wieder ganz der alte!" Oh, wie gern sie selbst daran geglaubt hätte! Es mußte einfach wahr sein. Nicht auszudenken, wenn Clark tatsächlich ... Sie zog Missie fester an sich und begann, laut zu beten.

„Himmlischer Vater, wir brauchen dich jetzt so sehr! Du weißt, wie lieb wir Clark haben. Du weißt auch, daß er dir immer treu gedient hat. Er liebt dich, Herr. Wir bitten dich, hilf ihm jetzt! Mach du ihn doch gesund an Leib und Geist, wenn es dein Wille ist, Herr. Amen."

Missie sah ihre Mutter aus weit geöffneten Augen an. Die Tränen strömten ihr über das Gesicht.

„O Mama!" rief sie. „So darfst du nicht beten! Natürlich ist es Gottes Wille, daß er wieder gesund wird. Natürlich! Gott macht ihn wieder gesund. Ganz bestimmt!"

Jetzt kamen auch Marty die Tränen.

„Dein Pa hat immer gebetet: ‚Dein Wille geschehe.'"

„Dann bete von mir aus, was du willst", rief Missie hitzig. „Ich sage Gott jedenfalls haargenau, was ich will. Ich will Pa nämlich wiederhaben. Ich will, daß er wieder gesund und kräftig wird. Warum soll ich Gott nicht sagen dürfen, was ich von ihm will?"

„Dein Pa sagt immer, daß wir Gott keine Befehle zu erteilen haben, sondern ihn einfach nur bitten sollen."

Missie löste sich aus ihren Armen. Marty spürte ihrer Tochter einen unbändigen Zorn ab. Missie wischte sich ärgerlich die Tränen von den Wangen und wandte sich wieder den belegten Broten zu. Sie schien nun völlig verschlossen zu sein. Marty schwieg und begann, Bratenscheiben auf die Brote zu verteilen.

Als die belegten Brote und der Kaffee fertig waren, ging Missie los, um Willie zu suchen. Gewiß würde ihr Mann ihre Meinung teilen und mit ihr für Clarks schnelle Genesung beten. Schließlich hatten sie ihre Eltern nicht eingeladen, damit ihnen hier im Westen ein so schreckliches Unglück passierte. Als sie Willie aber vor Clarks Zimmertür antraf, schien er in Eile zu sein. Er bat sie, bei Nathan nach dem Rechten zu sehen, und so ging sie in das Kinderzimmer, doch im Grunde war sie es selbst, die Trost brauchte.

Sie drückte den kleinen Jungen an sich und ließ ihren Tränen freien Lauf. Als sie sich wieder gefaßt hatte und sprechen konnte, versuchte sie, dem Kleinen zu erklären, was geschehen war.

„Opa hat die Jungs gerettet, Nathan. Opa ist ein richtiger Held. Er hat sich aber furchtbar weh getan. Er hat sein Leben für andere aufs Spiel gesetzt. Jetzt muß er im Bett liegen, bis er wieder gesund ist. Du und Josia, ihr müßt die nächsten Tage hübsch artig und ruhig sein. Das tut ihr doch gern für Opa, nicht wahr?"

Nathan nickte eifrig.

„Wir müssen für Opa beten. Gott kann ihn wieder gesund machen. Willst du jetzt mit Mama beten, Nathan?"

Wieder nickte Nathan, und Mutter und Sohn knieten gemeinsam vor dem Bett nieder.

„Lieber Heiland", betete das Kind, „Opa ist ein Held und hat sich weh getan. Bitte hilf ihm, lieber Gott! Joey und ich müssen leise sein, damit wir ihn nicht stören. Mach doch, daß wir ganz lieb sind und nicht so laut raufen. Und hilf Mama und Oma, gut für ihn zu sorgen. Amen."

Missie hätte ihren Sohn am liebsten dazu angehalten, noch einmal zu beten. „Aber Nathan", lag es ihr auf der Zunge, „du hast Gott ja gar nicht gebeten, Opa schnell wieder gesund zu machen!" Doch statt dessen nahm sie ihn nur in die Arme und sagte ihm, daß er nun in die Küche gehen solle, um mit den Männern zu essen. Froh darüber, der Enge seines Zimmers endlich zu entkommen, lief er davon.

Schweren Herzens ging auch Missie in die Küche zurück. Wie konnte Gott Gebete erhören, wenn niemand sie aussprechen wollte? Mit bebenden Händen schenkte sie den Kaffee aus.

Lautlos betrat Marty das Krankenzimmer und kniete vor dem Bett nieder. Sie nahm Clarks Hand in die ihre und streichelte sie behutsam. Ja, seine Hände sahen schon viel besser aus, nachdem sie sie gereinigt hatte. Sie hob eine Hand an ihre Lippen und wusch sie in ihren Tränen.

„O Clark!" flüsterte sie. „Ich könnte es nicht ertragen,

wenn du mich verließest! Lieber Gott, ohne ihn kann ich nicht leben. Bitte, heile ihn doch! Bitte, laß mir meinen Mann! Ich brauch' ihn doch so sehr!" Aber nein! Das waren doch Missies Worte gewesen, und sie hatte ihr verwehrt, so zu beten. Nun konnte sie selbst nicht anders. Sie brauchte Clark. Sie liebte ihn mehr als ihr Leben. Sie könnte es nicht ertragen, ihn zu verlieren. Niemals! „Bitte, Herr!" flehte sie. „Bitte, bitte, laß mir doch meinen Mann!"

Betend und weinend blieb sie an Clarks Seite, bis ihre Tränen vor Erschöpfung versiegten. Clark hatte sich noch immer nicht geregt. Würde er je das Bewußtsein wiedererlangen?

Sie spürte eine leichte Hand auf ihrer Schulter.

„Mama." Es war Missie. „Möchtest du eine Tasse Kaffee?"

Marty schüttelte den Kopf.

„Das würde dir aber guttun, weißt du. Es könnte eine lange Nacht werden. Ich habe Wong gesagt, er soll nur für die Kinder ein Essen richten. Von uns hat bestimmt niemand Appetit."

Marty sah auf.

„Da hast du recht", sagte sie müde. „Ich könnte keinen Bissen runterkriegen."

„Dann versuche wenigstens, eine Tasse Kaffee zu trinken", sagte Missie bestimmt und hielt ihr die Tasse entgegen.

Marty erhob sich und nahm den Kaffee. Erst jetzt bemerkte sie, wie steif ihre Knie geworden waren. Draußen waren die Schatten länger geworden. Marty wußte selbst nicht zu sagen, wie lange sie an Clarks Seite gewacht hatte. Missie schob ihr einen Stuhl zurecht, und sie setzte sich.

„Die Jungs liegen schon im Bett", sagte Missie. „Willie ist noch immer nicht zurück. Ich weiß nicht, warum er ausgerechnet ..."

„Vielleicht wollte er einen Doktor holen. Er hat doch gesagt, das Bein ..."

„Das Dumme ist nur, daß es hier keinen Doktor gibt." Missie schüttelte traurig den Kopf. „Es kann höchstens sein, daß er jemanden kennt, der sich auf Knochenbrüche versteht."

Marty nahm einen Schluck aus ihrer Tasse und sah Missie an.

„Hat Willie dir denn nicht gesagt, wohin er reiten wollte?"

„Er hat nur gemeint, er würde nicht lange ausbleiben, und wenn wir Hilfe brauchen, sollen wir die Männer rufen. Und er hat auch gesagt, wir sollen aufpassen, daß Pa sich nicht bewegt, weil das für sein Bein schädlich ist."

Marty sah auf ihren regungslos daliegenden Mann hinab.

„Da brauchen wir uns keine Sorgen zu machen, scheint mir. Ich wäre heilfroh, wenn er sich mal ein bißchen rührte. Mir wäre wohler zumute, wenn ich mit ihm reden könnte."

„Willie hat aber gesagt, daß es dem Bein schaden würde, wenn er's bewegt. Vielleicht ist es sogar ein Segen, daß er den Schlag auf den Kopf abgekriegt hat. So leidet er wenigstens keine Schmerzen. Bis er aufwacht, ist das Schlimmste bestimmt schon vorüber."

Marty hatte bisher noch nichts Segensreiches an Clarks Bewußtlosigkeit entdecken können, aber vielleicht hatte Missie tatsächlich recht. Wenn dieser Zustand nur nicht allzulange andauerte!

Eine Zeitlang schwiegen beide. Scottie kam herein und erkundigte sich, ob er behilflich sein konnte. Sie versicherten ihm, daß sie ihn sofort rufen würden, wenn sie ihn brauchten.

Nach einer Weile schaute auch Smutje in das Krankenzimmer herein. Missie hatte ihn noch nie so bleich und erschöpft gesehen. Ob er sich nicht wohl fühlte? Vielleicht hatte Willie sie deshalb bitten müssen, das Essen für die Männer bereitzustellen.

„Sie sind doch nicht etwa krank, Smutje?“ fragte sie ihn.

„Wie kommen Sie denn auf die Idee?“

„Sie sehen ein wenig abgekämpft aus.“

Smutje schüttelte den Kopf. Unmöglich konnte er ihr sagen, daß Clarks Verletzung ihn an seinen Unfall vor vielen Jahren erinnert hatte. Clark konnte von Glück reden, daß er bewußtlos war. Er spürte seine Schmerzen nicht. Würde er die schrecklichen Qualen aushalten können, wenn er aufwachte? Und wie würden seine Angehörigen seine markerschütternden Schmerzensschreie verkraften?

„Die ganze Sache mit Ihrem Pa ist mir wohl ’n bißchen auf den Magen geschlagen, weiter nichts“, sagte er nur.

Unendlich langsam kroch die Zeit dahin. Die Sonne ging unter, und bald schimmerten zahllose Sterne an dem samtschwarzen Nachthimmel. Ein silberner Mond ergoß sein mattes Licht über das Land. Auf der Koppel stampften die Pferde; Max bellte in die Nacht hinaus, Grillen zirpten überall, und Schwärme von Insekten kreisten vor den erleuchteten Fenstern. Clark lag noch immer regungslos auf seinem Krankenlager, und Willie war noch nicht zurückgekehrt. Marty und Missie saßen still am Bett des Verletzten. Hin und wieder tauschten sie ein paar geflüsterte Worte aus oder beteten gemeinsam.

Schließlich erhob sich Missie und ging zur Tür.

„Ich koche einen Kessel Wasser. Möchtest du lieber Tee oder Kaffee?“

„Tee, bitte“, sagte Marty matt. Auch sie stand auf, um ein wenig in dem Zimmer auf und ab zu gehen. Missie machte sich auf den Weg in die Küche, und Marty bückte sich, um Clarks Kleidungsstücke vom Boden aufzuheben. Sie waren voller Schmutzspuren und Löcher, und ein Hosenbein fehlte ganz und gar. Clarks Bein! In ihrer

Sorge um seine Kopfverletzung hatte sie dem Beinbruch wenig Bedeutung beigemessen. Nun, Knochenbrüche kamen halt vor. Gewöhnlich heilte ein gebrochenes Bein wieder, wenn es nur rechtzeitig geschient wurde.

Marty schlug die Decke zurück, um das dick bandagierte Bein in Augenschein zu nehmen. „Mit dem Verband haben die Männer aber nur halbe Arbeit geleistet", dachte sie stirnrunzelnd. Sie löste einen Teil der Bandage, um sie ein wenig glatter wieder anzulegen. Überrascht stellte sie fest, daß die inneren Lagen voller Blutflecken waren. Merkwürdig! Beinbrüche waren doch unblutig, wenn es sich nicht gerade um eine schwere Verletzung handelte. Mit fliegenden Händen entfernte sie den Rest des Verbandes. Der leise Schrei, der ihr entfuhr, war wie der eines tödlich getroffenen Tieres. Clarks Bein war nicht nur gebrochen – es war völlig zertrümmert. Übelkeit überwältigte sie. Mit Mühe erreichte sie den Waschtisch in der Ecke. Sie zitterte am ganzen Leib, als sie sich übergab. Kraftlos stützte sie sich auf die Kanten des Waschtischs, bis sie ruhiger wurde.

Als sie wieder einen klaren Gedanken fassen konnte, nahm sie entschlossen die Schüssel mit dem Erbrochenen und die Wasserkanne, die Missie am Mittag ins Zimmer gebracht hatte. Draußen hinter dem Haus leerte sie die Schüssel und spülte sie mit dem Wasser aus, um gleich darauf wieder ins Haus zu eilen. Die kühle, frische Nachtluft hatte ihr wohlgetan. Nun machte sie sich hastig daran, wieder Ordnung zu schaffen. Beim Bandagieren des verletzten Beins bemühte sie sich, den Verband so anzulegen, wie sie ihn vorgefunden hatte. Plötzlich hielt sie inne und schalt sich in Gedanken aus. Dies war kaum der rechte Augenblick für Heimlichtuereien. Willie hatte es zwar gut gemeint, als er ihr und Missie diesen Anblick ersparen wollte, aber früher oder später würden sie alle die grausame Wirklichkeit erfahren müssen.

Sie löste den Verband aufs neue und begann, das Bein

sauber und straff zu verbinden. Sie hatte gerade die Decke wieder über Clark gebreitet, als Missie mit dem Tee zurückkehrte.

Marty nippte dankbar an ihrer Tasse. Das heiße, starke Getränk belebte sie bald bis in die Fingerspitzen.

„Ich hab' mir das Bein mal angesehen", berichtete sie nüchtern und ohne Umschweife.

„Das gebrochene?"

„Ja."

„Er hat sich doch nicht etwa dabei bewegt, oder?"

„Nicht die Spur."

Ein kurzes Schweigen folgte.

„Sieht böse aus, Missie. Arg böse."

„Wie schlimm ist es denn?"

„Ein schwerer Balken oder Felsbrocken muß ihm draufgefallen sein."

„Was willst du damit ..."

„Ich will damit sagen, daß der Knochen restlos zertrümmert ist! Er braucht einen richtigen Doktor, einen, der sich auf sein Handwerk versteht."

„Dann finden wir auch einen. Willie ist bestimmt losgeritten, um einen zu holen. Klar! Das ist es! Willie holt einen Arzt."

„Aber du hast doch gesagt ..."

„Ja, schon, aber was weiß ich? Vielleicht gibt es doch irgendwo einen. Willie hört schließlich mehr als ich."

„Ich kann nur hoffen und beten, daß er einen ausfindig macht."

„Bestimmt! Ganz sicher! Du wirst schon sehen. Wenn er wiederkommt, wird alles ..."

Sie unterbrach sich. Hufschläge drangen gedämpft durch das Fenster zu ihnen. Missie lief zur Haustür und spähte in den dunklen Hof hinaus. Nur ein einziges Pferd war zu sehen. Willie war allein zurückgekommen.

„Der Doktor kommt wohl nach", rief sie ihrer Mutter zu. „Willie ist zurück!"

Missie eilte ihm entgegen. Als sie gemeinsam das Haus betraten, war Missies Gesicht von neuem tränenüberströmt. Marty konnte den Grund nur zu leicht erraten.

„Willie hat Telegramme in die ganze Umgegend schikken lassen. Aber nirgendwo gibt es einen Doktor."

Mit gebeugten Schultern und aschfahlem Gesicht stand Willie da, unfähig, auch nur ein weiteres Wort zu sagen. Marty ging auf ihn zu und legte eine Hand auf seine Schulter.

„Du hast dein Bestes getan", tröstete sie ihn. Mit Mühe gelang ihr ein Lächeln. „Dank' dir, Willie! Jetzt werden wir halt um so mehr beten müssen."

So wachten sie nun zu dritt in dem Krankenzimmer. Endlose Stunden lang saßen sie schweigend an Clarks Bett, wanderten auf und ab und tauschten ein paar Worte aus. Die Nacht verstrich ohne das geringste Anzeichen, daß der Verletzte aus seiner Bewußtlosigkeit erwachen würde.

Als der neue Tag heraufdämmerte, bestand Willie darauf, daß Missie sich schlafen legte. Die Kinder würden ihre Mutter brauchen. Missie verließ das Zimmer, um sich ein wenig auszuruhen.

Clarks Zustand blieb unverändert. Der Tag schleppte sich dahin. Unfähig, auch nur an Essen oder Schlaf zu denken, wich Marty nicht von der Seite ihres Mannes, der so still und bleich auf dem Kissen lag.

Der Tag neigte sich dem Ende zu. Die Sonne war gerade untergegangen, als Clark sich rührte und dumpf aufstöhnte. Marty stürzte an sein Bett. Er schlug die Augen auf, schien sie zu erkennen und stöhnte erneut. Dann verlor er wieder das Bewußtsein, doch Marty fühlte sich reich beschenkt. Sie war von Herzen dankbar für diesen kurzen Moment des Erkennens. Nun strömten ihr die Tränen ungehindert über die Wangen, und sie vergrub ihr Gesicht an seiner Brust.

Banges Warten

Clark verbrachte auch den folgenden Tag in tiefer Bewußtlosigkeit. Marty wachte unentwegt an seiner Seite in der Hoffnung, ein erstes Wort von seinen Lippen aufzufangen. Missie kam, sooft es ihre Pflichten erlaubten. Spät am Nachmittag kehrte Willie zum Haus zurück und bestand darauf, die Frauen bei der Krankenwache abzulösen. Nur widerwillig fügten sich Mutter und Tochter. Es leuchtete ihnen jedoch ein, daß sie die Grenzen ihrer Kraft schnell erreicht haben würden, wenn sie sich nicht ein wenig ausruhten.

Willie ließ sich von Wong mit heißem Kaffee versorgen und setzte sich auf einen Stuhl neben Clarks Bett. Auch ihm hatte es in den letzten Tagen an Schlaf gefehlt. Die Augen brannten ihm unter den schweren Lidern. Er rieb sich das Gesicht mit den von der harten Arbeit schwieligen Händen.

Warum hatte dieses Unglück passieren müssen? Warum? Sie alle hatten dem Besuch der Eltern voller Freude entgegengesehen, und nun war ein wahrer Alptraum daraus geworden. Warum? Unmöglich hatte Gott Clark und Marty den weiten Weg in den Westen geebnet, damit Clark hier ums Leben kam und Martys Gottvertrauen in den Grundfesten erschüttert wurde. Willie konnte beim besten Willen keinen Sinn in diesem entsetzlichen Unglück entdecken.

Auch um seine Kinder sorgte er sich. Sie hatten sich unbändig auf ihre Großeltern gefreut. Missie hatte den beiden so viel von ihnen erzählt, daß sie voller Spannung die Wochen und Tage bis zu ihrer Ankunft gezählt hatten.

Als der große Moment dann gekommen war, hatten sie Opa und Oma auf der Stelle ins Herz geschlossen. Und nun hatte diese Katastrophe aller Freude ein Ende bereitet. Der arme kleine Nathan! Er war nicht nur seines Großvaters mit einem Schlag beraubt worden, sondern zugleich auch seiner Großmutter; ja, sogar seiner Mutter, die durch die ständige Sorge um das Leben ihres Vaters nicht in der Lage war, über oberflächliche Belange hinaus für ihre Söhne dazusein.

Willie stand auf, um im Kinderzimmer nach dem Rechten zu sehen. Josia schlief fest, nichts ahnend von dem schweren Leiden, das auf der ganzen Familie lastete. Der Kleine war allein im Kinderzimmer. Nathan war gewiß in der Küche bei Wong oder drüben bei Smutje. Armer kleiner Kerl! Er gab sich solche Mühe, brav zu sein.

Willie schloß die Tür wieder und sah nach Missie im Schlafzimmer. Selbst im Schlaf wirkte ihr Gesicht noch blaß und abgespannt. Sie dauerte ihn unendlich in ihrem Kummer. Sanft strich er ihr über das Haar und ging leise aus dem Zimmer.

Auch Marty, bei der er dann kurz hineinschaute, schien fest zu schlafen. Auch ihre Züge waren von Erschöpfung geprägt. Sie war seit dem Unglück kaum von Clarks Seite gewichen.

Willie ging wieder ins Krankenzimmer zurück. Es war höchste Zeit, nach dem Bein zu sehen. Er schlug die Decke zurück und starrte verwundert auf den frischen Verband. Jemand anders mußte Clarks Bein in der Zwischenzeit versorgt haben. Es wußte also jemand, wie es um das Bein stand. Wußten die Frauen Bescheid? Eigentlich hatte er ihnen diesen Anblick ersparen wollen, doch zugleich löste sich nun eine innere Spannung in ihm. Im Grunde war es besser, wenn sie über Clarks Zustand aufgeklärt waren. So konnten sie wenigstens den Dingen, die auf sie zukamen, gefaßt entgegensehen.

Willie deckte Clark wieder zu und sank schwerfällig auf

den Stuhl. Im ganzen Haus herrschte Stille. Alle schliefen. Auch Willie kämpfte gegen eine bleierne Müdigkeit an, doch er war fest entschlossen, um keinen Preis nachzugeben.

Josia wachte auf und kletterte aus seinem Bettchen, um sich auf die Suche nach seinen Eltern zu machen. Willie, der seine Schritte auf dem Flur gehört hatte, sprang auf und hob den kleinen Lockenschopf auf seine Arme. Er trug ihn im Flur auf und ab und überschüttete ihn mit zärtlichen Worten. Das Kind schmiegte sich an seinen Vater. Die runden Ärmchen hatte er um Vaters starken Hals gelegt und die Finger in seinem dichten Haar vergraben. Josia liebte das Leben wie eine Blume das Licht. In seiner Welt gab es weder Leid noch Sorgen.

„Sag mal, kleiner Mann“, fragte Willie schließlich, „bist du denn gar nicht hungrig?“

„Doch. Wo ’s Mama?“

„Mama ruht sich aus. Sie ist sehr müde, weißt du.“

„Mama schläft?“

„Jawohl, das tut sie. Sollen wir zwei mal zu Wong in die Küche gehen und fragen, ob er ein Glas Milch und eine Scheibe Brot für dich hat?“

„Au fein!“ rief Josia vergnügt. Bei Wong gab es immer etwas Aufregendes zu erleben.

Willie trug ihn in die Küche. Wong schaute von dem Tisch auf, wo er gerade Plätzchen mit Nathan ausstach.

„Aha!“ sagte der Koch. „Kleiner Junge auch wach!“

„Wach und hungrig wie ein Löwe, Wong“, erklärte Willie. „Haben Sie wohl was Eßbares für ihn da?“

Wong lächelte. Er mochte die Kinder.

Nathan winkte seinen Bruder heran.

„Guck mal hier, Joey! Ich helfe Wong. Wir machen Plätzchen für heute abend!“

„Vielleicht heute abend, vielleicht nicht heute abend“, beschwichtigte ihn Wong. „Zu langsam. Vielleicht erst morgen essen.“

„Ich beeil' mich ja schon", ereiferte sich Nathan und schickte sich an, die Plätzchenform hastig in den ausgewellten Teig zu hämmern. Die Plätzchen, die er dabei ausstach, waren unförmig und windschief.

„Langsam, langsam!" mahnte Wong. „Schon gut, wir essen Plätzchen heute abend, aber du langsam tun."

Nathan folgte seinen Worten gehorsam. Willie klopfte ihm liebevoll auf die Schulter.

„Sieht ja vielversprechend aus", lobte er. „Das werden aber ganz feine Plätzchen!" Dann wandte er sich an Wong.

„Ich glaube, am besten richten Sie nur ein kleines Essen für diese beiden Lausbuben. Die Frauen haben sich schlafen gelegt, und ich möchte sie nicht wecken. Die Jungs können noch ein bißchen draußen spielen, bevor sie zu Abend essen, und ich lasse es bei einem Teller Suppe im Krankenzimmer bewenden."

Wong nickte.

Willie kehrte in Clarks Zimmer zurück und nahm seinen Platz auf dem Stuhl wieder ein. Der Kranke lag unverändert regungslos da.

Quälend langsam verstrichen die Stunden. Smutje kam und löste Willie ab, damit er seine Kinder zu Bett bringen konnte. Er nahm sie auf den Schoß und erzählte ihnen eine Gutenachtgeschichte, bevor er sie zudeckte. Er verließ das Kinderzimmer erst, als beide Kinder eingeschlafen waren.

Ins Krankenzimmer zurückgekehrt, fand er einen stöhnenden Clark vor. Smutje stand über ihn gebeugt und bemühte sich nach Kräften, den Verletzten ruhig zu halten.

„Er kommt zu sich", warnte Smutje. „Machen Sie sich darauf gefaßt, einen erwachsenen Mann schreien zu hören!"

Wieder stöhnte Clark auf. Noch war er zu benommen, um die Ursache seiner quälenden Schmerzen bestimmen zu können.

„Weiß nicht, wie er's verkraftet, wenn er erst richtig wach wird", murmelte Smutje. Er schien aus eigener Erfahrung zu sprechen.

Willie befürchtete, daß Clarks Schreie seine Familie aus dem Schlaf reißen würden.

„Können wir ihm nicht irgendwas ..."

„Passen Sie auf ihn auf!" sagte Smutje. „Ich schick' Scottie her."

Smutje humpelte aus dem Zimmer, und kurz darauf kam Scottie, atemlos vom Laufen, herein. Er zog eine kleine Schachtel aus der Tasche und öffnete sie. Willie konnte den Inhalt nicht erkennen. Scottie zögerte nicht mit einer Erklärung.

„Morphium. Smutjes Morphium. Er braucht's hin und wieder gegen die Schmerzen in seiner Hüfte. Hat's mir zur Aufbewahrung gegeben, damit er's nur in Notfällen einnimmt."

Willie nickte.

Clark wand sich stöhnend in seinem Bett. Der kalte Schweiß stand ihm auf der Stirn. Die Hände hatte er in die Bettdecke gekrallt. Scottie verabreichte ihm einen Löffel der Droge. Es brauchte eine Weile, bis die Wirkung eintrat. Die Männer taten ihr Bestes, um Clark ruhig zu halten. Endlich sank der Verletzte in einen tiefen Schlaf. Willie war dankbar für diese Gnadenfrist, doch was würden sie tun, wenn Smutjes kleiner Vorrat an Morphium aufgebraucht war?

Der nächste Morgen dämmerte schon herauf, als Clark wieder aufwachte. Sein Stöhnen ließ Willie von seinem Stuhl auffahren. Jetzt waren seine Augen geöffnet. Trotz seiner qualvollen Schmerzen schien er bei Sinnen zu sein. Zum ersten Mal seit dem Unglück erweckte er den Anschein, als begreife er seine Lage. Willie atmete auf. Sein Gehirn hatte also keinen bleibenden Schaden erlitten.

„Wie fühlst du dich?" fragte Willie leise und hob ein Wasserglas an seine Lippen.

Clark nahm einen kleinen Schluck und wandte dann den Kopf ab. Wieder entfuhr ihm ein Stöhnen.

„Schmerzen“, brachte er mühsam hervor.

„Wo tut’s dir am meisten weh?“ forschte Willie weiter. Er mußte in Erfahrung bringen, welche Ausmaße Clarks Gehirnerschütterung hatte.

„Bein“, antwortete der Kranke mit gepreßter Stimme.

Willie war erleichtert.

„Und dein Kopf?“

„Schwindlig ... Kopfweh ... nicht so schlimm.“

„Gut!“

Clark wälzte sich dumpf stöhnend auf dem Kissen umher.

„Wo ist Marty?“ fragte er dann.

„Ich hab’ sie zu Bett geschickt, damit sie sich ein bißchen ausruht.“

Clark nickte unmerklich. Er biß die Zähne fest aufeinander, um nicht in unkontrollierte Schreie auszubrechen. Es gab keinen Zweifel daran, daß er dringend weitere Schmerzmittel brauchte. Willie rückte die Lampe ans Fenster. Dieses Zeichen hatte er mit Scottie vereinbart.

„Wie lange?“ ächzte Clark.

„Du liegst seit drei Nächten hier. Am Nachmittag davor ist’s passiert.“

„Ja ... das alte Bergwerk ...“

Er schien sich zu erinnern. Willie schickte ein Dankgebet zum Himmel.

„Und die Jungen?“

„Wir haben noch nicht viel gehört“, sagte Willie nur.

„Habt ihr Abel gefunden?“

„Sein Pa hat ihn rausgeholt.“

„Gut.“

Clark versuchte, seinen Schmerzen durch den Schlaf zu entfliehen, doch vergeblich. Als Scottie mit der Medizin kam, nahm er sie ohne Widerstand. Diesmal fiel er nicht in einen tiefen Schlaf, sondern nur in einen leichten Dämmerzustand. Seine Schmerzen spürte er noch immer, doch sie waren erträglicher geworden.

„Ich hab' ihm weniger gegeben“, flüsterte Scottie. „Dieses Zeug ist unsere eiserne Ration.“

Willie nickte.

Eine sanfte Morgenröte färbte allmählich den Horizont. Clark schlief eine Zeitlang, murmelte ein paar undeutliche Worte und schlief dann wieder ein. Willie wußte, wie sehr Marty darauf brannte, mit ihrem Mann zu sprechen. Vielleicht war es nun an der Zeit, sie zu wekken.

„Scottie, kannst du ein paar Minuten bei ihm bleiben? Ich geh' eben Frau Davis wecken. Sie wird ihn sehen wollen.“

Scottie nickte.

Sachte weckte Willie seine Schwiegermutter.

„Er ist wach. Zwar noch mächtig müde, aber er kann ein bißchen sprechen.“

Marty schlug die Decke zurück und sprang, vollständig angekleidet, aus dem Bett. Willie nahm sie behutsam beim Arm.

„Er hat große Schmerzen, Ma. Wird nicht einfach sein, ihn so zu sehen.“

Marty nickte stumm und steuerte geradewegs auf das Krankenzimmer zu.

Scottie verließ den Raum, als Marty eintrat. Sie warf sich vor Clarks Bett auf die Knie und lehnte den Kopf an seine Brust.

Er hob eine zitternde Hand und strich ihr über das Haar. Er kannte sie genug, um zu wissen, daß sie sich einfach ausweinen mußte. Endlich waren ihre Tränen versiegt.

„Mir geht's gut, Liebes“, sagte er. „Brauchst dich nicht so zu grämen.“

„Klar!“ lächelte sie und wischte sich die Augen trokken. „Klar geht's dir gut!“

„Mein Bein macht mir allerdings böse zu schaffen. Weißt du Bescheid?“

„Ja, ich weiß Bescheid.“ Etwas in ihrer Stimme verriet Willie, daß sie die Lage tatsächlich kannte. Sie konnte es nur gewesen sein, die den Verband erneuert hatte. Willie verspürte eine große Hochachtung vor dieser tapferen Frau.

Clarks schwache Hand fuhr über Martys wirres, loses Haar.

„Sie haben aber schon mal ’n besseres Bild abgegeben, Frau Davis!“ Er brachte ein Augenzwinkern zustande.

„Komisch, Herr Davis“, lächelte Marty trotz ihrer Tränen, „und Sie haben mir noch nie so gut gefallen wie heut’.“

Willie ließ die beiden allein.

Im Schatten des Todes

Scottie war stets zur Stelle, wenn Clark seine Medizin brauchte. Die kleinen Mengen, die er dem Verletzten verabreichte, konnten die Schmerzen kaum lindern, doch der Vorrat an Morphium neigte sich unweigerlich dem Ende zu. Wenn er aufgebraucht war, war weit und breit kein Ersatz aufzutreiben.

Bald fühlte Clark sich kräftig genug, um ein paar Worte mit seinen Besuchern zu wechseln. Auch Nathan durfte seinen Großvater auf ein paar Minuten besuchen. Der Anblick seines starken, stets heiteren Opas, der nun so bleich und still im Bett lag, mutete ihn seltsam an. Erst als Clark ihm den Schopf zerzauste und mit ihm scherzte, wurde dem Kleinen wohler ums Herz.

Marty und Missie überlegten unentwegt, was sie nur tun konnten, um Clarks Schmerzen zu lindern und seine Kräfte wiederherzustellen. Mit viel Liebe und Sorgfalt bereitete Missie eigenhändig Clarks Leibgerichte zu. Er aß ihr zu Gefallen ein paar Bissen von dem Teller, wenn es ihm auch wegen seiner unablässigen, bohrenden Schmerzen unendlich schwerfiel.

Aus der Stadt hörte man, daß Andy recht gut von seiner Verletzung zu genesen schien. Sein Wadenknochen war nicht zersplittert, und seine Eltern hofften, daß der Bruch bald völlig verheilt sein würde. Sie waren Clark, der ihrem Sohn das Leben gerettet hatte, zutiefst dankbar für seinen heldenhaften Einsatz.

Eine schlichte Trauerfeier wurde an Abels Grab gehalten. Es kostete Marty große Überwindung, Clark davon zu erzählen, aber sie konnte ihm die Wahrheit unmöglich verheimlichen. Behutsam brachte sie die Sprache auf das Unglück im Bergwerk.

„Andy geht's wohl besser, erzählt man sich", begann sie. „Das Bein scheint gut zu heilen."

„Freut mich", sagte Clark. „So schwer, wie der Balken ihn getroffen haben muß, hätte es auch viel schlimmer für ihn ausgehen können."

„Sein Freund – Charlie heißt er wohl – hat außer ein paar Kratzern und einem heilsamen Schrecken nicht viel abgekriegt. Der dritte Junge, Abel, war sein Bruder."

„Das hat er mir gesagt."

Marty holte tief Luft.

„Für Abel kam alle Hilfe zu spät, Clark. Sie haben ihn nicht mehr lebend bergen können."

„Ich weiß", sagte Clark ruhig.

„Du hast es gewußt?"

„Er war schon tot, als ich ihn gefunden habe."

Martys Erstaunen schlug in Empörung um.

„Du hast gewußt, daß er tot war? Und trotzdem hast du Kopf und Kragen riskiert und bist noch einmal in die Höhle ...?"

„Denk doch mal nach", unterbrach Clark sie beschwichtigend. „Wenn's einer von unseren Jungs gewesen wäre, dann hättest du ihn doch auch lieber draußen gehabt, oder nicht?"

Marty schwieg. Clark hatte recht. Wenn es ihr Sohn gewesen wäre, hätte sie ihn auch ein letztes Mal in die Arme nehmen wollen.

Marty war unsagbar erleichtert darüber, daß Clarks Gehirn keinen bleibenden Schaden erlitten hatte. Seine Geisteskraft hatte nicht das geringste von ihrer Schärfe eingebüßt. Der Zustand seines verletzten Beines war dagegen äußerst bedenklich. Marty war sich dessen nur zu deutlich bewußt. Jedesmal, wenn sie das Krankenzimmer betrat, schlug ihr der faule Geruch der eiternden Wunde stärker entgegen. Wenn sie ehrlich sein wollte, so mußte sie sich eingestehen, daß die Entzündung an dem Bein lebensgefährlich war. Sie konnte Clarks Tod bedeuten. Die Vorstellung lastete schwer auf ihrem Herzen. Sie brauchten Medizin. Ein Doktor mußte her! In ihrer tiefsten Verzweiflung hätte sie Willie am liebsten gebeten, sie so schnell wie möglich zur nächsten Bahnstation zu bringen, damit sie Clark nach Hause transportieren konnte. Im Grunde wußte sie jedoch, daß die lange, beschwerliche Reise den sicheren Tod ihres Mannes bedeutet hätte.

All ihren vagen Hoffnungen zum Trotz bekam Clark hohes Fieber. Sein Blick wurde glasig, seine Haut heiß und trocken. Es konnte keinen Zweifel geben: Clark litt an Wundfieber. „Sein Bein!“ dachte Marty entmutigt. „Es ist das Gift von der Wunde!“

Marty war ratlos. Sie konnte es kaum ertragen, Clark erneut leiden zu sehen. Sein Befinden hatte sich zunächst so deutlich gebessert. Jeden Tag hatte er ein wenig an Kraft gewonnen. Er hatte sogar längere Gespräche führen können. Und nun hatte ihn dieser Rückfall ereilt, und sie mußten hilflos zusehen, wie das Fieber ihn verzehrte. Sie hatten keinerlei Arznei für ihn.

„O lieber Gott, was sollen wir nur tun?“ schrie sie oft in ihrem Herzen.

Zuerst sprachen sie nicht über Clarks Zustand. Niemand wollte sich eingestehen, daß er ohne die richtige Medizin verloren war. Schließlich zwang Marty sich zu der Einsicht, daß rasche Hilfe geboten war, wenn Clark am Leben bleiben sollte.

„Bring mir eine Schüssel mit siedendheißem Wasser, Missie!“ ordnete sie an. „Und koch die schärfste Schere, die du hast, gründlich aus. Es wird höchste Zeit, daß wir etwas unternehmen. Dein Vater hat eine böse Entzündung am Bein.“

Als nächstes machte Marty sich auf den Weg zu Scottie. Willie und sein Aufseher waren sich völlig sicher gewesen, daß die Medizin, die sie Clark heimlich verabreicht hatten, von Marty unbemerkt geblieben war. Scotties Erstaunen war daher grenzenlos, als sie im Stall, wo er gerade ein Zaumzeug flickte, mit festem Schritt auf ihn zukam.

„Scottie“, sagte sie ruhig und überlegt, „ich weiß nicht, wieviel von der Medizin Sie noch übrig haben, aber Clark wird jetzt eine gute Portion davon brauchen. Ich muß das Bein unbedingt ein bißchen herrichten, sonst bringt ihn der Wundbrand noch um.“

Scottie starrte die energische, kleine Person vor sich an. Diese Frau ließ sich nicht für dumm verkaufen, das stand fest. Obendrein schien sie ungeahnte innere Kräfte zu besitzen. Um nichts in der Welt würde er sich selbst den Anblick der eiternden, übelriechenden Wunde zumuten, geschweige denn, sie eigenhändig zu verarzten. Er holte die Medizinflasche und verabreichte Clark eine starke Dosis, um Marty dann ihrem Vorhaben zu überlassen.

Marty wartete die Wirkung des Morphiums ab. Dann legte sie sich ihre spärliche Auswahl an Instrumenten zurecht, öffnete das Fenster weit, zündete eine Öllampe an, holte tief Luft und begann, den Verband zu lösen. Es war schlimmer, als sie befürchtet hatte. Ein unerträglicher Geruch breitete sich aus. Ihr wollte übel werden; um ein Haar wäre sie ohnmächtig zu Boden gesunken. Unter Aufbietung ihrer gesamten Willenskraft machte sie sich an die Arbeit. Sie schnitt das tote Fleisch aus der Wunde heraus und reinigte die Wundränder mit einem Desinfektionsmittel. Doch tief in ihrem Herzen wußte sie, daß ihre Mühe letztlich vergeblich war. Sie kämpfte auf verlorenem Posten.

Als sie die schwere Aufgabe beendet hatte, deckte sie Clark bis auf das kranke Bein wieder zu. Ein wenig frische Luft würde der Wunde vielleicht guttun, überlegte sie. Dann säuberte sie die Schere und das Messer gründlich, räumte alles wieder an seinen Platz zurück und ging in ihr Zimmer.

Dort, vor ihrem Bett, warf sie sich auf die Knie und weinte sich ihr ganzes Leid von der Seele. Sie sagte Gott unter Tränen, wie sehr sie ihren Mann liebte und wie treu er ihm doch all die Jahre hindurch gedient hatte. Sie hielt Gott vor, daß sie als junge Frau schon einmal verwitwet war und daß sie den Verlust ihres jetzigen Mannes unmöglich ertragen könnte. Und auch die Familie daheim und Missie mit den Kindern brauchten Clark. Gott mußte ihn wieder genesen lassen. Sie flehte Gott an, ja, sie forderte es geradezu von ihm. Schließlich erhörte doch Gott die Gebete seiner Kinder, wenn sie nur genug Glauben besaßen. Sie hieß es doch in seinem Wort, oder etwa nicht?

Dann kehrte sie in das Krankenzimmer zurück. Clarks Atem ging unverändert schwer; seine Wangen waren nicht minder gerötet und heiß wie zuvor, doch Marty war fest entschlossen, an seiner Seite auf das von Gott erflehte Wunder zu warten.

Missie kam herein. Bei dem Anblick der offenen Wunde stieß sie einen Schrei aus, schlug sich die Hand vor den Mund und lief aus dem Zimmer. Marty schüttelte mitleidig den Kopf. „Wie hätte sie's nur verkraftet, wenn sie es gesehen hätte, bevor ich's saubergemacht habe?“ dachte sie. Sie war froh, daß ihrer Tochter wenigstens das erspart geblieben war.

Auch Missie ging in ihr Zimmer und fiel vor dem Bett auf ihre Knie.

„O lieber Vater im Himmel“, schluchzte sie, „du darfst Pa nicht sterben lassen. Bitte, Gott! Bitte, laß ihn doch am Leben!“

Allmählich ließ die Wirkung des Morphiums nach. Clark begann, sich vor Schmerzen auf seinem Lager zu wälzen. Marty legte ihm kalte Kompressen auf die Stirn, um das Fieber zu lindern, doch der Erfolg blieb aus. Clark versank bald in einen Fieberwahn. Marty holte Willie und Smutje zu Hilfe, um den Schwerkranken ruhig zu halten. Die beiden Männer schickten sie aus dem Zimmer. Draußen ging sie rastlos auf und ab und flehte Gott an, das Wunder der Genesung nur schnell zu vollbringen. Durch die geschlossene Tür drangen Clarks Schreie zu ihr.

Maria kam. Missie berichtete ihr schluchzend, was geschehen war. Tief erschüttert verließ Maria das Haus kurz darauf wieder.

Die Zeit schien stillzustehen. Marty betrat das Krankenzimmer hin und wieder, doch ihren Mann so entsetzlich leiden zu sehen war mehr, als sie ertragen konnte. Schließlich fiel sie erneut vor ihrem Bett auf die Knie, doch nun war ihr Gebet ein anderes.

„Ach, unser allwissender Gott und Vater", rief sie, „deine Wege sind unausforschlich. Ich kann nicht mehr mitansehen, wie er leidet. Ich habe ihn doch so lieb, Vater. Wenn du ihn zu dir holen willst, so stelle ich mich nicht mehr dagegen. Ich bin am Ende mit meiner Weisheit. Wenn er nur nicht mehr so leiden muß, Vater! Ich will mich fügen. Dein Wille geschehe; ob du ihn nun gesund machst oder nicht. Und Herr, ich weiß auch, daß du uns allen für das, was auf uns zukommt, die Kraft geben kannst."

Marty erhob sich von ihren Knien und ging, um Missie zu suchen. Eine sonderbare Gelassenheit erfüllte sie plötzlich. Jeder Schrei, der aus dem Krankenzimmer an ihr Ohr drang, ließ sie zwar noch immer erschauern, doch jetzt fand sie Trost in dem Wissen, daß Clarks Leben in den Händen des allmächtigen Gottes lag.

Sie fand Missie allein in dem Kinderzimmer vor. Die beiden Jungen waren zu Lane in die Scheune gebracht worden. Missie hielt das Traggestell umklammert, in dem ihr Vater sie einst auf dem Rücken umhergetragen hatte und das sie selbst manches Mal für ihre Söhne benutzt hatte. Ihre Wangen waren tränenüberströmt.

„Missie“, sagte Marty und nahm sie in die Arme, „alles wird gut werden. Ganz bestimmt! Ich weiß es.“

Missie schluchzte erneut auf.

„Ach Mama, ich wünschte, ich könnte das auch glauben! Ich habe Gott so sehr gebeten, daß er ihn wieder gesund macht!“

„Es kann aber sein, daß er das nicht tun wird“, antwortete Marty nüchtern.

Missie sah sie bestürzt an.

„Aber du hast doch gerade ...“

„Ich habe gesagt, daß alles ein gutes Ende nehmen wird, und so wird es auch sein. Gott weiß doch besser als wir, was geschehen soll. Er kennt uns. Er weiß, was wir brauchen. Er will nur unser Bestes, was er auch jetzt tun mag ...“

Doch Missie schob ihre Arme von sich und wandte sich ab.

„O Missie, mein Kind“, schluchzte Marty, „ich habe mich doch auch so sehr dagegen gewehrt. Ich möchte nichts lieber, als daß dein Vater wieder gesund wird. Ich will ihn wiederhaben. Aber das weiß doch Gott schon längst. Ich hätte es ihm gar nicht zu sagen brauchen. Weißt du, Kind, wir müssen Gott unser Vertrauen schenken. Wir müssen ihm die Zügel unseres Lebens überlassen.“

Missie verließ unter leisem Schluchzen das Zimmer. Marty hörte, wie sie die Tür zu ihrem Schlafzimmer zuschlug und sich auf das Bett warf. Nun hatte sie keine Worte mehr für ihre Tochter. Ihr blieb nur noch das Gebet.

Marty ging in die Küche, um Wong zu bitten, den Männern im Krankenzimmer eine Kanne Kaffee zu kochen. Clark lag in einem betäubten Dämmerzustand. Man hatte ihm zum letzten Mal Abhilfe von seinen Schmerzen verschafft. Die Morphiumflasche war leer. Niemand im ganzen Haus wagte an den Augenblick zu denken, wenn Clark von seinem unruhigen Schlaf erwachen würde.

Marty trug das Tablett mit dem Kaffee ins Krankenzimmer. Im Flur stieß sie auf Missie. Ihre Gesichtszüge waren trotz der Tränenspuren ruhig und gefaßt.

„Mama“, sagte sie, „du hattest recht. Alles wird gut werden. Ich habe darüber gebetet, und jetzt … jetzt bin ich bereit, Gott die Zügel in die Hand zu geben. Er weiß wirklich am besten, was richtig ist. Eigentlich war mir das die ganze Zeit über klar, aber man vergißt so schnell, wenn man unbedingt den eigenen Willen …“ Ihre Stimme erstickte in Tränen.

Marty rang sich ein Lächeln ab. Auch ihr Gesicht war wieder tränennaß. Sie gab Missie einen Kuß auf die Wange und nahm ihr Tablett wieder auf, um es in Clarks Zimmer zu tragen.

Missie hatte sich kaum das Gesicht an einem Zipfel ihrer Schürze getrocknet, als jemand an die Haustür klopfte. Zögernd öffnete sie die Tür. Es war Maria. Ihre Augen leuchteten. Juan stand hinter ihr.

„Dürfen wir hereinkommen?“ fragte sie. „Mein Mann … ist ein Doktor! Er kann helfen!“

Juan, der Arzt

Entschlossen steuerte Juan auf Clarks Bett zu. Mit sachkundigem Blick stellte er das Wundfieber fest. Der üble Geruch verwesenden Fleisches sagte ihm alles. Er warf die Decke zurück, um das Bein zu untersuchen.

Der Anblick verwunderte ihn nicht: ein offener Splitterbruch mit einer fortgeschrittenen Entzündung. Der Wundbrand zerstörte nicht nur das Gewebe um die Bruchstelle, sondern bedrohte auch das Leben des Mannes von innen her. Er würde ihm das Bein abnehmen müssen.

Plötzlich rasten seine Gedanken in die Vergangenheit zurück. Ein anderer Mann mit einem ähnlich schweren Beinbruch lag vor ihm. Auch bei ihm hatte sich eine heimtückische Entzündung eingestellt, und als behandelnder Arzt hatte Juan sich damals zu der einzigen lebensrettenden Maßnahme entschlossen, die ihm noch zur Verfügung stand. Er hatte entschieden, daß das Bein geopfert werden mußte, um den Mann am Leben zu erhalten. Er hatte getan, was er tun mußte. Der Mann war dem sicheren Tod entronnen.

Doch dann ... Juan schauderte. Ein Zornesausbruch, hitzige Anschuldigungen, Rufe, die ihn einen Verräter nannten, und schließlich ein Pistolenschuß. Einen Moment lang drängte es Juan, aus dem Zimmer zu stürzen und vor den schweren Erinnerungen zu fliehen, doch das Stöhnen des Kranken und die aufgeregten Frauenstimmen draußen im Flur brachten ihn in die Wirklichkeit zurück. Er richtete sich auf und wandte sich an die beiden Männer bei ihm.

„Ich brauche viel heißes Wasser und einen starken Mann, der mir assistieren kann“, sagte er ruhig.

Willie schluckte.

„Ich würde gern helfen“, sagte er, „aber ich fürchte, ich steh’s nicht durch. Ich besorge Ihnen das Wasser und hole dann einen von meinen Männern.“

Willie beauftragte die Frauen, große Mengen von Wasser zu kochen, und lief dann zu der Unterkunft der Cowboys. Lane saß auf den Stufen vor dem Eingang und sah zu, wie Nathan und Josia mit Max im Freien herumtollten.

Willie winkte Lane ins Innere des Hauses und schloß die Tür.

„Hört mal alle her! Wir haben einen Doktor bekommen“, kündigte er an. Überraschung spiegelte sich in den Gesichtern der Männer. „Juan ist Arzt. Er hat früher mal eine richtige Praxis gehabt. Ich weiß, das klingt alles ein bißchen merkwürdig, aber jetzt können wir uns nicht mit Fragen aufhalten. Ich suche einen Mann, der dem Doktor helfen kann. Einfach wird die Sache nicht werden; das Bein muß abgenommen werden. Ihr fragt euch sicher, wieso ich nicht selbst helfe, wo’s doch mein Schwiegervater ist. Also, ganz ehrlich gesagt, ich habe nicht die Nerven dazu. Womöglich kippe ich mitten in der Operation um, wenn er mich am dringendsten braucht. Ist jemand hier, der sich zutraut zu helfen?“

Er sah in die Runde. Nur ein Teil der Cowboys war anwesend. Die meisten von ihnen waren bei den Viehherden. Die Männer im Raum wünschten sich plötzlich auch weit weg. Willie hatte sie vor eine schwere Entscheidung gestellt.

Jake lag auf seiner Koje. Er war erst am Vormittag von seiner Nachtschicht zurückgekehrt. In der Ecke saß Smith, der verbitterte Spötter unter ihnen, mit einem Kartenspiel in der einen und einer Zigarette in der anderen Hand. Browny war sein Spielgegner. Clyde auf dem

Hocker am Fenster wand das Lasso, das er gerade flickte, in den Händen hin und her und zielte mit einer Ladung Kautabak auf die leere Konservendose zu seinen Füßen. Lane wich alle Farbe aus dem Gesicht. Er starrte auf seine Hände herab, als versuche er zu ergründen, ob sie zu einer solchen Aufgabe überhaupt imstande waren. Die Stille lastete schwer im Raum.

Endlich räusperte sich Lane.

„Ich tu's", sagte er leise.

„Hast du dir's auch gut überlegt?"

Lane nickte.

„Ein Spaziergang im Grünen wird's nicht gerade werden."

Doch darüber war sich Lane im klaren.

„Ich wünschte, ich könnte auch helfen, aber ich traue mir's einfach nicht zu. Bist du sicher, daß du es fertigbringst?"

Lane schluckte.

„Ich nicht", sagte er fest, „aber er. Und auf ihn ist Verlaß."

Smith, der die gottesfürchtigen Männer unter den Cowboys oft mit beißendem Spott bedacht hatte, sah nun mit widerwilligem Respekt zu Lane auf.

Willie und Lane kehrten in das Gutshaus zurück, wo der Doktor sie bereits erwartete. Willie sprach ein Gebet, bevor die Männer in Clarks Zimmer gingen und die Frauen sich in der Küche versammelten.

Die Zeiger der Küchenuhr schienen stillzustehen. Die drei Frauen saßen um den kleinen Tisch. Die Kaffeetassen vor ihnen hatten sie kaum angerührt. Sie hatten gemeinsam gebetet, geweint und Gott gelobt. Endlich meinte Maria, die Zeit sei gekommen, um ihr Geheimnis zu lüften.

„Juan wollte immer schon ein Doktor werden. Von Kind an er hat nichts anderes werden wollen. Sein Vater hat zuerst verboten. Wenn Juan andere Menschen helfen will, dann er Priester werden und der Kirche dienen, hat er gesagt. Aber Juan wollte lieber Doktor sein. Schließlich hat sein Vater ihm Erlaubnis gegeben, aber kein Geld. ‚Tagträumer' hat er Juan genannt. Sein Vater ist ein reicher Mann. Er hat seine Söhne auf seine Weise geliebt. Er wollte, daß sie beide Rinderzüchter würden wie er.

Juan zog in die Stadt, um die Universität zu besuchen. Es waren schwere Jahre. Er mußte nebenher Geld verdienen für seinen Lebensunterhalt. Sein Vater hat gehofft, er würde aufgeben und nach Hause kommen, aber Juan hat durchgehalten, bis er fertig war. Endlich war sein Traum in Erfüllung gegangen: Er war Arzt! Am Spital in der Stadt fand er eine gute Arbeit. Sein Vater wollte, daß er sofort nach Hause kam, damit er die Siedler und ihre Familien betreute, aber Juan hat nein gesagt. Erst er mußte noch mehr lernen, dann nach Hause kommen."

Maria stockte. Mühsam überwand sie sich fortzufahren.

„Eines Tages erhielt er eine dringende Nachricht. Etwas Schreckliches war geschehen. Ein Mann war schwer verletzt. Juan machte sich sofort auf den Weg. Der Mann hatte einen schlimmen Beinbruch; der Knochen war ganz zersplittert wie Clarks. Ein Pferd hatte ihn verwundet. Das Bein war nicht mehr zu retten. Vielleicht, wenn sie eher einen Doktor erreicht hätten, dann die Verletzung geheilt wäre, aber jetzt es war zu spät. Als Juan ankam, war das Bein böse entzündet. Der Mann war sterbenskrank."

Wieder unterbrach sich Maria und holte tief Luft.

„Juan mußte das Bein abnehmen. Er mußte es tun. Es gab keine andere Wahl. Er machte die Operation, wie er es gelernt hatte. Der Mann brauchte nicht mehr zu sterben. Es ging ihm besser. Und dann ... dann passierte ein furchtbares Unglück. Der Mann wachte auf und sah, daß sein Bein weg war. Er wurde zornig. Er schimpfte auf Juan. Er wollte ihn töten. Er sagte, daß Juan immer neidisch auf ihn gewesen sei und ihn jetzt mit seinem Skalpell verstümmelt hätte. Er schrie ihn an, bis Juans Vater ins Zimmer kam. Auch er war zornig. Er schickte Juan fort. Und plötzlich ... ein Pistolenschuß! Juan rannte in das Zimmer zurück. Der Mann hatte sich umgebracht; Juans Vater hatte ihn nicht daran gehindert. Nun lag er weinend über der leblosen Hülle von seinem Sohn, Juans einziger Bruder."

Missies Augen waren vor Entsetzen geweitet, und Marty schauderte.

„Juan verließ sein Elternhaus am selben Tag. Nie wieder wollte er ein Doktor sein. Seine Familie war ruiniert. Er kam zu mir. Ich liebte ihn sehr. Wir waren verlobt. Juan sagte mir, daß er mich nicht heiraten könnte; daß er weit weg in die Fremde ziehen würde. Er wollte nie wieder Doktor sein. Er warf seine Tasche über den Zaun und weinte. Ich sagte ihm, daß ich ihn liebte und seine Frau werden wollte. Ich würde mit ihm in die Fremde gehen. Endlich willigte er ein. Ich nahm nur das Notwendigste mit, und wir baten den Priester im Dorf, uns zu trauen. Juan hat nie gewußt, daß ich seine Doktortasche mitgenommen habe. All die Jahre ich hatte sie versteckt.

Wir kamen hierher und bauten eine Viehzucht auf. Juan versteht sich auf Rinder. Er war auf einer der größten Haziendas in ganz Mexiko aufgewachsen. Schon als kleiner Junge hatte er sicher im Sattel gesessen. Dennoch war er nicht glücklich. Er konnte nicht vergessen, was geschehen war. Er fühlte sich noch immer tief in seinem Herzen zum Doktor berufen."

Maria drehte ihre Kaffeetasse in den Händen hin und her.

„Ich habe zu euch gesagt, Juan ist nicht ganz sicher, ob eure Andacht richtig ist für uns; ob wir unsere Kinder in eurem Glauben erziehen sollen oder in unserem. So ist es auch. Ich habe nicht gelogen. Aber es gibt noch mehr, was ihn beunruhigt. Jedesmal, wenn er den Jungen mit dem krummen Arm sieht, fühlt er einen Stich im Herzen. Er weiß genau, er hätte den Knochen richten können, und der Bruch wäre glatt verheilt. Er hat auch von dem Jungen mit dem gebrochen Fuß gehört. Er wußte, wie krank Clark ist. Mein Juan leidet mit. Er hat seit Tagen kaum gegessen und geschlafen. Er wußte nicht, was er tun sollte. Er wußte nicht, daß ich seine Arzttasche mit allerhand Medizin hatte."

Sie seufzte tief.

„Er wird sich immer Vorwürfe machen. Vielleicht er hätte das Bein retten können, wenn er nur eher gekommen wäre."

„Aber nein!" entgegnete Marty entschieden. „So darf er nie denken. Das Bein war schlimm zugerichtet. Der Knochen war ja in tausend Stücke zerschmettert! Niemand hätte das Bein retten können. Ich hab's von Anfang an gewußt, wenn ich es mir auch nicht eingestehen wollte. Nein, Maria, Juan darf sich keine Vorwürfe machen. Auch nicht darüber, was damals mit seinem Bruder geschehen ist. Juan hat doch nur seine Pflicht getan. Er hatte keine andere Wahl."

Maria lächelte zaghaft.

„Ich weiß, und Juan weiß es auch tief innen in seinem Herzen. Trotzdem quält ihn die Erinnerung. Aber jetzt endlich ich kann beten, daß er das alles vergißt und wieder Menschen gesund macht. Das hat er doch immer gewollt."

Ein bleicher Willie betrat die Küche. Seine Hände zitterten.

„Die Operation ist vorbei", sagte er. „Der Doktor meint, alles sei gut verlaufen. Jetzt heißt es abwarten."

Marty sprang auf, um nach Clark zu sehen, und Missie und Maria beteten noch einmal gemeinsam.

Genesung

Die nächsten Tage verbrachte Clark in einem Dämmerzustand. Dr. De la Rosa blieb bei dem Patienten und verabreichte ihm seine Arznei. Maria war indessen bald nach der Operation wieder zu ihren Kindern zurückgekehrt. Martys Geduld war nun auf eine harte Probe gestellt, wenn Juan ihr auch täglich neu Mut zu machen versuchte. Clarks Herzschlag war regelmäßiger geworden, und sein Gesicht hatte ein wenig von seiner frischen Farbe zurückgewonnen. Juan hoffte, daß die Entzündung bald vollständig überwunden sein würde. Marty sah dem Moment, wenn Clark sich des Fehlens seines Beines bewußt wurde, mit Beklemmung entgegen. Wie würde er die furchtbare Nachricht aufnehmen?

Es geschah am dritten Tag nach der Operation. Clark kam zu sich und schien klar bei Sinnen zu sein. Er verlangte nach Marty, die gerade mit dem Rest der Familie zu Mittag aß. Sie eilte ins Krankenzimmer. Der Arzt ließ die beiden allein.

„Ich warte draußen im Flur", flüsterte Juan ihr im Hinausgehen zu. „Rufen Sie mich, wenn Sie mich brauchen!"

Marty setzte sich auf Clarks Bettkante.

„Guten Morgen, du Langschläfer!" begrüßte sie ihn lächelnd. „Schön, dich endlich mal wach zu sehen!"

Clark grinste schwach zurück.

„Fühlst du dich besser?"

„Ich glaub', ich weiß gar nicht, wie gut's mir geht."

„Wie meinst du das?"

„Ich habe jegliches Zeitgefühl verloren. Das Ganze kommt mir wie ein entsetzlicher Alptraum vor. Ich brauche jemand, der mir alles erklärt, Marty. Was war denn nur los mit mir?“

Marty seufzte.

„Ein Alptraum ist’s für uns alle gewesen – aber für dich war’s wohl am schlimmsten.“

Marty stockte. Clark wartete darauf, daß sie fortfuhr, und drängte sie schließlich: „Ich muß es wissen, Marty.“

„Wo soll ich denn anfangen?“

„Am besten erzählst du mir alles der Reihe nach.“

„Kannst du dich noch an das alte Bergwerk erinnern?“

„Der Einsturz ... ja, ich erinnere mich.“

„Dich hatte es am Kopf erwischt. Du warst ein paar Tage lang besinnungslos. Weißt du noch, wie du danach aufgewacht bist?“

„Ja, wenn auch ein bißchen verschwommen. Ich habe Schmerzen gehabt. Mein Bein ...“ Er unterbrach sich. „Mein Bein tut längst nicht mehr so weh.“

„Wir haben einen Doktor gefunden. Er hat dich betreut.“

„Einen Doktor? Seitdem ich wach bin, ist nur Juan bei mir gewesen.“

„Juan ist der Doktor.“

„Juan?“

„Genau.“

„Also, das ist doch ...!“ Clark grinste. „Ich muß wirklich eine Ewigkeit verschlafen haben!“

„Das ist eine lange Geschichte. Juan war auf der Flucht vor seiner Vergangenheit, aber das erzähle ich dir später mal.“

„Das ist ja allerhand!“ schmunzelte Clark noch einmal. „Juan ist also ein Doktor. Die Leute hier sind sicher ganz aus dem Häuschen vor Freude, endlich einen Doktor zu haben!“

„Das kannst du wohl sagen! Sobald es dir besser geht, macht Juan einen Großeinkauf in der Stadt, um sich eine richtige Praxis einzurichten. Dem Jungen, den du aus der

Mine geholt hast, hat er schon den Knochenbruch gerichtet. Er meint sogar, er kann vielleicht dem kleinen Newton-Jungen noch den Arm richten. Die Eltern sind jedenfalls einverstanden, daß er's versucht."

„Wer hätte das gedacht!" Clark schwieg einen Moment lang, bevor er fortfuhr. „Weißt du, vielleicht war der Unfall gar nicht so sinnlos. Immerhin haben die Leute hier endlich einen Arzt, und Juan ist mit sich selbst ins reine gekommen. Vielleicht ist das Ganze seinen Preis wert gewesen."

Marty schloß die Augen. Er hatte ja keine Ahnung, wie hoch der Preis gewesen war!

„Juan ist also der Retter in der Not gewesen?" fragte Clark weiter.

„Er kam in letzter Minute. Wir hatten schon alle Hoffnung aufgegeben."

„So schlecht stand's um mich?"

„Ja."

„Und Juan hatte die richtige Medizin für mich?"

„Ich habe ihn zwar murmeln gehört, daß nichts über eine gut sortierte Apotheke geht, aber was er da in seiner Tasche gefunden hat, schien wirksam genug zu sein."

„Und das Bein hat er mir auch wieder gerichtet."

„Er hat dir das Leben gerettet", sagte Marty.

„Er hat mein Bein gerichtet und mir das Leben gerettet."

Marty biß sich auf die Lippen. Clark wartete darauf, daß sie fortfuhr.

„Clark", sagte sie langsam, „dein Bein war übel zugerichtet. Es war nicht bloß gebrochen – die Knochen waren regelrecht zerschmettert. Und dann hast du zu allem Überfluß noch Wundfieber gekriegt. Das Gift von der Wunde her hätte dich um ein Haar das Leben gekostet, wenn Dr. De la Rosa nicht gewesen wäre."

Alle Farbe war aus Clarks Gesicht gewichen. Wundfieber? Gift? Eine entsetzliche Ahnung stieg in ihm auf.

„Was willst du damit sagen?"

„Ich will damit sagen, daß Juan sein Bestes getan hat. Er hatte nur eine einzige Möglichkeit, dich zu behandeln: Er hat dein Bein abgenommen, Clark. Er hat es abgenommen, sonst hätte es dich umgebracht."

Clark wandte sich ab. Marty sah, wie er von einem tiefen Schaudern übermannt wurde. Sie schlang die Arme um ihn und ließ ihm Zeit, um die entsetzliche Wirklichkeit zu begreifen.

„Clark", sagte sie dann unter Tränen, „ich weiß, darauf warst du nicht gefaßt. Daß du durch das Unglück ein Bein verlierst, hättest du dir bestimmt nicht träumen lassen. Glaub mir, ich hab's auch nicht gewollt. Ich habe mich so sehr dagegen gewehrt! Aber es gab keine andere Wahl. Entweder dein Bein oder dein Leben! Eine Zeitlang sah es so aus, als ob alles verloren wäre. Ich danke Gott von Herzen, daß er noch rechtzeitig einen Doktor geschickt hat. Ich ... ich ... ich weiß nicht, wie ich ohne dich zurechtgekommen wäre, Clark. Gott hat dich durchgebracht. Ich bin ja so froh darüber! Wir werden's schon schaffen, auch ohne das Bein. Ganz bestimmt!"

Clark strich ihr über das Haar und drückte sie an sich. Allmählich ließ sein Zittern nach.

„Hast recht", sagte er endlich. Seine Stimme war rauh. „Es wird schon alles weitergehen. Ich muß mich halt erst daran gewöhnen."

Nun gab es für Marty kein Halten mehr. Alle Not, alle Ängste und Sorgen der vergangenen Tage brachen plötzlich aus ihr hervor.

„Ach Clark!" schluchzte sie. „Es tut mir so leid! So leid, daß dir so etwas passieren mußte. Wenn's mich doch an deiner Stelle getroffen hätte! Ich weiß, wie wichtig es für einen Mann ist, für seine Familie zu sorgen. Ich hätte meine Arbeit auch im Sitzen tun können. Für mich wär's längst nicht so schlimm gewesen. O Clark, du tust mir so leid!"

„Nun mal leise!“ sagte er. „Verlier mir nur nicht die Nerven. Schließlich geht die Welt von so einem Unfall nicht unter. Ich kann auch ohne das Bein für meine Familie sorgen. So tragisch ist's nun auch wieder nicht. Nur ruhig, Liebes! Wenn Gott nicht genau gewußt hätte, daß ich auch ohne das Bein leben kann, dann hätte er das Ganze nicht zugelassen, oder?“

Endlich hatte Marty sich wieder gefaßt. Clark schob sie sanft von sich.

„So, mein Schatz“, sagte er, „ich bin jetzt mächtig müde. Wenn's dir nichts ausmacht, würde ich mich gern ein bißchen ausruhen. Wir zwei sprechen uns morgen früh wieder. Und schick mir doch bitte den Doktor wieder ins Zimmer, ja?“

Marty erhob sich und benachrichtigte Juan. Mit rasendem Herzklopfen betrat der junge Arzt das Krankenzimmer. Nur zu deutlich erinnerte er sich an den Moment, als sein Bruder entdeckte, daß sein Bein amputiert worden war. Er konnte es niemandem in einem solchen Fall verübeln, verstört oder gar aufgebracht zu sein. Schweigend stellte er sich an das Bett und sah seinem Patienten, der groß und ruhig dalag, in die Augen. Es war Clark, der endlich die Stille brach.

„Ich verdanke Ihnen also mein Leben.“

Juan wagte keine Antwort. Vielleicht wußte Clark noch nichts von der Amputation.

„Muß eine unheimlich schwere Entscheidung sein“, fuhr Clark fort, „sogar für einen gelernten Doktor. Ich bin froh, daß ich sie nicht selbst treffen mußte. Ich bin Ihnen dankbar, daß Sie den Mut hatten, sie für mich zu treffen. Ja, ich hätte genau wie Sie entschieden, Juan. Lieber möchte ich am Leben bleiben, selbst wenn's mich mein Bein kostet. Das Leben ist ein kostbares Geschenk. Leben und Tod stehen in der Hand des Allmächtigen. Das soll aber nicht heißen, daß ich's achselzuckend hinnehmen kann, ein Bein zu verlieren. Wird ein hartes Stück

Arbeit werden, mich damit abzufinden. Ich bin schließlich kein Held. Aber Sie sollen wissen, daß ich Ihnen dankbar für Ihr Eingreifen bin. Mit Gottes Hilfe werde ich's schon schaffen. Wenn er es nämlich zugelassen hat, dann hilft er mir auch weiter. Darauf kann ich mich felsenfest verlassen."

Juan sah Clark wortlos an. Der Mann war völlig ruhig geblieben; es hatte keinen Zornesausbruch, keine Vorwürfe gegeben. Er wußte von seiner Behinderung, aber anstatt sich dagegen aufzulehnen, war er entschlossen, damit leben zu lernen. Er hatte seinem Doktor sogar für die Operation gedankt! Welch ein Unterschied zu seinem Bruder! Woran es nur liegen mochte, daß dieser Mann hier seinen Verlust so anders annahm als sein Bruder damals? Juan nahm sich vor, darüber nachzudenken, sobald er ein paar Minuten für sich hatte. Eins wußte er schon jetzt: Sein Bruder hatte Gott verflucht, während Clark ihm dankte. Vielleicht ...

Clark unterbrach ihn in seinen Gedanken.

„So, Herr Doktor, ich will Ihnen nichts vormachen. Die Sache hat mir einen handfesten Schrecken eingejagt. Wird eine Weile brauchen, bis ich mich an die Tatsachen gewöhnt habe. Im Augenblick ist mir allerdings nicht sonderlich nach Denkarbeit zumute. Hätten Sie nicht zufällig ein Wundermittel in Ihrer Tasche, damit ich erst mal ein bißchen schlafen kann? Ich glaube, morgen früh läßt sich die Sache schon besser in Angriff nehmen."

Dr. De la Rosa bereitete ihm eine Schlaftinktur zu und verabschiedete sich dann von dem Kranken.

Clark schlief nicht sofort ein. Seine Gedanken quälten ihn noch eine Zeitlang, so sehr er sich auch wünschte, er könnte ihnen entfliehen. So trug er seine Last im Gebet vor seinen Gott und bat ihn um Kraft und Hilfe für die schwere Zeit, die nun vor ihm lag. Auch die Tränen über seinen ernsten Verlust blieben ihm nicht erspart. Seine breiten Schultern schüttelten sich, als er sich seine Verzweiflung von der Seele weinte.

Endlich war alles vorüber. Er wischte sich die von der Krankheit hohlen Wangen ab, setzte eine entschlossene Miene auf und streckte seine Hand im Dunkel der Nacht nach der seines Heilandes aus. Diese schwere Stunde erwähnte er später mit keinem Wort.

Neu leben lernen

Marty empfand Clarks Fortschritte auf dem Weg zur Genesung als unendlich langsam, während Dr. De la Rosa täglich von einem Wunder sprach. Clarks Zustand verbesserte sich schneller, als der Arzt zu hoffen gewagt hatte. Wenn man bedachte, wie schwer der Patient verletzt gewesen war, so war seine rasche Genesung wahrhaft beachtlich.

Willie hatte die Familie daheim durch Telegramme auf dem laufenden gehalten. Mit großer Erleichterung konnte er ihnen nun berichten, daß die Krise endgültig überwunden zu sein schien und daß Clark sich auf dem Weg der Besserung befand, wenn sich auch der Zeitpunkt für die Rückreise noch nicht absehen ließ. Bald darauf erhielten sie Antwort auf das Telegramm.

„nichts überstürzen, pa stop hier alles bestens stop brief folgt." Marty erwartete die briefliche Antwort voller Spannung.

Eines Nachmittags, als sie mit dem Flickkorb und einem von Nathans kleinen Hemden über ihre Handarbeit gebeugt saß, stellte sie überrascht fest, daß der Tag ihrer ursprünglich geplanten Heimfahrt längst vergangen war. Wie anders doch alles gekommen war! Lukes Hochzeit sollte in wenigen Tagen stattfinden. Clark und sie würden unmöglich daran teilnehmen können. Marty seufzte enttäuscht auf. So leid es ihr auch tat, das große Fest zu versäumen, so wollte sie auf keinen Fall, daß die jungen Leute die Hochzeit ihretwegen aufschoben. Larry würde bald das Elternhaus verlassen, um sich an der Universität in der Stadt einzuschreiben. Eigentlich hätte sie ihm seine Kleidung in Ordnung bringen müssen und ihm ein paar Dinge für das Leben in der Fremde richten wollen. Oh, wie gern wäre sie jetzt bei ihm! Marty wischte sich hastig eine ungebetene Träne aus den Augenwinkeln. Ihr Kleiner war doch noch so jung! Es war ohnehin schwer genug, ihn überhaupt herzugeben, aber ihn noch nicht einmal zum Abschied in die Arme ... Aber halt! Wenn sie sich nicht sofort zusammennahm, dann würde sie ihrer Tränen nicht mehr Herr werden können.

Sie legte das Hemdchen beiseite und erhob sich, um nach Clark zu sehen. An seinem Bett fand sie Missie vor. Marty lächelte. Es verging kaum eine Stunde, die Missie nicht an der Seite ihres Vaters verbrachte. Sie erfand Fragespiele für ihn, las ihm aus Büchern vor, schüttelte seine Kopfkissen auf und brachte ihm feuchte Waschlappen für Gesicht und Hände. Dann berichtete sie ihm von ihrer Gemüseernte, die nun bald ins Haus stand, erzählte ihm von lustigen Begebenheiten mit ihren Kindern, erörterte die nächste Mahlzeit mit ihm und brachte allerhand Neuigkeiten aus der Umgebung zur Sprache. Ja, Missie leistete ihrem Vater oft Gesellschaft. Marty freute sich von Herzen über das innige Verhältnis zwischen Vater und Tochter.

„Weißt du, was er sich in den Kopf gesetzt hat?“ rief Missie ihr voller Entrüstung entgegen, als sie nähertrat. „Aufstehen will er. Allen Ernstes!“

Marty lächelte wieder. „Gute Idee“, meinte sie nur.

„Gute Idee?“ Missie war fassungslos. „Aber dafür ist's doch viel zu früh! Juan hat gesagt ...“

„Juan hat gesagt, er soll aufstehen, sobald er sich kräftig genug fühlt. Wenn deinem Vater nach Aufstehen zumute ...“

Clark warf die Hände in die Luft.

„Schluß, ihr beiden Kampfhähne!“ rief er. „Nur keine Feindseligkeiten! Ich verspreche euch, mich brav an das zu halten, was mein Doktor angeordnet hat. Ich werde erst aufstehen, wenn ich genügend Kräfte dazu habe. Wenn du meinst, Missie, daß es noch zu früh ist, dann warte ich halt noch eine Weile damit."

Missie atmete auf, während Marty ihm einen verwunderten Blick zuwarf.

„Ich warte bis nach dem Mittagessen", fuhr Clark fort.

„Und das nennst du warten?" stotterte Missie. „Dabei haben wir doch schon halb zwölf!"

Alle fingen an zu lachen.

Nach dem Essen saß Clark eine Weile auf seiner Bettkante. Später ließ er sich, gestützt von Marty und Wong, auf der Veranda hinter dem Haus in einem bequemen Schaukelstuhl nieder. Es war ein warmer Tag. Nach seinem langen Krankenlager sog Clark die Sonnenstrahlen und die frische Luft begierig ein. Das Zwitschern der Vögel, der Geruch der fruchtbaren Erde und die leuchtenden Farben der Blumen um ihn herum taten ihm wohl.

Nathan gesellte sich zum ihm. Max, seinen ständigen Gefährten, hatte er mitgebracht, um seinen Großvater durch die Kunststücke des Hundes ein wenig aufzumuntern. Max, der wenig mit einem Zirkushund gemeinsam hatte, konnte jedoch nur mit einer begrenzten Anzahl von einfachen Kunststücken aufwarten, so daß sein Herrchen ihn unermüdlich die gleichen Kunststücke vorführen ließ. Clark belohnte Hund und Herrchen mit einem anerkennenden Lachen.

Später am Nachmittag kehrte Scottie aus der Stadt zurück, wo er Besorgungen zu erledigen gehabt hatte. Er brachte der Familie den Brief von daheim mit. Mit zitternden Händen riß Marty den Umschlag auf.

„Liebe Ma, lieber Pa!" las sie vor.

„Ihr könnt Euch gar nicht vorstellen, wie froh wir sind, daß es Pa endlich wieder besser geht. Der ganze Unfall war ein böser Schrecken; wir sind so dankbar, daß er Pa nicht auch noch das Leben gekostet hat. Wir haben jeden Tag – ach, was sage ich, jede Stunde – für Euch beide gebetet.

Hier bei uns läuft alles wie am Schnürchen. Macht Euch also bloß keine Sorgen um uns! Lukes Hochzeit soll nun doch wie geplant stattfinden. Zuerst hatten die beiden überlegt, sie zu verschieben, bis Ihr wieder hier seid, aber sie wollten wiederum auch nicht, daß Ihr Euch mit der Rückfahrt gedrängt fühlt. Tu uns den Gefallen und erhol Dich erst einmal gründlich, Pa, bevor Du Dich auf die weite Reise machst!

Arnie schickt sich prächtig als Farmer. Hauptsächlich kümmert er sich um die Tiere, aber er hilft Luke auch nebenbei auf den Feldern. Hester trifft er nicht mehr. Ihre Brüder sind ein paar rechte Hitzköpfe, und Hester sagt, sie mag keinen Mann heiraten, mit dem ihre Brüder nicht handfest zechen können.

Ein neues Mädchen wohnt seit ein paar Wochen hier in der Stadt. Sie ist die Tochter von unserem neuen Pastor, und Arnie trifft sie gelegentlich. Sie würde Dir gefallen, Ma, sie ist nämlich furchtbar nett. Ich glaube, Arnie mag sie mehr, als er zugeben würde.

Larry geht dieses Jahr nun doch noch nicht zur Universität. Dr. Watkins meint, er sei noch reichlich jung. Es würde ihm nicht schaden, noch ein Jahr damit zu warten. Larry kann sich jederzeit seine Lehrbücher ausleihen, und samstags darf er mit dem Doktor auf Krankenbesuch gehen. Larry sagt selbst, daß er dabei mehr lernt als in den ersten Semestern an der Universität. Dr. Watkins scheint ihn gern zu haben. Er selbst hat ja keine Kinder, und ich glaube, an Larry hat er so etwas wie einen Ersatz gefunden. Der Junge spricht jedenfalls ganz begeistert von seinem ‚praktischen Jahr'.

Mit dem Einkochen sind wir fast fertig, Ma. Die Gemüseernte war gut, und die Apfelbäume biegen sich geradezu unter der Last. Ma Graham ist letzte Woche hier gewesen und hat mir geholfen, Berge von Gemüse einzukochen. Sie läßt Euch übrigens herzlichst grüßen. Alle in der Kirchengemeinde beten für Euch.

Nandry und Cathy lassen Euch ausrichten, daß sie auch bald schreiben werden. Wenn ich ehrlich sein soll, haben wir uns eine Zeitlang schreckliche Sorgen um Pa gemacht. Wir vermissen Euch beide sehr, aber wir kommen auch allein gut zurecht.

Gott befohlen,

Eure Ellie."

Marty schluckte und ließ den Brief langsam sinken. Sie war erleichtert und betrübt zugleich. Auch ihr fiel das Getrenntsein von ihren Kindern nicht leicht, doch sie freute sich, daß es ihnen gut ging und daß sie so tüchtig für sich selbst sorgten. Wie schön, daß Arnie ein nettes Mädchen kennengelernt hatte! Und welch eine Erleichterung, daß das Nesthäkchen der Familie nun doch noch nicht das Elternhaus verlassen würde, während seine Mutter verreist war! Marty dankte Gott aufrichtig dafür, daß Dr. Watkins sich ihres Jungen in so väterlicher Weise angenommen hatte.

Auch in Clarks Gesicht spiegelte sich große Erleichterung. Trotz seiner schweren Krankheit hatte er oft mit Sorge an seine Kinder daheim gedacht.

„Sieh mal an!" schmunzelte er. „Wir scheinen wohl zu Hause überflüssig zu sein! Die jungen Herrschaften kommen glänzend ohne uns aus. Da haben Sie sich eine Bande tüchtiger junger Leute großgezogen, Frau Davis. Alle Achtung!"

Marty nahm das Lob lächelnd an.

„Tüchtig sind sie allerdings. Sie hatten natürlich nicht das geringste damit zu tun, Herr Davis, nicht wahr?"

„Vielleicht erhole ich mich dann tatsächlich erst mal in aller Ruhe", meinte Clark. Sein Lächeln war jetzt ein wenig mühsam. „Ich glaube, es wird auch Zeit für meinen Mittagsschlaf."

Marty stellte besorgt fest, daß er recht bleich ausschaute. Ob Missie am Ende recht gehabt hatte, daß Clark sich selbst zuviel abforderte?

Doch er stellte ein gerütteltes Maß an Geduld auf dem Weg zur Besserung unter Beweis. Er mutete sich stets nur so viel zu, wie er verkraften konnte. Langsam, aber stetig kehrten seine Kräfte zurück.

Nachbarn und Freunde

Die Eltern der beiden Jungen, die durch das Unglück in dem alten Bergwerk zu Schaden gekommen waren, statteten den LaHayes einen Besuch ab. Die Frauen dankten Clark unter Tränen für alles, was er für ihre Söhne getan hatte. Frau Croft, deren Sohn Abel bei dem Einsturz ums Leben gekommen war, schilderte mühsam, wie schwer Charlie von dem Verlust seines Bruders getroffen war. Sie war dankbar, das Kind noch ein letztes Mal gesehen zu haben. Ihn für immer tief in dem Bergwerk begraben zu wissen wäre ihr unerträglich gewesen. Auch Willie sprachen die Frauen ihren Dank aus. Er hatte umgehend veranlaßt, daß die einsturzgefährdeten Stollen gesprengt wurden, um weitere Unglücksfälle zu verhindern.

Wenn es ihnen auch schwerfiel, ihre Gefühle in Worte zu fassen, so brachten sie doch ihr Bedauern über Clarks schwere Verletzung zum Ausdruck. Clark erklärte ihnen gelassen, was er felsenfest glaubte: daß Gott in allen Lagen seines Lebens, ob in glücklichen oder in schweren Zeiten, bei ihm sei und ihm durch jede Tiefe hindurch helfen würde. Zugegeben, es würde nicht einfach sein, sich in sein Schicksal zu fügen, aber mit Gottes Hilfe würde er es schaffen. Die Besucher schauten ein wenig betreten zu Boden. Marty vermutete, daß ihnen die Dinge der Bibel völlig fremd waren. Sie selbst hatte Clark ja vor vielen, vielen Jahren auch verständnislos angestarrt, als er ihr von seinem Gott erzählt hatte. Doch Clark hatte so ernst und voller Zuversicht gesprochen, daß jedes Wort aufrichtig gemeint sein mußte.

Frau Croft brach schließlich das befangene Schweigen.

„Wissen Sie“, begann sie zaghaft, „als unser Junge beerdigt wurde, da habe ich mir auf einmal einen richtigen Pastor herbeigewünscht. Nicht, daß ich zu den Frommen gehöre, aber an den Allmächtigen glaube ich schon. Beten tu' ich zwar nicht, aber manchmal ..., also, manchmal, wenn alles schiefgeht und man was Schweres durchmachen muß, dann ..., dann hätte ich schon gern ein bißchen mehr über diesen Gott gewußt.“

Willie antwortete: „Wir treffen uns sonntags zur Andacht. Eine richtige Kirche haben wir zwar nicht, aber wir lesen zusammen in der Bibel und singen ein paar von den alten Liedern. Wir würden uns freuen, wenn Sie auch kämen.“

„Wo ..., wo findet denn das Treffen statt?“

„Hier in unserem Wohnzimmer.“

„Und wann fangen Sie an?“

„Jeden Sonntag um zwei Uhr.“

„Also, ich weiß nicht“, meldete sich ihr Mann zu Wort, „ist ein langer Weg von der Stadt hierher. Bis wir wieder zu Hause sind, ist's dann beinahe dunkel.“

Enttäuscht senkte die Frau den Kopf.

„Vielleicht können wir eher anfangen“, schlug Clark vor. „Wenn wir zeitig aufhören, kommen Sie noch vor der Dämmerung nach Hause.“

Ein Schimmer von Hoffnung leuchtete in den scheuen Augen der Frau auf.

„Na schön“, gab Herr Croft nach. „Wenn dir so viel daran liegt, versuchen wir's mal. Vielleicht ist zwei Uhr auch nicht zu spät für uns.“

Seine Frau dankte es ihm mit einem zaghaften Lächeln.

Andys Eltern hatten sich bisher kaum an dem Gespräch beteiligt. Willie wandte sich an sie.

„Die Einladung gilt natürlich auch für Sie“, sagte er. „Kommen Sie doch auch, wenn Sie möchten!“

Der Mann schüttelte den Kopf und scharrte verlegen mit den Füßen.

„So was haben wir nicht nötig", brummte er. „Unserem Jungen geht's gut. Der Doktor hat ihm den Fuß gerichtet. Bald ist er wieder auf den Beinen."

Willie biß sich auf die Lippen. „Gott ist doch kein Lükkenbüßer für schlechte Zeiten!" wollte er ausrufen, beherrschte sich aber. Clark sagte es statt dessen mit anderen Worten.

„Wir nehmen uns bei jeder Andacht auch ein paar Minuten Zeit, um Gott zu danken. Vielleicht würden Sie Gott gern ein ‚Dankeschön' sagen, weil er Ihren Sohn bewahrt hat. Sie sind uns jederzeit willkommen."

Der Mann nickte nur und schwieg.

Missie bewirtete die Besucher mit Kaffee und Kuchen, bevor sie sich wieder auf den Heimweg machten. Eine stille Freude leuchtete in Frau Crofts Augen, als zählte sie schon sehnsüchtig die Tage bis zum nächsten Sonntag.

*

Maria und Juan waren nun häufige, gerngesehene Gäste bei den LaHayes. Juan war wie umgewandelt. Er hatte inzwischen in der Stadt die notwendigen Maßnahmen getroffen, um bald eine mit Instrumenten und Arzneien ausgestattete Arztpraxis eröffnen zu können. Die Stadtbewohner hatten ihn gedrängt, seine Niederlassung in einem Gebäude in der Stadt einzurichten, doch Juan zog es vor, seine Patienten von der Ranch aus zu betreuen. Schließlich einigte man sich darauf, daß Juan seine Sprechstunde an zwei Wochentagen in der Stadt hielt und an den übrigen Tagen zu Hause arbeitete. Nun zahlte es sich aus, daß er das Haus für seine Familie so großzügig angelegt hatte. Einen Flügel wandelte er in ein Behandlungszimmer mit Warteraum um. Zwar hielt er es für bedenklich, daß er keine der modernen Geräte zur Verfügung hatte, wie sie in den Krankenhäusern der Großstadt verwendet wurden, aber die schwereren Fälle würde er dann per Eisenbahn oder Überlandkutsche zur Behandlung in die Großstadt überweisen.

Als sie eines Abends beieinandersaßen und plauderten, glaubte Clark zu bemerken, daß der sonst so lebhafte Juan heute ungewöhnlich schweigsam war. Maria bemühte sich, die Unterhaltung in Gang zu halten, während Juan nicht recht bei der Sache zu sein schien. Als er auf alle Fragen über seine Praxis, die Arbeit in der Stadt, seine Herde und seine Kinder nur knapp geantwortet hatte, wurde es still in der Runde.

Schließlich wandte Clark sich noch einmal an Juan.

„Wenn's Ihnen nichts ausmacht, hätte ich Sie gern einen Moment unter vier Augen gesprochen, Herr Doktor", sagte er. „Würden Sie wohl eben mit in unser Zimmer kommen?"

Auf Juans Schultern gestützt, hüpfte Clark ungelenk über den Flur in das Zimmer und ließ sich schwer atmend auf die Bettkante sinken. Es wurde wirklich höchste Zeit, daß er sich ein paar Krücken besorgte! Sich auf einem Bein fortzubewegen war viel zu anstrengend für einen Mann, der noch vor wenigen Wochen um ein Haar das Zeitliche gesegnet hätte.

„Haben Sie irgendwelche Schwierigkeiten?" fragte Juan.

„Ja, die scheint's wohl zu geben", antwortete Clark ruhig.

Der Doktor begann, die Sicherheitsnadeln aus Clarks hochgeschlagenem Hosenbein zu lösen, doch Clark winkte ab.

„Mit dem Bein hat's allerdings nichts zu tun, Herr Doktor."

„Also nicht das Bein?" fragte Juan verwundert. „Was ist es denn?"

„Ein wunder Punkt innen drin, sozusagen."

„Wo fehlt es denn?"

„Also", sagte Clark und sah Juan geradewegs in die

Augen, „das hätte ich gern von Ihnen gehört. Ich habe nämlich das Gefühl, daß es diesmal der Doktor selbst ist, dem was weh tut, aber daß er sich lieber die Zunge abbeißen würde, als es zuzugeben."

Juan schien überrascht.

„Man kann es mir anmerken?"

„An der Nasenspitze!"

„Es ... es tut mir leid. Ich hatte nicht die Absicht, meine Freunde durch meine Gedanken zu belasten."

„Ich bin ein ganz passabler Zuhörer, falls Sie sich Ihren Kummer von der Seele reden wollen."

Juan stand eine Zeitlang schweigend am Fenster. Dann wandte er sich um. In seinem Blick lag ein tiefer Schmerz.

„Ich glaube, Sie kennen inzwischen meine Geschichte – wenigstens zum Teil. Sie wissen, daß ich gegen den Willen meines Vaters Arzt geworden bin und daß ich an dem Tod meines Bruders schuldig bin ..."

Doch Clark unterbrach ihn mit erhobener Hand.

„Nein", sagte er nachdrücklich, „so war's nicht! Nach dem, was ich gehört habe, hatte Ihr Bruder einen schlimmen Fall von Wundbrand, und Sie haben sein Bein amputiert, weil's keine andere Lösung gab. Ihr Bruder hat sich selbst das Leben genommen."

Juan winkte ab.

„Mein Vater ist anderer Ansicht. Er hat mich noch am selben Abend fortgeschickt und mir verboten, sein Haus je wieder zu betreten."

„Das tut mir leid", sagte Clark. „Muß schwer für Sie gewesen sein."

„Ja, das war es. Sehr schwer. Und jetzt, wo ich zum zweiten Mal als Arzt tätig werde, wünsche ich mir den Segen meines Vaters dazu." Juan zögerte, bevor er fortfuhr. „Ich weiß, das klingt ziemlich kindisch, aber ..."

„Überhaupt nicht. Mir würde's nicht anders gehen."

„Wirklich?"

„Ganz bestimmt!"

Beide schwiegen.

„Und Ihre Mutter?“ fragte Clark dann. „Lebt sie noch?“

„Ich bin nicht sicher, und das quält mich wohl am meisten. Meine Mutter hat es zwar nie laut gesagt, aber ich glaube, sie war sehr stolz auf mich, als ich Arzt wurde. Als mein Vater mich aus dem Haus jagte, wagte sie zum ersten Mal in ihrem Leben, einem Mann zu widersprechen. Sie fiel auf ihre Knie und flehte ihn an, ein Einsehen zu haben und mich nicht wegzuschicken. ‚Muß ich Arme denn beide Söhne an einem Tag verlieren?‘ rief sie. Ich kann diesen Anblick nie vergessen. Wüßte ich doch nur, ob es ihr gutgeht!“

„Warum fahren Sie nicht einfach nach Mexiko und überzeugen sich mit eigenen Augen?“

„Sie meinen, ich soll nach Hause reisen?“

„Genau.“

„Aber mein Vater hat mich nicht eingeladen, in sein Haus zu kommen.“

Clark zuckte nur mit den Achseln. Die Minuten schleppten sich dahin, während Juan mit sich rang.

„Haben Sie etwa Angst?“ fragte Clark leise.

„Vor meinem Vater? Niemals!“ Juan schüttelte entrüstet den Kopf.

„Nichts für ungut! Ich kenne den Mann ja gar nicht. Habe keine Ahnung, wozu er fähig ist.“

„Mein Vater würde mir kein Haar krümmern, falls Sie darauf anspielen.“

„Ich spiele auf gar nichts an. Das mit dem Haar krümmen haben Sie selbst gesagt.“

Juan nickte widerwillig.

„Also schön“, fuhr Clark fort, „wenn Sie also nichts zu befürchten haben, warum ist die Sache dann so schwierig?“

„Ich bin nicht auf Besuch gebeten worden“, erklärte Juan würdevoll. „Ein Mann kriecht nicht wie ein davongelaufener Hund wieder an die Tür und bettelt um Einlaß. Mein Vater hat keine Achtung vor einem Mann, der ..."

„Dann liegt's also am Stolz?" fragte Clark ruhig.

Juans Kopf fuhr in die Höhe. Aus seinen schwarzen Augen sprühten feurige Funken.

„Verstehe", nickte Clark langsam. „Ein Mann hat schließlich seinen Stolz."

Wieder schwiegen beide. Juan begann, in dem Zimmer auf und ab zu gehen. Die Luft schien spannungsgeladen. Endlich wagte Clark es noch einmal, die Stille zu brechen.

„Mit Gottes Hilfe ist's allerdings kein Ding der Unmöglichkeit, den Stolz einfach runterzuschlucken und die Sache in Angriff zu nehmen. Wenn Ihre Mutter noch lebt, dann hat sie bestimmt auch manchen schweren Tag. Sie hat ja keinen blassen Schimmer, ob Sie überhaupt noch am Leben sind. Und angenommen, Ihr Vater lebt noch und hat seine Meinung geändert, wie soll er Sie je ausfindig machen?"

Juan kämpfte noch immer mit sich.

„Sie wissen ja nicht ..." begann er.

„Das stimmt zwar", unterbrach Clark ihn, „ich weiß überhaupt nichts Genaues, das gebe ich zu. Aber Gott weiß es, und mir scheint, das wiederum wollen Sie nicht wahrhaben. Klar, ich kenne die Verhältnisse nicht, aber so ganz ohne Krisen ist's auch bei mir nicht immer abgelaufen. Manchmal erwischt's einen, ehe man sich's versieht. Wir können uns nicht immer davor ducken. Es bleibt einem nichts anderes übrig, als den Tatsachen ins Auge zu sehen und damit fertigzuwerden. Einfach ist so etwas beileibe nicht, aber ..." Clark sah auf seinen Beinstumpf hinunter. „Aber das weiß Gott doch schon längst. Nicht nur das, sondern er kümmert sich auch um uns. Er verlangt ja gar nicht von uns, daß wir verstehen oder sogar mögen, was da auf uns zukommt – bloß, daß wir uns wie erwachsene Männer benehmen und das tun, was richtig ist, selbst wenn's uns auf den ersten Blick gegen den Strich geht."

„Und was soll ich Ihrer Meinung nach tun?"

„Das kann ich Ihnen beim besten Willen nicht vorschreiben. Mir scheint allerdings, wenn Ihnen die Sache so sehr zu schaffen macht, dann wird's höchste Zeit, daß Sie etwas unternehmen. Ich weiß zufällig, daß Mütter manche schlaflose Nacht damit verbringen, sich um ihre Söhne zu sorgen. Ich weiß auch, daß Väter Fehler machen, die sie später bitter bereuen und für die sie sich, wenn sie Manns genug sind, auch entschuldigen. Und dann weiß ich, daß Gott uns helfen kann, das richtige zu tun, wenn's auch noch so unmöglich erscheint. Aber was nun in Ihrem Fall das richtige ist, das können Sie nur selbst entscheiden."

Juan hatte den Worten des älteren Mannes aufmerksam zugehört. Nachdenklich reichte er ihm nun die Hand.

„Ich mache Ihnen keine Versprechungen, aber ich werde bedenken, was Sie gesagt haben. Es ist eine – wie sagt man? – knifflige Lage."

Clark nahm seine Hand und schüttelte sie.

„Und ich werde beten, daß Sie zu der richtigen Entscheidung kommen", sagte er.

Die beiden Männer gingen in das Wohnzimmer zurück. Unausgesprochene Fragen standen in aller Augen. Maria und Juan machten sich bald darauf auf den Heimweg.

Smutje besuchte Clark, sooft es seine Arbeit erlaubte, auf ein Schwätzchen. Gewöhnlich wartete er, bis er Clark auf der Veranda in der Morgensonne sitzen sah. Dann humpelte er herbei und ließ sich ächzend auf den Stufen neben Clark nieder. Er schien in Clark einen Leidensgenossen gefunden zu haben. Eines Morgens brachte er die Sprache darauf.

„Tut das Bein noch arg weh?“ erkundigte er sich.

„Nicht allzu schlimm. Wenn ich mich allerdings versehentlich stoße, dann spür’ ich’s kräftig.“

„Haben Sie auch Phantomschmerzen?“

„Manchmal schon.“

„Muß ein merkwürdiges Gefühl sein: Schmerzen am Bein, wo gar kein Bein mehr ist!“

„Ist tatsächlich allerhand“, schmunzelte Clark. „Manchmal juckt’s zum Verrücktwerden, und ich kann mich nicht mal an der Stelle kratzen.“

„Zum Glück habe ich mich nicht auch noch mit solchen Sachen plagen müssen“, meinte Smutje.

„Haben Sie denn noch böse Schmerzen im Bein?“ fragte Clark.

„Manchmal schon.“ Smutje überlegte. „In letzter Zeit geht’s eigentlich besser. Zu Anfang habe ich oft nicht gewußt, wie ich’s aushalten sollte.“

Clark nickte verständnisvoll.

„Wie lange ist’s denn schon her?“ fragte er.

„Ich weiß nicht ... versuche mit Gewalt, den Unfall zu vergessen. Fünf Jahre? Nein, sechs. Hab’ mir mehr als einmal anhören müssen, daß ich ohne das Bein, so wie Sie, besser drangewesen wäre.“

„Hm. Ich hab’s mir immerhin auch nicht aussuchen können“, erinnerte ihn Clark.

„Ihr Bein sah böse aus“, erklärte Smutje ungerührt. „Mir war gleich klar, daß da nur noch ein Wunder helfen konnte, wenn das Bein dranbleiben sollte, und heutzutage sind Wunder eine Seltenheit geworden.“

Clark lächelte.

„Also, wenn Sie mich fragen, ich habe zwar auch noch nicht viele davon erlebt, aber passieren tun sie auch heute noch.“ Auf Smutjes fragenden Blick fuhr er fort: „Nehmen Sie zum Beispiel einen beliebigen armen Sünder. Gott kann auch aus der armseligsten Kreatur einen Heiligen machen, für den der Himmel nicht zu schade ist.

Kann mir kaum ein größeres Wunder vorstellen. Mit der richtigen Arznei kann ein Doktor einen zerschlagenen Knochen wieder herrichten, aber eine kaputte Seele wieder heilmachen, das kann nur Gott. Und wenn das kein Wunder ist ..."

Smutje scharrte mit den Stiefeln auf der Erde.

„Sehen Sie nur mich an", sagte Clark. „Wissen Sie, wie's mir ergangen ist? Als mir dämmerte, daß ich ein Bein verloren hatte, da hätte ich am liebsten gleich die Flinte ins Korn geworfen. ‚Mensch, da hat das Leben dir aber einen bösen Streich gespielt!' habe ich mir vorgejammert. ‚Ein regelrechter Krüppel ist aus dir geworden. Hilflos wie ein kleines Kind bist du jetzt!' Einen Moment lang habe ich sogar gemeint, Gott hätte mich im Stich gelassen, und daß ich guten Grund hätte, mich selbst mal nach allen Regeln der Kunst zu bemitleiden. Außen war ich nicht mehr derselbe, aber viel schlimmer war, daß es um ein Haar auch innerlich um mich geschehen wäre. Mein wertes Ich hätte sich am liebsten schmollend in eine Ecke verkrochen, sehen Sie? Nun hat Gott in seiner Weisheit das Wunder nicht an meinem Bein geschehen lassen" – und er zeigte auf seinen Beinstumpf –, „sondern tief hier drinnen", und er deutete auf seinen breiten Brustkorb. „Da habe ich's nämlich am nötigsten gebraucht. Und wissen Sie was? Da drinnen, da tut's nicht mehr weh. Erstaunlich, nicht?"

In Smutjes Augen schimmerte es verdächtig. Wie lange er sich wohl schon mit seinen Schmerzen quälen mochte – mit den äußeren wie auch mit den inneren? Clark klopfte ihm sachte auf die Schulter.

„Nur Mut, Smutje!" Es war beinahe ein Flüstern. „Wunder gibt's auch heutzutage noch!"

Das Leben geht weiter

Für Willie brachte der Herbst harte Arbeit mit sich. Von früh bis spät war er nun mit den Männern draußen in den Tälern unterwegs, um die Herden einzutreiben und herumirrende Rinder zu brandmarken. Die Stiere mußten aus den Herden ausgesondert und zur Bahnstation getrieben werden, wo sie zum Transport verladen werden sollten. Die Weidenzäune sollten noch vor dem Winter ausgebessert werden, und dazu hatten die Männer die Wasserstellen im Auge zu behalten und vor Viehdieben auf der Hut zu sein. Die warmen Herbsttage waren rund um die Uhr mit Arbeit ausgefüllt.

Noch immer verbrachte Missie den größten Teil ihrer Zeit bei ihrem Vater. Ihre eigenen Aufgaben gerieten dabei häufig ins Hintertreffen. Die beiden kleinen Jungen schienen nicht darunter zu leiden, denn auch sie umlagerten ihren Großvater ständig. Marty sorgte sich statt dessen immer häufiger um Willie. Wenn er abends, müde und abgekämpft nach einem langen Tag im Sattel, nach Hause kam, war Missie oft so beschäftigt mit allerhand Besorgungen für Clark, daß sie Willie kaum Beachtung schenkte. Vielleicht täuschte sie sich ja mit ihren Vermutungen, überlegte Marty; vielleicht machte sie sich völlig zu Unrecht Gedanken. Dennoch bemühte sie sich, Clark so vollständig wie möglich zu umsorgen, um Missie zu entlasten, doch vergebens. Missies gesamte Aufmerksamkeit schien ihrem Vater zu gehören.

In den nächsten Tagen brachte Marty ihrem Schwiegersohn ein besonderes Maß an Zuwendung entgegen, wenn sie sich auch nur allzu bewußt darüber war, daß es nicht sie, sondern Missie war, von der er sich ein liebes Wort oder ein wenig mehr Aufmerksamkeit ersehnte. Nicht einmal Nathan und Josia legten die stürmische Wiedersehensfreude von früher an den Tag, wenn ihr Vater von der Arbeit heimkehrte. Immerhin hatten sie nun einen Großvater um sich, der ihnen Kreisel und Rohrpfeifen schnitzte und die aufregendsten Geschichten zu erzählen wußte.

Sosehr Marty auch darüber hinwegzusehen versuchte, ihre Bedenken wuchsen von Tag zu Tag. Zu ihrem Erstaunen schien Clark, der gewöhnlich einen scharfen Sinn für die Gefühle anderer besaß, nichts von alledem zu bemerken. Nun, vielleicht hatte er einfach noch nicht genug Abstand zu dem Unfall gewonnen und war noch zu sehr mit sich selbst beschäftigt.

Henry stattete Clark einen Besuch ab. Nach einer kurzen Begrüßung kam er gleich zum Thema.

„Hab' mir Gedanken gemacht", begann er. „Wir brauchen hier eine richtige Kirche."

Clark nickte und sah von der halbfertigen Krücke auf, die er gerade mit dem Schnitzmesser bearbeitete.

„Gute Idee", meinte er.

„Mir scheint, wenn uns wirklich was daran gelegen ist, dann haben wir auch keine Zeit zu verlieren", fuhr Henry fort. „Ich weiß, die Viehzüchter haben gerade alle Hände voll zu tun, aber bald wird's wieder ruhiger im Geschäft. Ich meine, bis dahin sollten wir noch nicht mal warten. Schließlich hat Gott doch Vorrang, oder? Also, ich hab' gedacht, was uns fehlt, ist eine Sonntagspredigt, die Hand und Fuß hat. Wir lesen zwar zusammen in der Bibel, und das ist auch gut und schön so, aber für ein paar von uns ist das nicht genug. Diese neue Familie zum Beispiel, die Crofts, brauchen jemand, der ihnen auch erklärt, was da gelesen wird; einen, der ihnen begreiflich macht, daß hinter all den schönen Worten eine handfeste Wahrheit steckt."

„Als Sie vorhin ‚Kirche' sagten, habe ich gedacht, sie meinten ein Ding mit Glasfenstern und einem Glockenturm", entgegnete Clark.

„Das wohl auch", gab Henry zurück. „Klar, ein Gotteshaus könnten wir auch gebrauchen, und ich meine, das sollten wir bald in Angriff nehmen. Aber ich hab' eigentlich eher an die Leute gedacht, für die die Bibel noch ein Buch mit sieben Siegeln ist. Wir müssen ihnen einfach mehr geben."

„Bin ganz Ihrer Meinung", antwortete Clark. „Haben Sie schon an jemand Bestimmtes gedacht?"

„Allerdings", sagte Henry. „Ich habe an Sie gedacht."

„Was? An mich?" Clark war überrascht.

„Haargenau." Henry schien es ernst zu meinen.

„Aber ich bin doch gar kein gelernter Prediger ..."

„Sie lesen immerhin schon seit Jahren so viel in der Bibel, daß Sie sie wie die eigene Westentasche kennen, oder?"

„Also, das ist vielleicht 'n bißchen übertrieben. Ich ..."

„Und Sie haben schon manche gute Predigt im Leben gehört?"

„Ja, schon, aber ..."

„Und Sie glauben, daß der Heilige Geist in alle Wahrheit leitet?"

„Das allerdings."

Jetzt grinste Henry breit.

„Und in der Arbeit versinken Sie im Moment auch nicht gerade, oder?"

Clark lachte leise.

„Nee, das kann man wohl kaum behaupten", gab er zu, „wenn man mal vom Pfeifen- und Kreiselschnitzen absieht und von den Schnürsenkeln, die ich am laufenden Band neu knoten muß, und vom Essen, vom Nörgeln und vom Herumkommandieren. Also, wenn ich's mir recht überlege“, sagte er und kratzte sich nachdenklich mit der stumpfen Kante des Schnitzmessers am Kopf, „dann halte ich mich eigentlich ganz flott auf Trab.“

Sie lachten.

„Also, was halten Sie nun von der Idee?“ fragte Henry schließlich.

„Nehmen Sie’s mir nicht übel“, gab Clark zurück, „aber ich glaube, dafür brauche ich Bedenkzeit. Solche Sachen wollen im Gebet vor Gott entschieden werden.“

„Versteht sich!“ sagte Henry und stand auf. Er war sich jetzt schon recht sicher, wie Clarks Entscheidung ausfallen würde.

„So, jetzt muß ich mich aber schleunigst auf den Weg machen“, fuhr Henry fort, „sonst meinen meine Männer am Ende noch, ich wär’ ganz und gar vom Erdboden verschwunden. Wir sehen uns am Sonntag!“ Damit schwang er sich in den Sattel und ritt zum Hof hinaus.

Tief in Gedanken versunken, schnitzte Clark an seiner Krücke weiter. Hin und wieder unterbrach er seine Arbeit, um sich eine einsame Träne aus dem Augenwinkel zu wischen. Vielleicht konnte Gott ja diesen tragischen Unfall doch noch zum Guten wenden.

Die Zahl der Gottesdienstbesucher, die sich Sonntag für Sonntag im Wohnzimmer der LaHayes versammelten, wuchs ständig. Die Crofts hatten zwei weitere Frauen mitgebracht. Die eine war die Mutter des jungen Andy, den Clark aus dem eingestürzten Minenschacht geborgen hatte. Die andere der beiden, blutjung und still, hatte vor kurzem ihr erstes Kind, einen wenige Wochen alten Säugling, zu Grabe tragen müssen.

Vier von Willies Männern kamen hereingeschlendert und setzten sich in die hinterste Stuhlreihe. Unter verlegenem Räuspern, die breitkrempigen Hüte umständlich in den Händen drehend, warteten sie auf den Beginn der Andacht. Selbst ein etwas widerwilliger Wong nahm heute an dem schlichten Gottesdienst teil. Smutje hatte ihm versichert, daß die Versammlung seinen Englischkenntnissen nicht schaden würde, und ihn kurzerhand ins Wohnzimmer geschoben.

Henry stimmte ein Lied an und spielte auf seiner Gitarre dazu, bevor Willie aus der Heiligen Schrift vorlas. Ein gemeinsames Gebet und ein weiteres Lied folgten. Schließlich fragte Willie, ob jemand einen besonderen Bibelvers oder ein Zeugnis sagen wolle. Henry stand auf. Er räusperte sich und begann langsam und überlegt, sein Anliegen vorzutragen.

„Wie ihr wißt, kommen wir jeden Sonntag hier zusammen, um 'nen Abschnitt aus der Schrift zu hören und zu beten. Vielleicht geht's euch manchmal wie mir. Ich komm' gern hierher, aber oft habe ich den Eindruck, als fehle was Wichtiges. Oft versteh' ich nicht so recht, was der Abschnitt aus der Bibel eigentlich bedeuten soll. Deshalb gibt's in richtigen Kirchen auch Pfarrer – zum Auslegen und Erklären. 'nen Pfarrer haben wir halt nicht; Gott hat uns aber den Heiligen Geist gegeben, und dafür dank' ich ihm.

Im Sommer haben Missie und Willie lieben Besuch bei sich begrüßen dürfen: Herr und Frau Davis haben die lange Reise hierher gemacht. Eigentlich wollten sie bloß zwei Wochen bleiben, aber ihr wißt ja alle, was passiert ist. Das furchtbare Unglück in dem alten Bergwerk hat ihnen einen dicken Strich durch die Rechnung gemacht. Ich sage ‚Unglück', weil wir's alle für eins gehalten haben. Aber ich hab' mir Gedanken gemacht. Gott kann nämlich auch aus der schlimmsten Katastrophe etwas Gutes machen. In der Bibel heißt's doch, daß denen alle Dinge zum Besten wirken, die Gott liebhaben. Mir ist aufgegangen, daß auch hinter diesem Unfall was Gutes stecken könnte, und mit meiner Idee bin ich zu Herrn Davis gegangen. Er hat versprochen, sich die Sache zu überlegen und darüber zu beten. Also, der langen Rede kurzer Sinn ist dieser: Ich hab' Herrn Davis gefragt, ob er uns sonntags das Wort auslegen will. Versteht mich nicht falsch! Herr Davis ist kein Pfarrer. Er ist Farmer, aber einer, der sich erstklassig in der Schrift auskennt, und ich bin mir ganz sicher, daß wir alle 'ne Menge von ihm lernen können."

Clark spürte plötzlich die erwartungsvollen Augenpaare der Besucher auf sich gerichtet. Er sah in die Runde. Eine bunt zusammengewürfelte Schar war es, die sich hier versammelt hatte, soviel stand fest! Da waren Missie und Willie, Henry und Melinda. Über die Jahre hinweg war ihr Glaube reifer und fester geworden. Im Hintergrund saßen rauhbeinige Cowboys, die den Dingen der Bibel zwar Unwissenheit, aber ein offenes Ohr entgegenbrachten. Da war die junge Frau aus der Stadt mit den traurigen Augen, die sich so sehr nach Trost und neuer Hoffnung sehnte; da waren die Crofts in ihrer großen Trauer um ihren Sohn. Andy saß befangen neben seiner Mutter. Die De la Rosas hatten sich der Versammlung wieder angeschlossen, wenn in Juans Blick auch noch manche unbeantwortete Frage stand. Sie alle brauchten einen Hirten, einen Leiter, der ihnen mit Erläuterungen, mit Rat und Tat zur Seite stand. Clark spürte es deutlich. Es war an ihm, diese kleine Herde zu hüten und zu weiden. Auf seine Krücke gestützt, stand er auf und sah in die gespannten Gesichter um ihn herum.

„Ist mir eine große Ehre, daß ich gebeten worden bin, die Andacht zu leiten. Mit Gottes Hilfe werde ich versuchen, eine Erläuterung zu dem Bibelabschnitt zu geben, den wir jeden Sonntag hier lesen. Wir können alle voneinander und gemeinsam lernen."

Er setzte sich wieder. Alle klatschten Beifall. Marty war so stolz und glücklich, daß sie am liebsten an Clarks Schulter in Tränen ausgebrochen wäre.

Henry stand auf und meldete sich mit strahlendem Gesicht nochmals zu Wort.

„Wir haben endlich 'nen Prediger!“ triumphierte er. „Fehlt nur noch eine Kirche. Habt ihr irgendwelche Vorschläge?“

Begeisterte, eifrige Stimmen wurden laut. Ja, man sollte sobald wie möglich ein Gebäude für die Gottesdienste bauen! Einige schlugen sogar gleich einen Standort für die Kirche vor. Henry hob die Hand und gebot Ruhe.

„Also, daran hab' ich auch schon gedacht“, sagte er. „In der Stadt gibt's noch keine Kirche, und wir sind hier ziemlich abgeschnitten. Ich mein', es wär' für alle am einfachsten, wenn wir die Kirche auf halber Strecke zwischen der Stadt und hier bauen würden.“

„Meine Ranch liegt auf halber Strecke!“ rief Herr Newton und sprang auf. „Würd' mich geehrt fühlen, 'n Grundstück für die Kirche spendieren zu dürfen. Regelrecht geehrt, jawohl!“

Allgemeines Kopfnicken. Augen glänzten vor Feuereifer. So war es also beschlossene Sache, daß das Gebäude auf Newtonschem Grund und Boden errichtet werden sollte.

„Als nächstes brauchen wir Bauholz und 'nen Plan“, kündigte Henry an. „'ne Menge Besorgungen sind zu machen.“

„Dann laßt uns doch 'nen Bauausschuß wählen!“, schlug jemand vor.

Alle waren einverstanden, und wenig später bestand der offizielle Bauausschuß aus Willie, Henry und Herrn Newton. Die übrigen frischgebackenen Gemeindemitglieder erklärten sich bereit, jederzeit zu helfen, wo sie gebraucht würden.

Aufgeregtes Stimmengewirr erfüllte das Zimmer noch, als Missie Kaffee und Kuchen auftrug. Man stelle sich nur vor: eine eigene Kirche! Ein langgehegter Traum wurde Wirklichkeit.

Ein eigenes Winterquartier

Marty schrieb wieder einen ausführlichen Brief an ihre Lieben daheim. Sie und Clark würden erst im Frühjahr zurückreisen, erklärte sie darin. Clark hatte zwar viel von seiner alten Kraft und Gesundheit wiedergewonnen und hätte die Eisenbahnfahrt mit Leichtigkeit überstehen können, aber er hatte sich entschlossen, den Winter hier zu verbringen, um sich für die Gründung der jungen Gemeinde einzusetzen.

Marty freute sich über den Schwung, mit dem Clark jeden neuen Tag begrüßte. Er verbrachte manche Stunde vor seiner aufgeschlagenen Bibel und fand einen wahren Reichtum an neuen Erkenntnissen darin. Oft wartete er nicht einmal bis zum nächsten Sonntag, sondern sprach mit jedem, der einen Augenblick Zeit hatte, über das Gelesene.

Auch anderweitig war Clark vollauf beschäftigt. Ständig tüftelte und bastelte er an kleinen Vorrichtungen, mit deren Hilfe er hoffte, die Anforderungen des Alltags trotz seiner Behinderung besser bewältigen zu können. Inzwischen gab es kaum noch eine Arbeit, die er nicht selbständig verrichten konnte. Hin und wieder begleitete er Nathan oder die Männer auf einem Ausritt. Er bewegte sich frei auf dem Gelände der Ranch und trug mit seiner freien Hand Wassereimer oder Sattelzeug. Er wagte sich zu Missies Küchengarten vor und half bei der Ernte des letzten Herbstgemüses. Abend für Abend ging er mit Nathan zum Hühnerstall, um die frischen Eier zu holen, und richtete das Hähnchen für die Sonntagstafel. Marty war von Herzen dankbar, daß Clark so bald nach dem Unfall wieder schaffensfroh und unternehmungslustig geworden war.

Auch Missie war froh, ihren Vater wieder bei Kräften zu sehen, doch sie ließ es sich noch immer nicht nehmen, ihn mit ihrer Aufmerksamkeit zu überschütten. Kaum hatte er das Haus betreten, so rückte sie ihm einen Stuhl zurecht, brachte ihm besondere Leckerbissen aus der Küche und unterhielt ihn mit Gesprächen und Spielen. Marty seufzte still. Es konnte keinen Zweifel mehr geben: in ihrer übertriebenen Fürsorglichkeit für Clark vernachlässigte Missie ihren Mann sträflich. Willie fühlte sich gewiß oft abgeschoben.

Marty beschloß, einen ungestörten Spaziergang zu machen, um auf eine Lösung zu sinnen. Clark war zweifellos ein geliebter und geschätzter Gast in Missies Familie. Willie achtete ihn sehr; die Liebe seiner Tochter zu ihm war offensichtlich, und die Kinder waren geradezu in ihren Großvater vernarrt. Andererseits war Willie das Oberhaupt der Familie, und er hatte einen berechtigten Anspruch auf seine Frau und seine Kinder.

Marty überlegte hin und her. Ob sie ihr Anliegen mit Clark besprechen sollte? Würde er ihre Bedenken überhaupt verstehen? Was sollte sie nur tun? Sie hatten sich immerhin verpflichtet, den ganzen Winter hier zu verbringen, und es war schlichtweg unmöglich, als Gäste in Missies Familie ein selbständiges Leben zu führen.

Ihr blieb nur ein einziger Ausweg, entschied sie. Sie mußte einfach mit Clark über ihre Sorgen reden. Sollte er sie nicht verstehen, so würde sie sich nach Kräften bemühen, ihre Unruhe abzuschütteln.

Am Abend, als sie sich in ihr Zimmer zurückgezogen hatten, brachte Marty behutsam die Sprache auf den wunden Punkt. Wenn Clark sie nur nicht für ein großes Dummerchen hielt, das das Gras wachsen hörte!

„Ich denke manchmal“, begann sie, „daß das Leben mit uns hier gar nicht so einfach für Willie sein muß.“

„Für Willie? Wieso?“

„Hm, ich weiß nicht, aber nach deinem Unfall hat sich doch manches geändert, finde ich.“

„Ich bemühe mich schon, ihm nicht allzusehr zur Last zu fallen“, wandte Clark ein. „Immerhin hat er jede Menge Arbeit. Hier und da mach' ich mich ja auch ein bißchen nützlich und erledige Kleinigkeiten für ihn.“

„Um Himmels willen, versteh mich nicht falsch!“ beeilte Marty sich. „Willie würde dich doch nie für einen Tagedieb halten! Dazu bewundert er dich viel zu sehr. Ständig sagt er mir, wie froh er ist, dich hier zu haben. Er erzählt mir auch öfter, wie du bei der Umverteilung der Weiden oder beim Ausbessern am Scheunentor geholfen hast.“

„Du meinst eher seine Familie, nicht wahr?“

„Ich weiß nicht, wie ich's ausdrücken soll, aber ...“

„Laß nur; ich hab' mir auch schon den Kopf darüber zerbrochen. Missie macht viel zuviel Aufhebens um mich. Ich weiß, sie tut's aus Liebe, und das rechne ich ihr auch hoch an, aber sie hat ja kaum noch Augen für ihren Mann. Auch die beiden Jungs spielen die zweite Geige. So lieb ich die beiden Knirpse auch hab', aber wenn sie mit einem Kratzer am Knie oder einem verletzten Daumen zu mir anstatt zu ihrem Papa kommen, dann geht's nicht mehr mit rechten Dingen zu.“

„Du hast's also auch bemerkt!“ Marty war erleichtert.

„Hab' ich allerdings. Und jetzt, wo du auch im Bilde bist, kann ich ja mit der Idee rausrücken, die mir gekommen ist.“

„Idee?“

„Schau mal, es ist doch so: aus heiterem Himmel nach Hause fahren können wir wohl kaum. Dazu ist die Sache mit der kleinen Kirche zu wichtig, Liebling.“

Marty nickte.

„Auf der anderen Seite ist dieses Haus kein Hotel. Bei zwei Familien unter einem Dach – besonders, wenn die eine die Großeltern sind –, da kann es schon passieren, daß der Haussegen mal schief hängt."

„Und was schlägst du vor?" fragte Marty gespannt.

„Ich meine, es ist an der Zeit, daß wir hier ausziehen."

„Ausziehen? Ja, aber wohin denn? Du denkst doch nicht etwa an diese verrückte Stadt ...?"

„Ach wo!" Clark lachte amüsiert. „Keine Sorge, nicht in die ‚verrückte Stadt'."

„Ja, wohin denn dann?"

„In das Lehmhäuschen."

„Das ... das Lehmhäuschen?" Marty traute ihren Ohren kaum.

„Warum nicht? Willie und Missie haben sogar zweimal darin überwintert und hatten obendrein noch einen Säugling. Du und ich, wir müßten's doch wenigstens einen Winter lang dort unten aushalten können. Ich stelle es mir sogar ganz gemütlich vor."

Marty schaute noch immer ein wenig skeptisch drein.

„Ich habe die Hütte mal in Augenschein genommen", fuhr Clark unbeirrt fort. „Die Wände sind stabil; die Fenster sitzen fest, und das Dach ist tipptopp in Ordnung. Sieht aus, als hätte Willie es Missie zuliebe erneuern lassen, bevor wir hier ankamen. Wüßte nicht, warum wir da unten nicht bestens aufgehoben wären."

Martys anfängliche Zweifel wichen einer stillen Heiterkeit.

„Wer hätte das gedacht?" schmunzelte sie. „In einer echten Wildwest-Lehmhütte zu überwintern – und das in meinem Alter!"

„Ich hör' dich in letzter Zeit öfter über dein Alter reden", warf Clark ein. „Was mich betrifft, also, ich weigere mich rundheraus, dich als alte Frau zu betrachten. Am besten gewöhnst du dich daran, daß wir beide noch längst nicht zum alten Eisen gehören!"

Marty lachte leise.

„Nun, was meinst du?" fragte Clark. „Sollen wir uns in

der Hütte einquartieren? Die Einrichtung von damals steht noch drin."

„Warum eigentlich nicht?" meinte Marty. „Denk bloß, wieviel Zeit ich dann plötzlich zum Lesen und Nähen haben werde – so eine Lehmhütte macht doch kaum Arbeit!"

„Du bist also einverstanden. Prima! Gleich morgen früh ziehen wir um."

„Meinst du nicht, daß das alles für Missie ein bißchen zu überstürzt kommt?"

„Sie wird sich schon damit abfinden. Je mehr Zeit wir ihr geben, desto mehr Einwände werden ihr einfallen."

„Vielleicht hast du recht", stimmte Marty zu. „Na schön, dann ziehen wir morgen früh um."

Sie gab Clark einen Kuß und legte sich behaglich zurecht. Ein amüsiertes Lächeln spielte um ihre Lippen. Herr und Frau Davis würden also in einer echten Lehmhütte residieren. Ihre Freundinnen daheim würden nicht schlecht staunen, wenn sie das wüßten! Sie hatte ihnen ohnehin allerhand an denkwürdigen Erlebnissen zu berichten, soviel stand fest. Am liebsten hätte sie auf der Stelle einen ausführlichen Brief an ihre Kinder geschrieben. Welch eine urkomische Vorstellung: Clark und sie in einem Iglu aus Lehm!

Der Umzug

Beim Frühstück am nächsten Morgen war Nathan eifrig bemüht, eine Scheibe von Wongs Rosinenstuten und das Planen des Tagesprogramms gleichzeitig zu bewältigen.

„Und dann können wir auf den großen Hügel reiten, ganz bis obenhin, Opa", schlug er mit nicht gerade ganz leerem Mund vor. „Von da aus können wir zugucken, wie die Männer die Rinder durchs Tal treiben. Heut' schicken sie nämlich 'ne ganze Herde los zum Verkauf, weißt du. Und danach ..."

„Langsam, junger Mann!" lachte Clark und erhob die Hand. „Das klingt alles mächtig aufregend, aber heute habe ich für solche Abenteuer wenig Zeit. Ich habe dich sogar fragen wollen, ob du mir heute zur Abwechslung nicht ein bißchen helfen würdest."

Überraschung stand in dem Kindergesicht, doch der Kleine hatte sich schnell gefaßt.

„Klar, Opa!" rief er. „Wird gemacht!"

„Ich auch. Josia auch Opa helfen!" meldete sich sein jüngerer Bruder zu Wort.

„Dazu bist du noch zu klein", wollte Nathan ihn zurechtweisen, doch Clark beeilte sich, ihn in Schutz zu nehmen.

„Aber sicher kann Josia auch helfen. Wir brauchen nämlich jeden, der zwei Hände hat."

„Was in aller Welt habt ihr denn nur vor?" erkundigte sich Missie verwundert.

„Deine Mama und ich haben beschlossen, heute umzuziehen."

„Wie bitte? Umziehen?"

„Genau.“

„Das soll doch wohl ein Scherz sein, oder?“

„Ganz und gar nicht. Uns ist’s todernst damit.“

„Was meinst du denn mit ‚umziehen‘?“

„Also, wir haben uns gedacht, eure alte Lehmhütte sei genau das richtige für uns. Da läßt sich’s bestimmt prima überwintern.“

„Also doch ein Scherz?“ Missie wußte nicht recht, was sie von alledem halten sollte.

„Aber nicht im geringsten.“

„Wie kommt ihr denn nur auf diese komische Idee?“

„Wüßte nicht, was dagegen spricht. Die Hütte ist warm und gemütlich, und groß genug für uns zwei ist sie auch. Und obendrein haben wir dann was zu erzählen, wenn wir wieder zu Hause sind. Schließlich überwintert nicht jeder in einer Lehmhütte, weißt du.“

„Aber Pa!“ rief Missie entgeistert. „Das ist doch völliger Unsinn!“

„Meine liebe Missie“, entgegnete Clark bestimmt, „das ist kein Unsinn, und heute wird umgezogen!“

„Sag schon, Mama“, wandte sich Missie an Marty, „Pa macht doch nur Spaß, nicht? Das kann doch nicht sein Ernst sein!“

„Doch“, gab Marty nüchtern zurück. „Wir haben alles gestern abend besprochen. Es ist besser für uns alle, wenn wir uns für den Winter trennen.“

Missie stand auf. Ihr bleiches Gesicht trug einen trotzigen Ausdruck.

„Ich verstehe kein Wort von alledem“, sagte sie. „Wenn ihr’s so ernst damit meint, dann sagt mir, bitteschön, warum. Haben wir vielleicht nicht genug für euch gesorgt, oder ...“

„Missie, Kind!“ unterbrach ihr Vater sie sanft. „Uns hat’s hier bei euch an nichts gefehlt. Ihr habt uns fürstlich bewirtet. Ich kann dir gar nicht sagen, wie dankbar wir euch sind. Aber weißt du, Liebes, mir geht’s wieder besser. Ich kann ganz gut allein zurechtkommen, und deine Mama und ich meinen halt, es ist höchste Zeit, daß deine Familie dich wiederhat."

Willie sah überrascht auf, um den Blick gleich wieder zu senken. Marty wußte, daß er kein Wort der Klage über seine Lippen kommen lassen würde, aber dennoch schien er bemerkt zu haben, welch ein feines Gespür Clark und sie für mögliche Spannungen in seiner Familie besaßen.

„Aber das ist doch ..." Missie war fassungslos. „Meine Familie hat mich doch die ganze Zeit über gehabt! Ich war nie mehr als ein paar Schritte weit von ihnen entfernt. Ich bin immer in der Nähe gewesen, wenn ich gebraucht wurde. Wir haben euch furchtbar gern bei uns. Und außerdem hast du wegen des Besuchs hier bei uns dein Bein verloren und ..."

„Jetzt hör mir mal gut zu", unterbrach sie Clark. „So darfst du nicht denken. Ich möchte nicht, daß du denkst, ich hätte mein Bein bloß verloren, weil wir zu euch gekommen sind. Das hätte genausogut zu Hause passieren können. Die Gegend hatte nichts damit zu tun. Ich kann's schlichtweg nicht zulassen, daß du dir Vorwürfe machst, weil's mich ausgerechnet hier erwischt hat. Ist das klar?"

Missie wich Clarks Blick aus.

„Na schön, ich werde mir also keine Vorwürfe mehr machen. Ehrenwort! Aber mir will trotzdem nicht in den Kopf, weshalb ihr unbedingt ausziehen wollt. Bevor wir's uns versehen, ist der Winter vorbei, und ihr fahrt wieder heim. Wir wollen die Zeit mit euch doch auskosten, so gut's geht! – Sag du doch auch was, Willie!" bat sie ihren Mann. Willie war jedoch noch mit seiner Scheibe Stuten und dem Frühstücksei beschäftigt.

„Sag's schon, Willie!" flehte Missie noch einmal.

Willie schluckte seinen Bissen hinunter und sah von einem zum anderen. Die ganze Unterredung war ihm sichtlich unangenehm. Clark kam ihm zu Hilfe.

„Wir wissen doch genau, daß unser Schwiegersohn uns

niemals vor die Tür setzen würde, Kind", sagte er. „Der Umzug war unsere ureigene Idee, und zwar nicht deshalb, weil wir dachten, wir würden euch zur Last fallen, sondern weil wir meinen, daß es so für alle Beteiligten besser ist. Wir ziehen ja nicht ans Ende der Welt – es sind doch bloß ein paar Schritte von euch zu uns. Deine Mama wird dich oft besuchen, damit ihr beiden Frauensleute nach Herzenslust plaudern könnt, wenn euch danach zumute ist, und die Jungs können uns jederzeit in der Hütte einen Besuch abstatten." Er zwinkerte mit den Augen. „Wenn ich's mir recht überlege, könnte das Einsiedlerleben sogar ganz lustig für uns zwei werden. Wir haben nämlich noch nie ein Haus für uns allein gehabt, weißt du!"

„Ihr bleibt also dabei, ganz egal, was ich sage?" versuchte Missie es ein letztes Mal.

„So ist's, fürchte ich. Wer weiß, vielleicht kommen wir bei dem ersten Schneesturm auf Händen und Füßen zu euch gekrochen und betteln, daß ihr uns wieder reinlaßt", sagte Clark schmunzelnd.

„Keine Sorge, Opa, ich lass' euch schon rein!" versprach Nathan feierlich. Alle lachten.

„Ich lass' euch auch rein, Opa", ereiferte sich Josia, der seinem älteren Bruder in nichts nachstehen wollte.

Missie nahm die Kaffeekanne von dem Servierwagen. „Verbieten kann ich es euch wohl kaum; trotzdem kann ich mich nicht mit dieser verrückten Idee anfreunden."

„Sieh mal, Liebes", sagte Marty, „wenn wir's nicht für das beste hielten, dann würden wir's doch nicht tun. Laß es uns doch mal probieren! Wenn's nicht klappt, kommen wir wieder zu euch zurück. Einverstanden?"

Missies Miene hellte sich ein wenig auf. Sie küßte ihre Mutter auf die Stirn.

„Entschuldigt. Es kam halt so überraschend für mich." Es gelang ihr ein schwaches Lächeln. „Also schön, wenn ihr unbedingt wollt, soll's mir recht sein. Aber ich warne dich, Mama! Die langen Winterabende können einem dort unten ziemlich zu schaffen machen."

Marty lachte.

„Meine Liebe, ich habe einen Vorteil, den du damals nicht hattest."

„So? Was denn für einen?"

„Dich!" sagte Marty. „Wenn's mir zu langweilig wird, ziehe ich mich warm an und komme auf einen Sprung zu dir in euer großes, schönes Haus. Du hattest damals weder eine Tochter noch ein schönes Haus in der Nähe, und so mußtest du's wohl oder übel in deinen vier Wänden aushalten."

Missie lächelte ein wenig beherzter.

„Hoffentlich wird's dir ganz oft langweilig!" sagte sie. „Um so öfter kommst du dann zu uns!"

Clark stellte seine leere Kaffeetasse auf den Tisch.

„So, ihr beiden Lausbuben", sagte er zu seinen Enkelsöhnen, „jetzt wird's aber höchste Eisenbahn, daß wir uns an die Arbeit machen – sonst sitzen wir morgen früh noch hier!"

Die beiden Brüder kletterten hastig von ihren Stühlen und liefen zum Gästezimmer voraus. Clark folgte ihnen. Seine Krücke klopfte einen dumpfen Takt zu seinem Schritt.

„Ich sehe mal geschwind nach, ob ich Teppiche und Decken für euch habe", erbot Missie sich. „Und ordentliches Geschirr werdet ihr auch brauchen. Die Teller und Tassen dort unten sind arg angeschlagen."

„Mach unseretwegen bitte keine Umstände, Kind!" mahnte Marty, wenn sie auch nur zu gut wußte, daß ihre Worte auf taube Ohren stoßen würden. Missie würde alles tun, um sie und Clark auf das beste auszustatten. Andererseits, überlegte Marty, würde Missie sich eher für den Plan erwärmen, wenn sie mit dem Suchen von Geschirr, Besteck, Handtüchern und Vorhängen beschäftigt war. Dieser Umzug würde ein großer Spaß für sie alle werden.

Die Nächte wurden schnell kühler. Der kleine gußeiserne Herd in der Lehmhütte verbreitete eine wohlige Wärme. Clark hatte Marty in den ersten Tagen nach dem Umzug häufig zu Missie auf Besuch geschickt, um ihr die Trennung zu erleichtern. Marty wiederum lud Missie oft zum Nachmittagstee in die kleine Hütte ein. Bei Tee und Plätzchen erfuhren Clark und Marty manches über die ersten Jahre ihrer Tochter im rauhen Westen. Missie berichtete von ihrer grenzenlosen Enttäuschung beim Anblick des winzigen grasbedeckten Erdhügels, der von nun an ihr Zuhause sein sollte. Sie erzählte, mit welchem Entsetzen sie festgestellt hatte, daß der Fußboden der armseligen Hütte aus festgestampfter Erde und die Decke aus Grasnarbe bestand, und wie widerwillig sie Nathan auf das Bett gelegt hatte, weil sie befürchtet hatte, herabfallende Erdbrocken könnten das zarte Neugeborene jeden Moment unter sich begraben. Sie beschrieb ihren Eltern ihr erstes Weihnachtsfest hier im Westen: Cowboys, die dicht aneinandergedrängt in der kleinen Hütte saßen und ein einfaches Essen auf bunt zusammengewürfelten Tellern serviert bekamen, den ein jeder vorsichtig auf den Knien balancierte. Dann war da die sorgenreiche Nacht, in der Nathan an Krupp erkrankt war und Smutje als Retter in der Not erschienen war, um die Atemnot des Kleinkindes zu lindern. Sie erzählte von ihrer ersten Begegnung mit Maria, von den Schwierigkeiten, die die Waschtage mit sich brachten, von der Enge in der kleinen Hütte, die ihr manches Mal zu schaffen gemacht hatte. Und doch schwang eine leise Sehnsucht nach diesen ersten Jahren im Westen in ihren Worten, eine tiefe Verbundenheit mit ihrem ersten eigenen Heim.

Auch Nathan und Josia waren häufig zu Gast bei ihren Großeltern. Oft fanden sie sogar mehrmals am Tag einen

Grund, an die Tür der Hütte zu klopfen. „Opa! Oma!" riefen dann zwei helle Kinderstimmen erwartungsvoll. „Wir sind's!" Sie umlagerten ihren Großvater, der gerade damit beschäftigt war, die Andacht für den kommenden Sonntag vorzubereiten. Sie bettelten darum, frische Holzscheite für das Herdfeuer nachlegen zu dürfen. Sie rollten sich, vor Vergnügen quietschend, auf der breiten Strohmatratze, ritzten Strichmännchen in den Fußboden aus Lehm und ließen sich an dem winzigen Tisch mit Milch und Plätzchen beköstigen. Dann wieder brachten sie ihren Großeltern Gemüse, Eier oder frische Sahne in einem kleinen Körbchen. Selbst Wong steckte ihnen manche Leckerei zu, die sie in der Hütte abliefern sollten. Wenn Clark und Marty auch ihre Freude an den beiden ständigen Besuchern hatten, so achteten sie doch darauf, daß Nathan und Josia abends stets rechtzeitig zu Hause waren, um ihren Vater an der Haustür stürmisch zu begrüßen.

Bald verlief das Leben für alle wieder in geordneten Bahnen. Marty war im nachhinein dankbar, daß Clark darauf bestanden hatte, in die Hütte umzuziehen. Die Idee hatte sich zweifellos bewährt. Willie wirkte gelöster und fröhlicher; es tat ihm offensichtlich wohl, wieder ungehindert Hausherr sein zu dürfen. Selbst Missie strahlte eine neue Frische aus. Die vergangenen Monate hatten sie alle viel von ihrer Kraft gekostet, doch nun war es an der Zeit, Kummer und Sorgen zu vergessen und sich eines neuen Anfangs zu erfreuen.

Marty saß mit ihrem Strickzeug vor der kleinen Hütte und genoß die milde Wärme der Herbstsonne. Das dumpfe Pochen der Krücken kündigte ihr an, daß Clark in der Nähe war, und bald kam er auch schon, einen Eimer mit Brunnenwasser in der freien Hand, um die Ecke. Eimer und Krücke stellte er an der Tür ab und ließ sich auf den Stuhl neben Marty fallen.

Sein leises Lachen ließ Martys Kopf in die Höhe fahren. „Was in aller Welt mag er nur so lustig finden?" wunderte sie sich und beschloß, ihn nach dem Grund seiner Heiterkeit zu fragen.

„Ach, eigentlich nichts Besonderes. Hab' nur gerade denken müssen, daß Gott tatsächlich alle Dinge zum Besten dienen läßt, wie es in der Schrift heißt."

„Wie meinst du das?"

„Nimm mein Bein zum Beispiel – ich meine das Bein, das ich nicht mehr habe. Siehst du, welches von beiden fehlt?"

„Sicher; das linke."

„Stimmt, aber das ist nicht alles. Sieh mal, weil ich die Krücke links trage, habe ich die rechte Hand immer frei. Und als ob das nicht genug wär' – es hat obendrein das linke Bein erwischt, das ich mir vor Jahren mal mit dem Beil verletzt hab'. Erinnerst du dich?"

Wie konnte er nur glauben, sie würde diesen entsetzlichen Wintertag je vergessen? Noch heute wurde ihr flau im Magen, wenn sie daran dachte, wie ein kreidebleicher Clark mit einem blutdurchtränkten Verband am Fuß ins Haus getragen wurde.

„Als wär's gestern gewesen!" antwortete sie.

„Nun, den Fuß bin ich jetzt los. Hat mich manche Nacht wach gehalten, dieser Fuß, besonders, wenn sich das Wetter änderte."

„So? Davon hast du mir ja nie was gesagt!"

„Hab' wohl nie einen Grund dazu gehabt. Jedenfalls wird mich dieser lästige Wetterfrosch keine Stunde von meinem Schlaf mehr kosten. Ist doch witzig, nicht?"

Clark lachte von neuem. Marty brachte es nicht recht fertig, seine Heiterkeit zu teilen, warf ihm jedoch einen bewundernden Blick zu. Es gab nicht viele Menschen, die in allen Lebenslagen so viel Geduld, Gottvertrauen und Humor besaßen, wie ihr Clark.

Juan kam, um Clark einen Besuch abzustatten. Sie hatten die De la Rosas drei Wochen lang nicht gesehen. Juan und Maria seien verreist, hatte es geheißen, und Clark und Marty hatten angenommen, es habe sich um größere Anschaffungen für die Praxis gehandelt. Juan begrüßte Clark mit einem festen Händedruck und klarem Blick. Marty ahnte, daß er mit Clark unter vier Augen sprechen wollte, und ließ die beiden Männer bei einer dampfenden Tasse Kaffee allein.

„Nach vielem Beten und Nachdenken“, kam Juan gleich zum Thema, „habe ich getan, wie Sie mir geraten haben.“

„Sie sind also nach Hause gefahren?“

„Jawohl, wir sind nach Hause gefahren“, wiederholte Juan. Erleichterung und Dankbarkeit ließen seine Stimme fast unmerklich beben.

„Freut mich“, sagte Clark. „Wie hat Ihr Pa Sie denn aufgenommen?“

Ein schmerzlicher Ausdruck verdunkelte Juans Miene.

„Mein Vater war nicht mehr da, um mir die Tür zu öffnen. Er starb vor sieben Monaten.“

„Das tut mir leid für Sie“, sagte Clark teilnahmsvoll.

„Und mir erst! Wäre ich doch eher zurückgekehrt! Statt dessen habe ich mich von Stolz und Eigensinn aufhalten lassen.“

„Und Ihre Mutter?“

„Meine Mutter hat mich mit offenen Armen empfangen.“

Clark lächelte.

„Hätte ich nicht anders vermutet.“

„Als mein Vater starb, war meine Mutter plötzlich sehr einsam. Jeden Tag betete sie, daß ihr Sohn Juan zu ihr zurückkehren würde. Ich war ein großer Narr, so lange mit meiner Heimkehr gezögert zu haben!“

„Wir machen alle mal Dummheiten“, erinnerte ihn Clark.

„Meine Mutter glaubte zu träumen, als ich ihr Zimmer betrat“, fuhr Juan fort. „Es ging ihr nicht gut. Seit dem Tod meines Vaters hatte sie selten gut gegessen und geschlafen. Ihre Gesundheit hatte gelitten. Als sie mich sah, weinte sie vor Freude. Dann sagte sie mir, wie sehr mein Vater bereute, was vorgefallen war. Er suchte viele Monate lang nach mir, um mich um Verzeihung zu bitten, doch nirgends fand er auch nur eine Spur. Vor seinem Tod mußte meine Mutter ihm versprechen, die Suche fortzusetzen, und das tat sie auch. Sie ließ überall nach mir suchen und setzte sogar eine Belohnung aus.“

Juan hielt inne und fuhr sich mit der Hand über die Augen.

„Ich habe ihr viel Kummer bereitet“, flüsterte er.

„Das haben Sie ja nicht wissen können.“

„Nein, das konnte ich nicht. Ich war viel zu sehr mit meinem verletzten Stolz beschäftigt ... Meine Mutter ist sehr glücklich, daß ich wieder als Arzt arbeite. Ich möchte, daß Sie sie kennenlernen.“

„Gern. Vielleicht läßt sich eines Tages ...“

„Nicht eines Tages. Jetzt.“

„Sie meinen ...“

„Jawohl, sie ist hier. Sie trinkt mit Missie und Maria oben im Haus Tee. Sie möchte sehr gern den Mann kennenlernen, der ihr ihren Sohn wiedergegeben hat.“

„Aber das –, das hab' ich doch gar nicht! Sie sind von ganz allein zu ihr gefahren. Es war Ihre eigene Entscheidung.“

„Ja, Sie haben mich selbst entscheiden lassen. Sie haben meine Würde bewahrt. Aber Sie wußten genau, welche Wahl ich treffen mußte.“ Juan lächelte.

„Also los, dann lassen Sie mich Ihrer Mama mal ‚guten Tag‘ sagen!“ erwiderte Clark und nahm seine selbstgeschnitzte Krücke zur Hand.

„Einen Moment, bitte. Ich habe Ihnen etwas mitgebracht“, sagte Juan und ging zur Tür, um gleich darauf mit einer nagelneuen, sorgfältig verarbeiteten Krücke zurückzukehren. Die Querstrebe war mit weichem Leder gepolstert.

„In der Stadt gibt es erstklassige Krückstöcke“, sagte er und überreichte Clark die neue Gehhilfe.

„Das ist ja ein Prachtstück!“ grinste Clark. „Bin Ihnen sehr zu Dank verpflichtet, Herr Doktor.“

Auf dem Weg zu Missies Haus probierte er den neuen Krückstock gleich aus. Juan berichtete ihm unterwegs weitere Einzelheiten von seiner Mutter.

„Meine Mutter wollte nicht mehr allein in dem Gutshaus leben. Da ich keine Absicht hegte, das Gut zu bewirtschaften, beschlossen wir, es an den Mann zu verkaufen, der es seit dem Tod meines Vaters versorgt hatte. Mutter bestand darauf, einen Teil des Erlöses für meine Praxis zu verwunden. Sie möchte, daß wir so modern wie möglich eingerichtet sind. Sie wird von nun an bei uns wohnen. Wir sind alle sehr glücklich darüber. Maria freut sich, endlich wieder eine Mutter zu haben. Ihre eigene Mutter starb, als sie noch sehr jung war. Wir sind eine glückliche Familie, Herr Clark, und wir sind Ihnen sehr dankbar.“

Señora De la Rosa war eine zierliche, dunkelhaarige Frau mit lebhaften Augen und einem herzlichen Lächeln. Trotz ihrer Jahre und dem schweren Leid, das sie getragen hatte, hatte sie sich viel von ihrer jugendlichen Frische und eine bejahende Lebenseinstellung bewahrt. Clark und Marty mochten sie auf Anhieb und freuten sich mit Maria und Juan.

„Mama hat gemeint, wir sollen alle von jetzt an eure Gottesdienste besuchen“, strahlte Maria. „Wenn Gott ihre Gebete erhört, indem er andersgläubige Menschen benutzt, dann muß doch etwas Wahres an diesem Glauben sein. Darum wird Gott gewiß nichts dagegen haben, mit diesen Menschen gemeinsam Gottesdienst zu feiern. Wir werden also am nächsten Sonntag kommen und an all den anderen Sonntagen auch. Wir möchten auch gern die neue Kirche bauen helfen."

Bevor die De la Rosas sich wieder auf den Heimweg machten, beteten die beiden Familien gemeinsam. Die Herzen aller strömten vor Dankbarkeit über.

Winter

Nathan feierte seinen sechsten Geburtstag. Der Tag war um so aufregender für ihn, weil seine Großeltern hier waren, um fröhlich mitzufeiern. Auch die Kleins und die De la Rosas kamen, und das Haus war von Lachen und munterem Geplauder erfüllt.

Josia sorgte für allgemeine Heiterkeit, als er sich in die Küche schlich, um kurz darauf, in eine von Wongs viel zu großen Schürzen geschnürt, zurückzukehren. Er bot wirklich einen zu drolligen Anblick. „Seht mal, 'ne Raupe im Konkon!“ rief jemand, und wieder brachen alle in Gelächter aus. Josia sonnte sich in der allgemeinen Aufmerksamkeit.

Nathan hatte sich mit aller Beharrlichkeit einen Krückstock „genau wie Opas“ zum Geburtstag gewünscht und konnte nicht begreifen, warum er mit diesem Wunsch nur auf Ablehnung stieß. Schließlich wollte er seinen vielbewunderten Großvater in allen Dingen nachahmen, und dazu fehlte ihm nun dringend eine Krücke, wenn er auch sein linkes Bein zu behalten gedachte. Missie war entsetzt. Einem kleinen Jungen einen Krückstock als Spielzeug zu geben erschien ihr wie eine Herausforderung an das Schicksal. Sie wandte ihre gesamten Überredungskünste auf, um Nathan zu einem anderen Wunsch zu bewegen, doch vergebens. Schließlich nahm Clark sich den Jungen beiseite und redete ihm unter vier Augen ins Gewissen. Ein etwas kleinlauter Nathan war von Stund an froh und dankbar, auf zwei gesunden Beinen laufen zu können – „genau wie Pa“.

Willie hatte bei der diesjährigen Viehauktion einen stattlichen Gewinn erwirtschaftet und nahm Missie zu einem ausgedehnten Einkaufsbummel mit in die Großstadt. Clark und Marty versorgten die Kinder während ihrer Abwesenheit.

Wenige Wochen später wurden die neuen Möbel geliefert, und Missie war die stolze Besitzerin einer nagelneuen Eßzimmergarnitur. Tisch und Stühle waren aus dunklem, auf Hochglanz poliertem Holz gefertigt; dazu hatten sie einen dicken, weichen Teppich und schwere Vorhänge ausgesucht. Marty lobte Missies sicheren Geschmack in Einrichtungsfragen, doch ihre Tochter tat die Komplimente nur lachend als übertrieben ab. „Bei einem Batzen Geld in der Tasche ist Geschmack keine Zauberei!“ meinte sie.

Als nächste hatte Missie Geburtstag. Nach all den Jahren der Trennung war es Marty eine besondere Freude, dem Geburtstagskind einen Kuchen zu backen und ein leckeres Essen zu kochen. Alle Cowboys wurden zu der üppigen Mahlzeit eingeladen, und das geräumige Eßzimmer war beinahe so gedrängt voll wie einst die kleine Hütte an Weihnachten. Missie schien das fröhliche Beisammensein ausgiebig zu genießen, und auch den Cowboys schmeckte es sichtlich.

Ohne jede Vorwarnung brach der erste Schneesturm los. Ein heulender Wind ließ Marty aus dem Schlaf fahren. Clark war schon aufgestanden und saß mit seiner aufgeschlagenen Bibel an dem kleinen Tisch. Das Feuer im Herd verbreitete eine wohlige Wärme.

Marty zog die Decken wieder bis ans Kinn. „Wie gut wir's doch hier haben!“ dachte sie dankbar. „Draußen fegt ein bitterkalter Wind, aber wir haben nichts zu befürchten. Hier drin ist's warm und trocken.“

Dennoch hielt es sie nicht lange in dem warmen Bett. Clark hatte eine Kanne Kaffee gekocht, und der würzige Duft lockte sie mit Macht unter den Decken hervor.

„Hm, dein Kaffee riecht aber vielversprechend! Ich glaub', du hast ihn extra gekocht, um mich aus den Federn zu locken", sagte sie und schlang die Arme um Clarks Schultern, um ihm einen Kuß auf die Wange zu geben.

„Hörst du den Wind da draußen?" fragte Clark. „Mir scheint, im Westen ist sogar der Winter wild!"

„Mag sein", gab Marty zurück, „aber Angst habe ich nicht."

Clark lächelte nur.

„Was machst du da eigentlich?" erkundigte Marty sich.

„Henry hat gemeint, wenn's noch vor Sonntag einen Schneesturm geben sollte, werden viele unserer Geschwister nicht kommen können. Damit sie ihren Bibelabschnitt zu Hause lesen und besprechen können, haben wir uns überlegt, ihnen die Lektion schriftlich zu geben."

„Gute Idee", fand Marty.

„Die Lektion behandelt denselben Abschnitt, den wir hier durchnehmen. So verpaßt niemand den Anschluß an die nächste."

„Ihr habt aber prima vorgesorgt. Ich bin mächtig stolz auf dich!" freute Marty sich.

„Nur, daß ich schon eine halbe Ewigkeit daran arbeite. Du ahnst ja nicht, wie einem vom bloßen Stillsitzen der Magen knurren kann! Weißt du, was mir vorschwebt? Eine handfeste Portion Pfannkuchen mit Butter und Sirup. Das wäre genau das richtige bei diesem Wetter."

Marty lachte und beeilte sich, in ihre Kleider zu schlüpfen, um Clark sobald wie möglich mit seinen Pfannkuchen zu verwöhnen.

So heftig, wie der Winter Einzug gehalten hatte, so nahm er auch seinen weiteren Verlauf. Ein Schneesturm nach dem anderen tobte durch die Täler und heulte über den Anhöhen. Die Gruppe, die sich sonntags zur Andacht versammelte, wurde tatsächlich kleiner, wie Henry vermutet hatte. Er war es auch, der Clarks Bibellektionen an alle verteilte, die wegen der Wetterverhältnisse nicht kommen konnten.

Der Kirchenbauausschuß machte sich mit großem Eifer an seine Aufgabe. Man zeichnete Entwürfe für den Grundriß und erstellte Listen für die benötigen Baumaterialien. Alle sahen der Fertigstellung ihrer eigenen Kirche voller Spannung und Vorfreude entgegen. Juans Mutter ließ in der Stadt eine Glocke für den Kirchturm bestellen. Sie bestand darauf, daß ein Gotteshaus ohne Glockenturm wie ein Prophet ohne Stimme sei. Eines Tages sollte die Glocke die Gläubigen von nah und fern zum Gottesdienst rufen.

Manch einer unter den Nachbarn bot Bauholz und seine tatkräftige Mithilfe an. Willie und Henry waren überzeugt, daß die Schar der Gottesdienstbesucher schnell anwachsen würde, wenn die Kirche erst einmal stand.

Smutje stattete Clark noch immer regelmäßig Besuche ab. Marty ahnte, daß er die Gelegenheit abwartete, Clark allein anzutreffen, und sich auf den Weg zu der kleinen Hütte machte, sobald er sie zum Nachmittagstee auf Missies Haus zugehen sah. Clark erwähnte selten Einzelheiten über seine Gespräche mit Smutje. Marty spürte, daß es um ernste, vertrauliche Dinge ging. Der alte Cowboy schien an einer schweren Last zu tragen, an etwas, das seine Vergangenheit betraf und das sein ganzes Hoffen auf ein besseres Morgen überschattete. Marty hätte viel darum gegeben, ihn schneller zur Einsicht und Umkehr zu bringen. „Na schön, Sie sind also auch ein Sünder – genau wie wir alle – und haben gemerkt, daß ein böses Herz im Himmel keinen Platz hat!“ hätte sie am liebsten zu ihm gesagt. „Ich weiß, wie es ist; hab’s doch selbst erlebt. Aber ich habe Hilfe gefunden. Jesus Christus ist auf die

Welt gekommen, damit wir alle ein für allemal von unseren Sünden loskommen und zu dem werden, wozu uns Gott erschaffen hat. Sie brauchen das Geschenk nur anzunehmen, Smutje, weiter nichts. Das ewige Leben kostet keinen Pfennig. Sie brauchen auch gar nicht lange hin und her zu überlegen, ob das nun ein gutes Angebot ist oder nicht. Ihr gesunder Menschenverstand sagt Ihnen doch, daß Sie absolut nichts zu verlieren haben. Nun los doch! Bringen Sie's schon hinter sich!"

Clark dagegen nahm sich Zeit, um dem Mann sorgfältig zu erklären, was die Heilige Schrift über die sündige, selbstsüchtige Natur des Menschen sagt, und daß jeder Sünder ohne den Heiland verloren ist. Allmählich begriff Smutje, wie sehr er diesen Erlöser brauchte. Clark war zuversichtlich, daß er eine unwiderrufliche Entscheidung treffen würde, wenn die Zeit für ihn reif war. Marty wünschte sich nichts sehnlicher, als daß er diese Entscheidung bald traf. Sie erwartete den Tag mit großer Ungeduld.

Auch für Scottie beteten Clark und Marty regelmäßig. Sie mochten den Aufseher und hofften sehr, daß auch er Frieden mit Gott schloß. Scottie kam zu den Sonntagsandachten, sooft es seine Pflichten erlaubten, aber er schien keine Notwendigkeit zu sehen, sein ganzes Leben diesem Jesus von Nazareth auszuliefern.

Lane, der seinerzeit als Assistent bei Clarks Operation eingesprungen war, machte beständig Fortschritte in seinem Glauben. Beinahe täglich kam er mit einer Frage über eine Bibelstelle, die er gelesen hatte, zu Clark oder Willie. Er ließ es jedoch nicht nur beim Lesen der Schrift bewenden, sondern bemühte sich auch, sein Leben praktisch nach der Bibel auszurichten. Niemand konnte ihm ein geheucheltes Christsein unterstellen. Selbst Smith, der Zyniker unter den Cowboys, begann widerwillig, Lane ein gewisses Maß an Respekt entgegenzubringen.

„Mit frommem Gerede hab' ich nicht viel am Hut",

sagte er eines Tages zu Jake. „War immer schon der Meinung, daß Pfaffen bloß für alte Weiber und Kinder da sind und für Männer, die zu den Pantoffelhelden gehö-ren – aber wenn's mich mal überkommen sollte, fromm zu werden, dann möcht' ich was von der Sorte Glauben abkriegen, wie Lane sie hat."

Jake kniff skeptisch die Augen zusammen.

„Wußte nicht, daß es da mehrere Sorten gibt."

„Wußtest du nicht? Dann hast du aber Lane in letzter Zeit nicht in seinem Element erlebt."

„Aha, der Herr Cowboy ist also noch frommer geworden. Und wo, bitteschön, hat er sich mit seinem Glauben angesteckt?"

„Genau da, wo der Boß und sein Schwiegervater ihn herhaben. Scheinen alle aus demselben Holz geschnitzt zu sein."

Jake dachte an Willie mit seiner Standhaftigkeit, die er selbst in schwierigen Zeiten unter Beweis gestellt hatte; an die offene, gerechte Art, mit seinen Männern umzugehen, und seine Hilfsbereitschaft. Er dachte auch an Clark, der seine Behinderung ohne jegliche Bitterkeit hingenommen hatte.

„Kannst recht haben", brummte er kaum hörbar. Dann sah er Smith herausfordernd in die Augen.

„Na schön, wenn die ihren Glauben weitergeben können und du so wild darauf bist, warum holst du dir dann nicht auch 'ne Portion davon ab?"

Smith blieb ihm die Antwort schuldig. Mit finsterem Blick ritt er davon.

Weihnachtszeit

Die Weihnachtszeit brach an, und Marty war nun oft in Gedanken bei ihren Lieben daheim. In vergangenen Jahren, nachdem Missie in den Westen gezogen war, hatte sie in der Weihnachtszeit beständig an ihre Tochter in der Ferne denken müssen. Nun war Kate dort, um Ellie bei den Weihnachtsvorbereitungen auf der Farm zu helfen, und in dem letzten Brief von daheim hatte es geheißen, Nandry und Cathy mit ihren Familien würden zum Fest nach Hause kommen, wenn Clark und sie auch in der Runde fehlen würden. In den ersten Januartagen würden Joe und Cathy und die kleine Esther Sue in die Stadt ziehen, wo Joe endlich seine Ausbildung am Predigerseminar beginnen konnte. Marty hätte sie von Herzen gern persönlich verabschiedet, aber sie tröstete sich mit dem Gedanken, daß sie in derselben Stadt wohnen würden, in der Larry sein Studium aufnehmen würde, und das wiederum würde ihr den Abschied von ihrem Jüngsten unsagbar erleichtern.

Trotz alledem gingen Martys Gedanken, während sie ihre Vorbereitungen für das Weihnachtsfest hier im Westen traf, immer wieder zu ihren Lieben in der Heimat.

Wong und Smutje taten sich zusammen, um ein üppiges, spektakuläres Festmahl für alle Bewohner der Ranch zuzubereiten. Es versprach eine fürstliche Schlemmerei zu werden, und alt und jung sah dem Ereignis mit Spannung entgegen.

Niemand im ganzen Haushalt freute sich jedoch so unbändig auf das Fest wie Nathan und Josia. Nathan wußte von vergangenen Weihnachtsfesten, daß ihn eine Anzahl großartiger Geschenke erwartete. Josia war noch zu klein, um sich an das letzte Weihnachten zu erinnern, aber er ließ sich vertrauensvoll von seinem älteren Bruder berichten, was es mit den Geschenken zu Weihnachten auf sich hatte.

Marty hatte emsig neue Mützen, Schals und Strümpfe für die beiden Jungen gestrickt, während Clark sie mit einem selbstgeschreinerten Schlitten überraschen wollte.

„Irgendwo in dieser endlosen Hügellandschaft“, hatte er zu Marty gesagt, „muß es doch einen Abhang geben, der zum Rodeln wie geschaffen ist, meinst du nicht auch?“

Marty hatte ihm zugestimmt und sich im stillen schon auf die glänzenden Kinderaugen gefreut. Wenn sie auch mehrere Tagesreisen von der vertrauten Heimat und ihren übrigen Kindern entfernt waren, so war sie doch dankbar, dieses Weihnachtsfest hier bei Missie und ihrer Familie verbringen zu dürfen.

Am Heiligen Abend packte Marty das letzte ihrer Weihnachtsgeschenke ein und stapfte mit Clark bei klirrendem Frost unter einem sternenklaren Winterhimmel auf Missies Haus zu. Bei Weihnachtsliedern, Spielen und im offenen Kamin geröstetem Popcorn würden die Abendstunden wie im Fluge vergehen. Die Geschenke sollten jedoch erst am nächsten Morgen ausgetauscht werden.

Nathan öffnete die Tür. Er führte einen Freudentanz auf, und sein kleiner Bruder tat es ihm nach.

„Opa! Oma! Da seid ihr ja! Kommt ganz schnell rein! Wir haben nämlich Weihnachten hier, wißt ihr!“ rief Nathan.

„Weihnach!“ jauchzte Josia ihm nach und faßte seine Großeltern bei den Händen.

Der Abend war von Liebe und Lachen geprägt. Bei Kerzenschein erzählten sie einander Geschichten, sangen Weihnachtslieder und holten allerhand Spiele hervor. Sie dachten dankbar und ein wenig sehnsüchtig an frühere frohe Weihnachtsfeste zurück. Nathan hörte dem Erzählen gebannt zu, während Josias Augenlider zusehends schwerer wurden.

Schließlich erhob Missie sich widerstrebend, um die beiden Kinder zu Bett zu bringen. Nathan beteuerte, er sei noch gar nicht müde, doch seine Mutter blieb standhaft. Immerhin, überzeugte sie ihn, war morgen auch noch ein Tag, und ein mächtig aufregender noch dazu.

Als die Kinder eingeschlafen waren und die Erwachsenen bei Kaffee und Gewürzkuchen beieinandersaßen, gab Missie, die Wangen rosig und die Augen vor Freude glänzend, ihr süßes Geheimnis preis.

„Wißt ihr was, Mama und Pa? Im Juli werdet ihr wieder Großeltern. Wir kriegen nämlich noch ein Kind!"

„Oh, wie schön!" rief Marty und umarmte ihr großes Mädchen. „Wenn's doch nur eher ankäme! Bis Juli sind wir längst wieder zu Hause. Wir werden wohl abreisen müssen, ohne den Kleinen – oder die Kleine! – gesehen zu haben."

„Diesmal hoffe ich, daß es ein Mädchen ist", gestand Missie. „Aber über einen Jungen freuen wir uns natürlich auch. Schließlich kann Willie jeden Cowboy für dic Ranch gebrauchen!"

Alle lachten, und Willie schaute zufrieden in die Runde. Der ungeborene Sprößling beschäftigte sie noch eine geraume Zeit. Marty stellte erleichtert fest, daß Dr. De la Rosa nun als Geburtshelfer zur Verfügung stand. Vielleicht würde er seine Klinik bis zum Sommer sogar schon vollständig eingerichtet haben.

Arm in Arm kehrten Clark und Marty zu später Stunde in ihre Hütte zurück. Ihre Herzen waren dankbar und ihr Schritt beschwingt. Sie waren gerade im Begriff, ihr schneebeladenes, winziges Heim zu betreten, als Smutje, eine flackernde Laterne in der Hand, von seinem Küchenschuppen her auf die Wohnbaracke zuhumpelte, so schnell ihn seine Beine trugen. Marty vermutete, daß er sich der kleinen Weihnachtsfeier anschließen wollte, die die Cowboys heute unter sich veranstalteten, doch Clark glaubte, eine ungewöhnliche Dringlichkeit in Smutjes Schritt zu bemerken.

„Stimmt was nicht, Smutje?“ rief er ihm zu.

Smutje zögerte.

„Ist eigentlich nichts Besonders. Jedenfalls nichts, weshalb Sie sich bemühen müßten. Scottie hat uns gerade ’nen wildfremden Cowboy ins Haus gebracht, den er draußen irgendwo im Freien aufgelesen hat. Sieht ziemlich auf den Hund gekommen aus, der Mann. Hat bestimmt die ganze Woche noch nichts Anständiges zu essen gekriegt, und fürs Übernachten unter ’nem bloßen Felsvorsprung ist’s reichlich kühl draußen. Lane ist losgeritten, um den Doktor zu holen; der Mann hat wohl ’n paar abgefrorene Zehen.“

Smutje wollte gerade weitergehen.

„Moment mal“, rief Clark ihm nach. „Ich komme mit. Wer weiß, vielleicht kann ich mich nützlich machen.“

Zu Marty sagte er sanft: „Liebes, geh du schon voraus und leg dich ins warme Bett. Nur ein paar Minuten, dann komme ich auch. Und vielleicht siehst du schnell noch nach dem Feuer, bevor du dich hinlegst.“

Damit wandte er sich um und beeilte sich, Smutje einzuholen. Mit seiner Krücke hinterließ er eine sonderbare Spur in dem frisch gefallenen Schnee.

Die Cowboys hatten den unglückseligen Findling auf Lanes Bett gelegt. Lane hatte es so angeordnet, bevor er sich auf den Weg zum Doktor gemacht hatte. Scottie verabreichte dem Mann gerade eine Portion von der einzigen Medizin, die sie zur Hand hatten: einen Schluck Whisky. Als der Mann keuchte und spuckte, wußte Clark, daß ihn seine Lebensgeister noch nicht völlig verlassen hatten.

„Wo habt ihr ihn gefunden?“ erkundigte er sich.

„Scottie hat ihn irgendwo draußen aufgegabelt. Hatte nicht mal 'n Pferd. Eingegangen wär's ihm, hat er gesagt. Er war wohl zu Fuß unterwegs – weiß der Kuckuck, wohin er wollte – und ist vom Sturm überrascht worden. Wollte unter einem Felsvorsprung auf besseres Wetter warten. Mensch, da hätte er aber lange warten können – besonders da die Stürme vor Mitte März nicht nachlassen!"

Clark mußte trotz der ernsten Lage lächeln.

„Wie schlimm steht's denn um ihn?" fragte er dann.

„Das kann ich noch nicht sagen. Er hat todsicher 'nen Frostschaden abgekriegt, und dünn ist er wie 'ne Klapperschlange und auch so angriffslustig. Außer Fluchen und Schimpfen hat er noch keinen Ton von sich gegeben. Er tut geradezu so, als wär' er Scottie böse darum, daß er ihm das Leben gerettet hat."

Clark trat näher an das Bett heran.

Der Mann vor ihm war bärtig. Seine Augen waren tief eingesunken und glichen einem Paar schwarzer Gruben. Er wirkte heruntergekommen und halb verhungert. Dennoch hatte Clark den Eindruck, als hätte er ihn schon einmal gesehen.

Er winkte den Mann mit der Laterne dichter heran. Der Fremde dankte es ihm mit einem undeutlichen Fluchen. Clark studierte das abgemagerte, scharfkantige Gesicht sorgfältig und nickte endlich. Es konnte keinen Zweifel geben.

„Jedd!" sagte er verblüfft. „Jedd Larson!"

Jedd Larson

Der Kranke regte sich und murmelte unverständliche Worte. Die Männer im Raum richteten den Blick auf Clark.

„Sie kennen diesen Mann?" fragte Scottie.

„Jedd Larson heißt er, da gibt's kein Vertun – obwohl er eher wie ein Schatten seiner selbst aussieht. Als ich ihn zuletzt gesehen habe, war er noch jung und kräftig und der größte Querkopf weit und breit. Meine Frau und ich haben seine beiden Töchter aufgezogen. Kann mir unsere Familie ohne die zwei gar nicht mehr vorstellen. Wir haben sie wie unsere eigenen Kinder behandelt."

„Also, das ist ja ...", begann Smutje, doch plötzlich warf der Kranke sich auf seinem Lager umher und rief wirre Worte. Clark beugte sich über ihn, um ihn besser verstehen zu können. Der Kranke schien immer wieder das gleiche Wort zu sagen – einen Namen ... Clark richtete sich auf. Jedd rief nach Tina.

„Haben Sie's verstanden?" fragte Smutje.

„Er ruft nach seiner Frau. Sie lebt schon seit Jahren nicht mehr. Kann nicht gerade sagen, daß er ihr ein guter Gatte gewesen wäre. Vielleicht bereut er's jetzt."

Clark legte seine Hand auf Jedds fieberheiße Stirn. Er beugte sich über ihn und rief ihn beim Namen. Der Kranke zeigte kein Anzeichen des Verstehens. Clark setzte sich auf die Bettkante, nahm Jedds Hand in seine und begann, ihn anzusprechen. Die Cowboys traten ein paar Schritte zurück, um Clark mit dem kranken Mann allein zu lassen.

„Jedd", sagte Clark eindringlich, „Jedd, ich bin's,

Clark. Clark Davis, dein alter Nachbar. Kennst du mich noch, Jedd? Clark Davis. Clark und Marty. Du hast doch damals, als du fortgingst, deine Mädchen bei uns gelassen. Tina hat gewollt, daß sie zur Schule gehen. Tina hat Marty gebeten, für die beiden zu sorgen, Jedd, damit aus ihnen was Anständiges würde. So ist's auch gekommen, Jedd. Nandry und Cathy sind beide verheiratet. Du kannst stolz auf sie sein. Nandry hat schon vier Kinder und Cathy ein kleines Mädchen. Du bist Großvater, Jedd, fünffacher Großvater! Wärst mächtig stolz auf die ganze Rasselbande, wenn du sie sehen könntest."

Der Kranke antwortete nicht. Er starrte unbeweglich in die Ferne. Hin und wieder knurrte er einen ungehaltenen Fluch, weil die Wärme des geheizten Raums seine angefrorenen Gliedmaßen schmerzhaft belebte. Clark sprach unentwegt weiter auf ihn ein, während er behutsam seine Handflächen rieb.

„Jedd, Nandry und Cathy sorgen sich um dich. Sie beten immer noch jeden Tag für dich. Sie möchten dich wiedersehen; sie möchten dir von ihren Männern und Kindern erzählen und von ihrem Gott. Weißt du noch, Jedd, wie Tina Frieden mit Gott gemacht hat, bevor sie starb? Die Mädchen haben diesen Gott auch gefunden, Jedd. Sie würden sich nichts sehnlicher wünschen, als daß du auch zu Gott findest. Hörst du, Jedd? Deine Töchter haben dich lieb. Nandry und Cathy haben dich lieb. Tina hat dich geliebt, und Gott liebt dich auch, Jedd. Gib nicht auf, Mann!" fuhr Clark sanft, aber eindringlich fort. „Du darfst jetzt nicht aufgeben!"

Ohne Unterlaß redete Clark auf den Kranken ein, bis Lane und der Doktor endlich eintrafen. Dr. De la Rosa untersuchte Jedd sorgfältig und flößte ihm etwas Arznei ein. Mit einem Kopfschütteln wandte er sich dann an Clark und die übrigen Männer.

„Es steht nicht gut um ihn. Er muß schon sehr schwach gewesen sein, bevor der Sturm ihn überrascht hat."

„Wird er's schaffen?" fragte Clark.

„Ich bin nicht sicher."

„Bitte, Doktor", sagte Clark, „wenn Sie ihn nur irgendwie durchbringen können – egal, was es kostet, ich komme für alles auf. Dieser Mann hier ist der Vater von den beiden Mädchen, die Marty und ich großgezogen haben. Er ist ein arger Dickkopf gewesen, nachlässig und manchmal regelrecht grausam, aber seine Töchter hängen trotzdem an ihm. Wenn er bloß nicht stirbt, bevor ihm jemand von Gott und seiner Vergebung erzählen kann! Das würde den Mädchen so viel bedeuten – und uns auch. Können Sie ihn irgendwie am Leben halten, Doktor? Ich könnte es nicht ertragen, wenn er stirbt, ohne daß ich ihm von seinen Töchtern erzählen kann und von Gottes Liebe zu ihm."

Dr. De la Rosa sah ihn ernst an.

„Ich werde mein Bestes tun", versprach er, „aber Sie werden beten müssen, daß ein Wunder geschieht."

Der Arzt hatte damit gerechnet, daß Clark in der Stille seiner kleinen Hütte niederknien würde, um zu seinem Gott zu beten, doch Clark hatte keine kostbare Zeit zu verlieren. Er fiel vor Jedds Bett auf die Knie und begann, aus ganzem Herzen um ein Wunder zu beten. Im Hintergrund scharrten die Cowboys verlegen mit den Füßen. Lane war der einzige unter ihnen, den Clarks Verhalten nicht befremdete. Er kniete neben ihm nieder und faltete wie er die Hände.

„Lieber Vater im Himmel", begann Clark, „du kennst diesen Mann hier vor uns. Er ist ein armer Sünder, Gott, wie wir alle. Er hat manchen Fehler im Leben gemacht, aber da hat wohl keiner von uns eine reine Weste. Er braucht dich, genau wie alle anderen Menschen auch. Er kennt dich nicht als seinen Retter und Herrn, und er braucht deine Botschaft vom Heil jetzt dringend. Du weißt aber auch, Herr, daß er zu krank ist, um sie zu hören und sie anzunehmen, und deshalb bitten wir dich, daß du ein Wunder an ihm vollbringst und ihn heilst. Hilf doch dem Doktor, daß er ihn durchbringt, damit wir mit ihm reden und ihm aus deinem Wort vorlesen können. Wir wollen nichts lieber, als daß er dich annimmt, bevor's zu spät ist. Darum bitten wir dich, Vater, im Namen deines Sohnes Jesus Christus, der für uns alle, auch für Jedd, am Kreuz gestorben ist, damit wir ewiges Leben haben. Wir danken dir, Herr, daß du die Gebete deiner Kinder hörst. Amen."

Clark stand mühsam auf und stützte sich auf seine Krücke. Der Mann vor ihm lag noch immer besinnungslos da. Lane strich ihm beinahe zärtlich über die hohle, bärtige Wange. Dann wandte er sich zu dem Arzt um.

„Was nun, Doktor?"

„Ich nehme ihn am besten mit nach Hause", sagte Juan mit einem Blick auf den Mann auf dem Bett. „Ich kann ihn auf der Liege in meiner Praxis unterbringen."

Alle sahen den Doktor fragend an. Er fuhr fort:

„Der Mann wird viel Pflege brauchen. Bei uns ist er gut aufgehoben. Meine Mutter wird gern helfen. Sie sucht immerzu jemanden, dem zuliebe sie etwas tun kann. Wenn ich diesem Mann überhaupt noch helfen kann ..." Juan zögerte. „Ich bin nicht sicher, ob ich seine Finger und Zehen retten kann. Es ist möglich, daß er sie allesamt verliert."

Alle schwiegen betreten. Clark sah, wie einige der Männer ihre Hände wie zum Trotz zu Fäusten ballten.

Lane sprach als erster.

„Soll ich ein Gespann holen?" fragte er den Arzt.

„Ja. Legen Sie den Wagen mit Heu aus. Wir müssen ihm ein weiches Lager machen."

So legte Lane an diesem Heiligabend die Strecke zu den De la Rosas zum zweiten Mal zurück. Diesmal kutschierte er das Gespann mit einem schwerkranken Mann im Wagen. Dr. De la Rosas Reitpferd trottete hinter dem Gefährt durch den Schnee, während der Arzt an der Seite seines Patienten im Wageninneren saß und darauf achtete, daß er gegen den scharfen, eisigen Wind geschützt war.

Clark kehrte in die kleine Hütte zurück. Marty war noch nicht zu Bett gegangen.

„Ich habe mir schon die größten Sorgen gemacht", begrüßte sie ihn.

„Du, ich habe eine Überraschung für dich. Du wirst es kaum für möglich halten, aber der Mann, den Scottie da mitgebracht hat, ist niemand anders als Jedd Larson."

„Jedd?"

„Steht ziemlich schlimm um ihn."

„O Clark! Hast du ihm von seinen Töchtern erzählt? Hat er dir gesagt, ob ..."

„Marty, außer ein paar ungehobelten Flüchen hat er überhaupt nichts gesagt. Nein, das stimmt nicht. Ein einziges Wort hat er gesagt, immer wieder hat er's gesagt: Tina."

„Tina ... Dann erinnert er sich also."

„Irgendwie hat mir dieser Name Hoffnung gegeben, Marty. Irgendwie kann ich nicht glauben, daß das Ganze ein bloßer Zufall gewesen ist. Ich glaube eher, daß Gott ihm noch eine letzte Gelegenheit zur Entscheidung geben will."

„Ach, Clark, wenn du doch bloß recht hättest!" Martys Augen füllten sich mit Tränen.

„Ich wünschte nur, er wäre bei Sinnen gewesen, damit ich ihm alles erklären könnte."

„Darf ich zu ihm gehen?" fragte Marty.

„Er ist nicht mehr hier."

„Nicht mehr hier? Aber wie konntet ihr ihn nur ..."

„Lane hat Dr. De la Rosa geholt, und der hat Jedd untersucht und gemeint, er könne ihn besser im Auge behalten, wenn er ihn mit zu sich nach Hause nimmt. Lane bringt ihn mit dem Gespann rüber. Sie sind gerade eben losgefahren."

„Ach, Clark, ich hoffe so sehr, daß er durchkommt, damit du mit ihm reden kannst. Ist er denn so übel dran?“

Clark nickte nur ernst.

„Laß uns doch zusammen beten!“ schluchzte Marty.

Und wieder knieten sie gemeinsam zum Gebet nieder.

Ein ereignisreicher Weihnachtstag

Trotz der Sorge um Jedd verlebten alle einen frohen, stimmungsvollen Weihnachtstag. Die beiden Kinder steckten die Erwachsenen mit ihrem Lachen und Jubeln an. Obwohl sie am Abend zuvor spät zu Bett gegangen waren und noch lange wach gelegen hatten, standen Marty und Clark in aller Frühe auf und machten sich auf den Weg zu dem Gutshaus. Nathan und Josia hatten an diesem Morgen kaum Zeit für ihr Frühstück. Sie hatten ihre Geschenke unter dem Weihnachtsbaum gefunden und sie unter Jubelgeschrei und Freudentänzen geöffnet.

Nathan nahm den Rodelschlitten, den sein Großvater ihm geschreinert hatte, begeistert in Empfang und bettelte darum, ihn auf der Stelle ausprobieren zu dürfen. Clark lachte und versprach, beide Jungen auf eine Schlittenpartie mitzunehmen, sobald ihre Mutter ihr Einverständnis dazu gab. Missie zuckte hilflos mit den Achseln. Wie konnte eine Mutter da nein sagen?

Nathans Lieblingsgeschenk von seinen Eltern war ein neues Zaumzeug für sein Pony Harlekin. Willie gab seinem Drängen nach und versprach, gleich nach dem Frühstück mit ihm in den Stall zu gehen, um dem Pferdchen das Zaumzeug anzupassen. Nathan rutschte von seinem Stuhl und verschwand, um kurz darauf, bis an die Zähne in seinem nagelneuen Schal, der Mütze, den Fäustlingen und Socken gerüstet, wiederaufzutauchen. Willie brach in ein schallendes Gelächter aus.

„Junge, Junge, du willst wohl zum Nordpol reisen, wie? Nun, was ist? Ziehst du deine Stiefel denn nicht an?“

„Die krieg’ ich nicht über die dicken Socken!“ lautete

die klägliche Antwort, die ihm erneutes Gelächter einbrachte.

Wenig später sorgte auch Josia für allgemeine Heiterkeit, als er in der Tür erschien. Über seinen Schlafanzug hatte er sich in seinen neuen Schal geschlungen. Ein Auge war völlig zugedeckt, während er aus dem anderen, den Kopf angestrengt zurückgeneigt, hervorblinzelte. Die Fäustlinge hatte er seitenverkehrt übergestreift, so daß die leeren Daumen wie zwei verunglückte Hörner in die Luft ragten. Die Füße steckten nur zur Hälfte in den Wollsocken, was ihm das Aussehen einer Ente mit viel zu großen Schwimmhäuten verlieh. So ausstaffiert, watschelte er nun in das Zimmer, ein erwartungsvolles Lächeln auf den Lippen und gestiefelt und gespornt für den Gang zum Stall mit Vater und Bruder. Nun konnte Willie sich vor Lachen kaum noch halten. Er führte die beiden Helden in das Kinderzimmer zurück, richtete Josias Kleidung und half Nathan, ein Paar Strümpfe und Schuhe herauszusuchen, die er übereinander tragen konnte. Der kleine Josia thronte hoch auf den Schultern seines Papas, während Nathan mit dem nagelneuen Zaumzeug in den Armen nebenherstapfte. Clark schloß sich dem Kleeblatt an, und zu viert gingen sie durch den Schnee auf den Stall zu.

„Da gehen sie, unsere vier ‚Männer'", seufzte Missie vom Fenster her. Ein leises Zittern in ihrer Stimme verriet, wie sehr ihr Herz für jeden von ihnen schlug.

„Ich weiß gar nicht, wie oft ich am Küchenfenster gestanden habe und deinem Pa nachgesehen habe, wie er mit seinen Söhnen im Schlepptau den Hof überquert hat", antwortete Marty leise. „Wenn ich ihn nur deshalb liebte – für sein Bestreben, seinen Kindern der beste Freund zu sein –, dann wäre das Grund genug, ihn bis zum letzten Atemzug zu lieben."

Sie wandten sich wieder den Vorbereitungen für den Festtag zu. Es gab viel zu tun, denn es hatte sich bei den LaHayes eingebürgert, sämtliche Cowboys zum Weihnachtsschmaus einzuladen. Wenn sie auch sonst harte Arbeit leisteten und in ihrer Freizeit oft ihre eigenen Wege gingen, so versammelten sie sich an Weihnachten einträchtig um den Tisch ihres Dienstherrn, um gemeinsam zu essen und die Weihnachtsbotschaft zu hören.

Heute morgen beim Frühstück war das Gespräch wieder auf das sonderbare Wiedersehen mit Jedd gekommen. Wie seltsam, daß er nach all den Jahren ausgerechnet auf Willies Grund und Boden wiederaufgetaucht war! Niemand hatte je von ihm gehört, seitdem er von daheim in Richtung Westen aufgebrochen war. Wenn sie doch Cathy und Nandry jetzt von dem denkwürdigen Zusammentreffen berichten könnte, dachte Marty, aber dann schüttelte sie den Kopf. Wenn Jedd dieses Weihnachten nicht überleben sollte, dann wäre es eine traurige Nachricht für seine Töchter. Immer wieder flehte Marty still im Gebet um das Überleben dieses Mannes.

Nach dem Besuch im Pferdestall ging Clark, wie versprochen, mit seinen Enkelsöhnen auf eine ausgedehnte Rodelpartie. Anfangs bereitete es ihm große Schwierigkeiten, den Schlitten mit den beiden kleinen Fahrgästen darauf den Hang hinauf zu ziehen, doch bald entdeckte er, daß er eine wertvolle Stütze an seiner Krücke hatte, wenn er sie nur schräg genug in den Schnee stemmte.

Die beiden Kinder jauchzten vor Vergnügen, als Clark sie zur Talfahrt anschob. Beim nächsten Mal zog Nathan den Schlitten wieder bergauf, doch für den kleinen Josia war der Aufstieg ein schweres Stück Arbeit. Clark ging ihm entgegen und trug ihn huckepack zum Start zurück. Ein ums andere Mal folgte ein mühevoller Aufstieg auf eine beschwingte Talfahrt, bis alle drei schließlich erschöpft beschlossen, nach Hause zurückzukehren, um sich wieder aufzuwärmen.

„Du, Opa, das müssen wir aber unbedingt noch mal machen, nicht wahr?“ meinte Nathan.

„Ja! Noch mal!“ tat Josia es ihm nach.

„Und ob!“ stimmte Clark zu, der die Rodelpartie beinahe ebensosehr genossen hatte wie seine Enkelsöhne.

„Gehen wir gleich nach dem Essen wieder raus?“ fragte Nathan gespannt.

„Mir will scheinen, mein Junge, daß deine Eltern nach dem Essen andere Pläne für euch haben.“

„Dann eben danach?“

„Wir werden sehen“, lachte Clark. „Nur Geduld!“

Gegen ein Uhr trafen die Cowboys ein. Ein jeder schüttelte sich den Schnee von den Stiefeln und klopfte sich die Jacke mit dem breitkrempigen Hut ab. Scherzend und lachend traten sie in die Diele, wo sie zu Martys großem Erstaunen ihre Stiefel auszogen und sie fein säuberlich an der Wand aufreihten, um Missies teure Teppiche zu schonen. Marty lebte zwar erst seit wenigen Monaten hier im Westen, doch sie hatte beobachtet, daß ein Cowboy und seine Stiefel nahezu unzertrennlich waren. Sie boten tatsächlich ein komisches Bild, als sie nun ein wenig befangen auf ihre bestrumpften Füße hinabsahen. Einige der Strümpfe wiesen Löcher auf, und Marty erwog, ob sie sich anbieten sollte, die Strümpfe zu stopfen, ohne die Würde der Männer zu verletzten. Vorläufig erwähnte sie jedoch nichts davon und holte statt dessen schnell einen Lappen aus der Küche. Sie nahm jeden Stiefel einzeln auf und trocknete ihn sorgfältig ab. Dann reichte sie sie paarweise ihren Besitzern zurück. Die Männer schlüpften sichtlich erleichtert wieder hinein und dankten Marty mit einem beredten Kopfnicken.

Wong trug gerade das Festessen auf. Das ganze Haus war mit den köstlichsten Düften erfüllt. Als alle an der großen Tafel Platz genommen hatten, las Willie als das Oberhaupt seiner Familie und Besitzer der Ranch die Weihnachtsgeschichte vor. Dann bat er Clark, das Tischgebet zu sprechen. Manch einer unter den Gästen räusperte sich verlegen und starrte zu Boden, doch alle hörten Clarks Worten des Dankes aufmerksam zu.

Wenn die Mahlzeit auch recht still und feierlich begonnen hatte, so erhob sich bald eine fröhliche, ausgelassene Stimmung. Nathan und Josia waren der Mittelpunkt der Tischrunde, als sie den Cowboys ausführlich von ihren Weihnachtsgeschenken berichteten.

„Harlekin hat sich ganz, ganz doll über das Zaumzeug gefreut", versicherte Nathan den Männern eifrig, bevor er ihnen von der Schlittenpartie erzählte.

Nachdem sich ein jeder rundherum satt gegessen hatte, hob Missie die Tafel auf und lud ihre Gäste in das Wohnzimmer ein, wo ein freundliches Feuer im Kamin flakkerte. Henry, der Willies Beispiel gefolgt war und seine eigenen Cowboys zum Weihnachtsschmaus eingeladen hatte, fehlte nun mit seiner Gitarre in dieser Runde, so daß Willie das Anstimmen der Weihnachtslieder zufiel. Diejenigen unter den Männern, die nicht mitsangen, schienen den anderen gern zuzuhören.

Scottie verabschiedete sich als erster. An Weihnachten übernahm er die Wachschicht stets persönlich. Meistens fanden sich zwei freiwillige Helfer unter den Männern. Heute waren es Jake und Charlie, die ihre Hilfe anboten. Auch Lane stand auf. Er wollte zu den De la Rosas reiten, um sich nach Jedds Ergehen zu erkundigen. Clark beschloß, ihn zu begleiten.

Mit einem Hüteschwenken und aufrichtigem Dank machten sich auch die übrigen Männer wieder auf den Weg zu ihrem Quartier. Die beiden Kinder wurden zu einem verspäteten Mittagsschlaf in ihre Betten geschickt. Missie und Marty halfen Wong beim Abräumen des Geschirrs, und bald war wieder Ruhe im Haus eingekehrt.

Bei klirrendem Frost ritten Lane und Clark los. Clark bekam die Kälte recht schmerzhaft an seinem Beinstumpf zu spüren. Das Bein war noch außerordentlich empfindlich an dieser Stelle, und er hatte nicht daran gedacht, es gegen den eisigen Wind zu schützen. Ohne eine Bemerkung darüber fallenzulassen, stieg Lane von seinem Pferd und löste seine Satteldecke aus den Riemen. Dann trat er zu Clarks Pferd und befestigte die Decke um den schmerzenden Beinstumpf. Ohne ein weiteres Wort bestieg er wieder sein Pferd, und sie ritten weiter. Für den Rest der Wegstrecke verspürte Clark keine Schmerzen mehr.

Bei den De la Rosas angekommen fanden sie Jedd in unverändert ernstem Zustand vor. Juans Mutter wachte an seinem Bett. Jedd war in der Zwischenzeit gewaschen und rasiert worden, und auch seine wirren, verfilzten Haare waren geschnitten und gekämmt. Seine Hände und Füße steckten in weißen Verbänden. Clark dachte an Juans Befürchtungen, daß Jedds Finger und Zehen durch den Frost einen unheilbaren Schaden erlitten haben mochten. Der Patient war noch immer besinnungslos, so daß Clark und Lane sich nicht lange bei den De la Rosas aufhielten. Der Doktor versprach, einen von seinen Männern mit einer Nachricht zu schicken, sobald Jedd aufwachte. Immerhin hatte sich sein Zustand nicht verschlimmert, und sein Pulsschlag war sogar stärker geworden, was Juan als hoffnungsvolles Zeichen betrachtete.

Nach einer Tasse Kaffee und einer Kostprobe von Marias Weihnachtsplätzchen verabschiedeten sich Lane und Clark wieder. Clark nahm Lanes Decke dankbar entgegen und legte sie schützend um sein Bein.

„Hätte nie gedacht," bemerkte er dabei, „daß eine kühle Brise einem erwachsenen Mann so arg zu schaffen machen kann. Und dabei habe ich mir noch so stolz gesagt: ‚Junge, an diesem Bein kannst du jetzt keine Frostbeulen mehr kriegen!'"

Lane grinste zurück.

„Mit der Zeit wird's schon besser werden", tröstete er ihn.

„Tod, wo ist dein Stachel?“

Erst drei Tage später brachte einer von Juans Männern die Nachricht, daß Jedd Larson nun wach und ansprechbar sei. Clark zögerte keinen Augenblick und sattelte unverzüglich ein Reitpferd. Er steckte seine Bibel ein und bat Marty um eine Wolldecke.

„Den Trick mit der Decke habe ich von Lane gelernt“, antwortete er auf ihre unausgesprochene Frage. „Dieses halbe Bein hier friert nämlich zuweilen ganz erbärmlich, und mit der Decke darüber ist die Kälte erträglich.“

Marty verbrachte die langen Stunden, die nun folgten, strickend und betend. Es erschien ihr wie eine Ewigkeit, bis sie endlich die Hufschläge von Clarks Pferd herannahen hörte. Die frostklare Winterluft trug den Schall scharf und deutlich zu ihr. Max stimmte ein lautes Begrüßungsgebell an und stürzte dem Reiter entgegen.

Marty wartete am Fenster, bis sie Clark sehen konnte. Dann nahm sie ihr Schultertuch vom Haken und lief auf ihn zu.

„Komm, laß uns gleich zu Missie gehen!“ rief sie ihm entgegen. „Sie wird auch gleich alles hören wollen.“

Clark nickte und lenkte seine Schritte auf das große Haus zu. Marty lief über den festgetretenen Pfad und wartete an der Tür auf ihn.

„Gut, daß ihr gleich hierherkommt“, rief Missie von der Diele her. „Ich bin ja so sehr gespannt!“

Sie führte ihre Eltern vor den offenen Kamin im Wohnzimmer.

„Erzähl schon, Pa!“ drängte sie. „Wie geht es ihm?“

„Hat er dich diesmal erkannt?“ fragte Marty.

„Das hat er. Ich glaube, er hat genauso gestaunt wie ich vor ein paar Tagen."

„Was hat er denn gesagt?"

„Hat sich gleich nach den Mädchen erkundigt."

Martys Augen füllten sich mit Tränen.

„Ich bin so froh, daß er noch an sie denkt!" sagte sie.

„Er schien sich sogar ernsthaft Gedanken um sie zu machen. Hat gesagt, er hätte eigentlich nach Hause kommen wollen. Er war auf dem Weg zur Bahnstation, als er sich in dem Schneesturm verirrt hat."

„Hat er von Tina gesprochen?"

„Ja, hat er auch. Wir haben uns eine ganze Weile über sie unterhalten."

„O Clark, sag schon, hast du ihm von Gott erzählen können?" Diese Frage hatte Marty schon seit Stunden auf dem Herzen gebrannt.

„Ja. Ich hab' ihm die Bibel beinahe von A bis Z vorgelesen."

„Hat er begriffen, wie sehr er Gott braucht?"

„Den Eindruck hatte ich schon."

„Und hat er ... hat er ...?"

Clark legte den Arm um seine Frau und zog sie an sich. Sein Blick verschleierte sich, und seine Stimme klang ein wenig rauh.

„Unsere zwei Mädchen können getrost sein. Ihr Pa hat heute einen Schritt gewagt, den ihre Ma schon Jahre vor ihm getan hat."

„Du meinst ...?"

„Jedd Larson hat Frieden mit Gott geschlossen."

„Oh, ich danke dir, Vater im Himmel!" betete Marty. Freudentränen rannen über ihre Wangen.

Clark räusperte sich.

„Er ist Tina aber auch in anderer Hinsicht gefolgt."

Mit geweiteten Augen warteten Marty und Missie auf die Erklärung.

„Jedd ist tot", sagte Clark leise. „Juan mußte operieren, und Jedd war einfach zu schwach. Seine erfrorenen Finger und Zehen waren böse entzündet. Juan hatte keine andere Wahl. Armer Juan! Er hat alles nur Erdenkliche getan, um ihn durchzubringen, und jetzt …"

„Aber er hat ihn doch durchgebracht, Clark! Ja, das hat er!" rief Marty. „Weil Juan um sein Leben gekämpft hat, hat Jedd jetzt das ewige Leben!"

„Ich fürchte, ein Doktor sieht das alles ein bißchen anders", sagte Clark nüchtern.

„Aber so ist es doch! Und Clark, wenn du nicht zur rechten Zeit dagewesen wärst, dann hätte Jedd vielleicht nie zu Gott gefunden." Martys Blick fiel auf Clarks Hosenbein, das sauber gefaltet unter dem Knie hochgesteckt war. „Wenn dein Unfall nicht gewesen wäre, dann wärst du jetzt gar nicht mehr hier, Clark. Wir wären längst wieder daheim."

Clark zog sie wieder an sich und küßte ihr Haar.

Frühlingserwachen

Marty verbrachte manchen langen Wintertag in der kleinen Hütte mit ihrem Flickkorb. Mit geübter Hand strickte, flickte und nähte sie für Missie und die Kinder. Auch ein ganzer Berg von derben Männersocken voller Löcher wartete darauf, gestopft zu werden, nachdem Marty sich diskret erkundigt hatte, ob ihre Stopfkünste erwünscht seien. Clark verwandte indessen viele Stunden darauf, allerhand kleinere Gegenstände zu schreinern und instand zu setzen. Abends schlug er seine Bibel auf, um seine Sonntagsbotschaften vorzubereiten.

Nach der Andacht fanden sich die Gottesdienstbesucher gewöhnlich zu einer Besprechung über den geplanten Kirchenbau zusammen. Der dreiköpfige Ausschuß hatte eine Liste der benötigten Materialien erstellt, und die Baupläne nahmen eine immer festere Gestalt an. Nach und nach trafen die von auswärts angeforderten Baustoffe in der Bahnstation ein. Von dort wurden sie mit Pferd und Wagen zu der Newton-Ranch befördert. Sobald das Wetter es erlaubte, sollte mit vereinten Kräften mit dem Bau begonnen werden. Jedermann hoffte auf eine besonders frühe Schneeschmelze, damit es nur recht bald losgehen könnte.

Der harte Winterfrost milderte sich stetig, und mit jedem Sonntag wuchs die Schar der Gottesdienstbesucher. Bald klopften auch die Gäste aus der Stadt wieder an die Tür. Wenn sie auch einen weiten Weg zurückzulegen hatten, so schien ihnen doch sehr viel an der Gemeinschaft mit den anderen Gläubigen und an dem Bau des Gotteshauses gelegen zu sein. Manch einer von ihnen dankte

Clark für die wöchentliche Andacht in schriftlicher Form, doch alle waren sich einig, daß die Zusammenkünfte um das Wort Gottes durch nichts zu ersetzen seien.

Wochentags, wenn Marty nach einem gemütlichen Plauderstündchen zumute war, hüllte sie sich in ihr Schultertuch und lief über den verschneiten Hof zu Missie. Hin und wieder, wenn die Kinder schliefen, kam Missie auch zu Besuch in die kleine Hütte. Diese stillen Stunden bei Tee und Plätzchen mit ihrer Mutter zählten zu ihren liebsten Erinnerungen. Nur zu schnell würde die Zeit dahinfliegen, bis sie einander Lebewohl sagen mußten.

Die Tage wurden bald merklich länger, und Mutter und Tochter sprachen immer häufiger darüber, was sie dieses Jahr im Gemüsegarten anbauen wollten. Mit jedem Tag, an dem die Schneewehen ein wenig kleiner wurden, fiel es Marty und Missie schwerer, in der Stube zu sitzen.

Auch Clark schmiedete Pläne für die Zukunft, wenn sie auch andere Dinge als Aussaat und Gartenbau betrafen. Er dachte an die kleine Gemeinde, deren Leitung er vor wenigen Monaten übernommen hatte. Hier im Westen war es nahezu unmöglich, einen neuen Prediger zu finden. Was würde nur geschehen, wenn die Zeit für seine Abreise gekommen war? Clark beschloß, Henry einen Besuch abzustatten, und wenig später trafen die beiden Männer sich regelmäßig zu Unterweisungsstunden, die den jungen Mann für das Amt des Gemeindeleiters vorbereiten sollten. Die Anhänger der kleinen Gemeinschaft sollten wissen, daß die Andachten auch nach Clarks Abreise fortgesetzt würden.

Endlich zog der Frühling in das Land. In diesem Jahr vollzog sich der Wechsel der Jahreszeiten nicht allmählich, sondern buchstäblich über Nacht. Auf einen letzten kühlen, stürmischen Windertag folgte ein sonnendurchglänzter, lauer Frühlingsmorgen. Bald kehrten die ersten Zugvögel zurück. Winzige wilde Blüten färbten die

Hänge und Täler bunt, um den Brunnen sproß frisches Grün aus der Erde hervor, und Nathan, der ohne seine Mütze im Freien gespielt hatte, mußte seinen Leichtsinn mit einer Erkältung bezahlen.

Bald hielt es Missie nicht länger, und sie begann, ihren Küchengarten anzulegen. Sie holte sämtliche Tüten mit Saatgut, die sie besaß, hervor und breitete sie auf dem Tisch aus. Ihre besondere Aufmerksamkeit galt den selbstgezogenen Samenkörnern, die Clark und Marty von daheim mitgebracht hatten. Vater und Tochter machten sich gemeinsam daran, das Saatgut zu sortieren und einen Plan für den Garten zu zeichen. Nathan und Josia, die dabei nicht fehlen wollten, sorgten schnell für ein heilloses Durcheinander auf dem Tisch. Marty nahm die beiden Gesellen bei der Hand und führte sie in die Küche, wo Milch und Plätzchen für sie bereitstanden, damit Clark und Missie ihre Arbeit ungestört fortsetzen konnten.

Trotz seiner Behinderung war es Clark, der die Erde für den Garten pflügte. Er säte die empfindlicheren Pflanzensorten in Blumentöpfe und erklärte Missie, wann sie sie in das offene Land setzen konnte und unter welchen Bedingungen sie am besten gediehen. Marty lächeltc über den Eifer der beiden Gärtner.

Unter Missies Hühnerschar fanden sich sechs Bruthennen, und Missie stellte für jede von ihnen ein sorgsam ausgewähltes Gelege bereit. Clark schreinerte Kisten für die Nester, und das langwierige Ausbrüten der Eier konnte beginnen.

Bald kam auch der Tag, an dem der Bau der Kirche in Angriff genommen werden sollte. Von überall her trafen ganze Familien mit Handwerkszeug und Essensproviant in ihren Fuhrwerken auf dem Newtonschen Grundstück ein. Smutje war nicht mit von der Partie; er wurde daheim in der Küche gebraucht, um den Cowboys, die hungrig von den Weiden zurückkehrten, ihre Mahlzeit aufzutischen. Auch Wong war in seiner Küche geblieben. Er verstand sich nicht auf die Zimmerei, und die Aussicht, einen ausgedienten, tragbaren Kochherd mit den Nachbarsfrauen teilen zu müssen, erschien ihm als höchst ungebührlich. So begnügte er sich damit, mehrere duftende Rosinenstuten für die Kaffeepause mit auf den Weg zu geben.

Juan hatte zwei erfahrene Zimmerleute in der Stadt ausfindig gemacht und ihnen die Aufsicht über den Kirchenbau übertragen. Die Männer aus der Umgebung verrichteten die Arbeiten an dem Rohbau mit vereinten Kräften.

Innerhalb einer Woche erhob sich ein stolzer, geradliniger Kirchturm vor dem Hintergrund der weiten Prärie himmelwärts. Beim ersten Läuten der Glocke weinte Señora De la Rosa vor Rührung. Der klare Glockenton klang weit über das Land.

Endlich wurde der erste Gottesdienst in der neuen Kirche gehalten. Manch ein unbekanntes Gesicht fand sich dazu ein. Clark ließ den Blick durch die Reihen schweifen und fragte sich im stillen, wie viele der Gottesdienstbesucher wohl aus reiner Neugier gekommen waren und wie viele unter ihnen echte Gläubige waren. Was die Gäste nun auch zum Kommen bewegt haben mochte, so sah Clark deutlich die Gelegenheit, ihnen allen das Wort Gottes nahezubringen.

Marty saß neben Missie und deren Familie in der nagelneuen Kirchenbank. Nathan hatte sich den Platz zwischen den beiden Frauen ausgebeten, während Josia auf dem Schoß seiner Mutter saß.

„Herrlich, dieser Duft von frischem Holz!“ Marty sog ihn mit Wohlbehagen ein. Den Menschen um sie her spürte sie dieselbe feierliche Freude ab, die auch sie erfüllte. „In den paar Monaten, seitdem wir hier sind“, überlegte sie, „hat Gott nicht nur einen Doktor für den äußeren Menschen geschickt, sondern auch eine Kirche für den inneren Menschen. Lob und Dank sei dir, Herr!“

Clark stellte erfreut fest, daß viele der neuen Besucher auch weiterhin zum Gottesdienst kamen. Die Gemeindeglieder hießen jeden in ihrer Mitte willkommen und bemühten sich, schnell persönlich Bekanntschaft mit ihnen zu schließen.

Nathan und Josia tollten nun den ganzen Tag draußen im Freien umher. Ihr Großvater hatte ihnen geholfen, ein eigenes kleines Gärtchen anzulegen, und die beiden Jungen liefen jeden Morgen hinaus, um nach ihren Pflänzchen zu sehen. Mit ihren Beobachtungen stürmten sie dann zu ihrer Großmutter, ohne eine Minute zu verlieren.

„Sie kommen! Sie kommen!" rief Nathan eines Morgens, als er zu Marty in die Stube gestürzt kam.

„Wer kommt?" fragte Marty verwundert.

„Meine Blumen! Komm schnell und guck auch mal!"

Marty hastete ihm nach. Nathan warf sich auf die Knie und zeigte auf eine Handvoll zarter, grüner Blattspitzen die gerade erst den dunklen Erdboden durchbrochen hatten. Marty brachte es nicht übers Herz, dem jungen Gärtner zu erklären, daß es sich hier um gewöhnliches Unkraut handelte. Nun, wenn die richtigen Blumen erst zum Vorschein kamen, dann konnte das Unkraut noch immer gejätet werden, dachte sie mit einem Lächeln um die Lippen.

Indessen besorgte Josia das Jäten auf seinem kleinen Beet unwissentlich. Er zupfte ein junges Pflänzchen nach dem anderen aus dem Boden hervor, studierte es eingehend und stopfte es dann in die Erde zurück. Nach einigen gutgemeinten Schlägen mit der rundlichen flachen Kinderhand hatte er auch dem unempfindlichsten Kraut den Garaus gemacht.

Allmählich sprossen auch die „richtigen" Blumen und Gemüsepflanzen. Marty wußte nicht zu sagen, ob es nun die beiden Kinder waren oder ihre Mutter, die sie mit der größten Begeisterung begrüßten, doch sie hatte Verständnis dafür. Sie sehnte sich nach ihrem eigenen Küchengarten daheim und hoffte inständig, daß Ellie und die Jungen ihn in ihrer Abwesenheit auf das beste bestellten.

Eines Nachmittags begleitete Marty Missie und die Kinder auf einem Ausritt, um die Viehherden von einer Anhöhe aus zu bestaunen. Hunderte von Frühjahrskälbern drängten sich um ihre Mütter. Marty hatte noch nie etwas Derartiges gesehen.

Nathan stieg von seinem Pony, um seiner Mutter und seiner Großmutter einen Strauß bunter Wiesenblumen zu pflücken. Martys Lächeln traf sich mit Missies, die, den kleinen Josia rittlings vor sich im Sattel, hoch zu Pferde saß. Der Präriewind hatte ihr das Haar Strähne um Strähne gelöst und ließ es um ihre rosigen Wangen tanzen. Das junge Leben, das sie unter ihrem Herzen trug, wölbte ihr den Leib zu einer weichen Rundung.

Um sie herum erstreckte sich die sanfte Hügellandschaft wie ein grünschimmernder Ozean unter einem Himmel voller weißer, flockiger Wolkeninseln. In der Ferne erhob das Gebirgsmassiv schneegekrönte Häupter in luftige Höhen. Das Bild war voller Leben, Wärme und Liebe; eine Erinnerung, die Marty über die Jahre hinweg wie einen wertvollen Schatz bewahren sollte.

Plötzlich war Marty von Herzen dankbar, daß Missie und Willie in den Westen übergesiedelt waren. Sie war froh, daß Clark und sie nun die Gelegenheit zu einem Besuch hier gehabt hatten, und selbst die ungeplante Verlängerung, die Clarks Unfall verursacht hatte, nahm sie dankbar hin. Missie war glücklich in ihrer neuen Heimat. Ein Blick auf ihre lächelnde Tochter sagte ihr, daß Missies Platz hier war. Sie war eine Quelle der Sanftheit und Zärtlichkeit in Willies rauhem Westen. Marty sah das Land um sie herum nun mit neuen Augen: die zahllosen Hügel, die grenzenlose Weite – ja, sogar den Wind. Was sie sah, sprach von Freiheit, Unabhängigkeit und Kraft.

Marty war stolz, ihre Tochter als einen Teil von alledem zu wissen.

Schweigsam ritten sie wieder heimwärts. Die beiden Frauen hingen ihren eigenen Gedanken nach. Nathan ritt mannhaft voraus, um ihnen den Weg durch das hohe Präriegras zu bahnen. Josia hatte den Kopf an seine Mutter gelehnt und ließ sich von dem sanften Auf und Ab der langsamen Gangart in den Schlaf wiegen.

Zu Hause wartete Clark schon auf sie. Er hatte den Tag damit verbracht, neue Tischbeine für Smutjes Arbeitstisch zu schreinern.

„Nun? Hast du etwas erreicht?“ fragte Missie gespannt. Sie wußte, wie sehr Clark schon seit langem auf die Gelegenheit zu einem Gespräch von Mann zu Mann mit Smutje gewartet hatte, um mit ihm über geistliche Dinge zu sprechen.

Clark schüttelte den Kopf.

„Unterhalten haben wir uns zwar, sogar ganz offen und ehrlich, aber Smutje zögert noch. Er meint, er will erst sichergehen, daß er Jesus Christus nachfolgt und nicht Clark Davis.“

„Das will mir aber nicht einleuchten“, gab Missie zurück.

Marty überlegte.

„Ich glaube, ich verstehe ihn ganz gut“, sagte sie dann zögernd.

„Nun, die Sache ist die“, begann Clark ohne jede Spur von Selbstgefälligkeit, „Smutje sagt, er hält große Stücke auf mich; wohl deshalb, weil wir beide einen ähnlichen Unfall hinter uns haben. Das ist zwar ein schwacher Grund, den Hut vor einem gewöhnlichen Sterblichen zu ziehen, aber das sieht Smutje halt ein bißchen anders als unsereiner. Jedenfalls hört er mich Sonntag für Sonntag meine Bibelauslegung vortragen und sieht, wie ich mich nicht von der Operation an meinem Bein unterkriegen lasse, und ... ich weiß selbst nicht recht, aber er meint wohl, ich wäre Manns genug, um mich am eigenen Schopf aus der Patsche zu ziehen. Er scheint den Unterschied zwischen mir ohne und mir mit Gottes Hilfe nicht zu erkennen. In gewissem Sinn hat er schon recht. Er soll auf keinen Fall ein Jünger von Clark Davis werden. Wenn er den Unterschied jetzt nicht sieht, dann soll er warten, bis er alles besser versteht. Ist schließlich sinnlos, aus einem Beinamputierten ein Idol zu machen. Von mir kann Smutje nämlich nichts Neues lernen."

„Das klingt aber alles sehr merkwürdig", meinte Missie. „Ich hätte nie gedacht, daß man in Gefahr kommen könnte, einem Menschen nachzufolgen. Es ist doch die einfachste Sache der Welt, zu sehen, daß Jesus der einzige Weg zu Gott ist."

„Ich habe Smutje meine Bibel mitgegeben und ihm ein paar Verse rot unterstrichen. Die werden ihm hoffentlich weiterhelfen."

„Weißt du, Mama, ich glaube, wir müssen jetzt ganz feste beten", sagte Missie auf dem Weg zu dem Gutshaus. Clark und Nathan führten die Pferde in den Stall, während Josia noch immer in den Armen seiner Mutter schlief. „Wenn Pa Smutje den Unterschied noch nicht klarmachen kann, wie sollen Willie oder Henry es dann fertigbringen?"

Am Ende war es Lane, der Smutje den Unterschied zeigte. Er fand den alten Koch mit gerunzelter Stirn über Clarks Bibel gebeugt in seiner Küche vor.

„Verflixt! Mir will's noch immer nicht in den Kopf", murmelte Smutje gerade.

„Was will dir nicht in den Kopf, Kamerad?" erkundigte sich Lane und goß sich eine Tasse Kaffee ein.

„Wenn ich auch einer von euch Frommen werde, tu' ich's dann bloß, weil 'n gewisser Clark Davis mir zufällig mächtig imponiert?"

„Warum soll er dir auch nicht imponieren? Schließlich ist er doch 'n prima Kerl."

„Schon, aber er hat mir selbst gesagt, wenn mir bloß daran liegt, so wie er zu werden, dann bringt mich das keinen Schritt weiter auf dem Weg zum Himmel, von dem ihr so oft redet."

„Ach so!" Lane hatte begriffen.

„Aber wie soll ich denn wie Jesus werden? Ich kenn' ihn ja nicht mal!"

„Nun mal langsam, Smutje", mahnte Lane. „Mir scheint, du spannst den Wagen vor die Pferde."

Smutje krauste skeptisch die Stirn, doch er ließ Lane weiterreden.

„Du hast doch inzwischen mehr als einmal gehört, daß alle Menschen Sünder sind, oder nicht?"

„Allerdings", brummte Smutje.

„Und du zählst dich auch zu dieser Sorte Leute?"

„Und ob!" bestätigte Smutje. „Da kannst du Gift drauf nehmen."

„Na schön", sagte Lane. „Damit ist schon der Anfang gemacht. Du gibst also zu, daß du ein Sünder bist. Wenn du's nun Clark Davis nachtun willst, dann wirst du sicher keiner bleiben wollen."

Smutje nickte.

„Egal, wie du dich auch abrackerst, allein schaffst du's nie. Den Heiligenschein kann sich niemand selbst aufsetzen. Auch wenn du 'n feiner Kerl wie Clark Davis würdest, reicht das in Gottes Augen nicht. Der guckt nämlich 'n bißchen genauer hin.

In der Bibel heißt's, daß der Menscht sieht, was vor Augen ist, Gott aber das Herz ansieht. Dann heißt's da noch, daß das Herz des Menschen böse ist von Jugend auf. Die gute Nachricht ist aber nun, daß 'n Herz sich ändern kann, und das ist der springende Punkt.

Jesus, der heilige, sündlose Jesus Christus, ist für jeden bösen, gemeinen, selbstsüchtigen Menschen gestorben. Wir brauchen bloß einzusehen, wie wir sind und wie Jesus ist und das anzunehmen, was er für uns getan hat, weiter nichts. Von da an kannst du's ihm getrost überlassen, 'nen echten Nachfolger aus dir zu machen."

Smutje war sichtlich überrascht, wie einfach das alles klang. Lane leerte seine Tasse, stellte sie auf den Tisch zurück und ging zur Tür. Die Klinke schon in der Hand, wandte er sich noch einmal um und sagte leise: „Brauchst ihn nur darum zu bitten, Smutje."

Und als Lane gegangen war, tat der alte Cowboy genau das.

Die Heimat ruft

In der Abgeschiedenheit ihrer kleinen Hütte begannen Clark und Marty, Pläne für ihre Heimreise zu machen. Zuerst erschien ihnen der Gedanke an die lange Bahnfahrt in die ferne Heimat wie ein Traum aus einer anderen Welt. Am liebsten hätte Marty ihre Lieben hier im Westen mit auf die Reise genommen, doch dann dachte sie an Willie und seinen geliebten Grund und Boden, an den klaren Sonnenschein, der sich in Missies Augen spiegelte, und an Nathan und Josia mit ihren windzerzausten Schöpfen. Nein, sie konnte die junge Familie unmöglich ihrer neuen Heimat entreißen, mit der sie so untrennbar verwurzelt waren.

Immer häufiger dachte Marty nun an ihre Lieben daheim auf der Farm. „Wie mag's Luke und seiner Kate in dem alten Holzhäuschen ergehen? Ob Arnie sich noch immer mit der Pfarrerstochter trifft? Was mag sie nur für ein Mädchen sein? Und Ellie? Haben sich die ersten Verehrer inzwischen eingestellt? Welcher von den jungen Burschen aus der Nachbarschaft wird der erste sein, der sein Auge auf unsere Jüngste wirft? Was ist aus Larrys Traum, Medizin zu studieren, geworden? Und findet Dr. Watkins noch immer Zeit für alle seine Fragen?" Manchmal konnte sie es kaum erwarten, wieder zu Hause zu sein, um sich mit eigenen Augen zu überzeugen, daß es ihren Kindern dort an nichts fehlte.

Ein langer Brief von Ellie kam an. Sie berichtete von dem frischen Grün, das das Land überzog, so weit das Auge reichte, und von den blütenübersäten Sträuchern. Die Singvögel seien zurückgekommen, und auf der Weide tollte ein junges Fohlen. Luke hatte das Gemüsebeet gepflügt, und Kate hatte ihr bei der Aussaat geholfen. Sie hatten mehr angepflanzt, als sie je benötigen würden, schrieb sie, aber in ihrem Eifer hatten sie kein Ende finden können. Nandry hatte Tränen der Freude und der Trauer zugleich geweint, als die Nachricht über ihren Vater sie erreicht hatte. Sie hatte sofort einen ausführlichen Bericht an Cathy und Joe in der Großstadt weitergegeben, schrieb Ellie. Dann berichtete sie allerhand Neuigkeiten aus der Nachbarschaft, der Kirchengemeinde und der Schule, doch Marty suchte vergeblich nach einer Auskunft über Lukes und Kates Wohlergehen, über Arnie und die Pfarrerstochter, über die Verehrer, die sie selbst womöglich empfing, und über Larrys Studienpläne. Marty brannte darauf, Genaueres in Erfahrung zu bringen.

„Clark“, sagte sie entschlossen und faltete den Brief zum dritten Mal wieder zusammen, „ich glaube, es wird höchste Zeit, daß wir uns die Fahrkarten für die Heimreise kaufen.“

Clark fuhr prüfend mit der Hand über das Lasso, das er gerade für Nathan flocht, und nickte.

„Hast recht“, stimmte er zu. „Am besten reden wir noch heute abend mit Willie und Missie.“

Marty hatte heftige Widersprüche erwartet, als sie und Clark den jungen Leuten ihr Vorhaben nach dem Abendbrot unterbreiteten. Missie stellte die gefüllte Kaffeetasse vor sich auf den Tisch und holte tief Luft.

„Wir wußten ja, daß es irgendwann einmal kommen mußte“, sagte sie gefaßt. „Es hat keinen Zweck, sich darüber aufzuregen. Ihr vermißt die anderen bestimmt ganz furchtbar. Ich bin ja froh, daß ihr überhaupt so lange bei uns bleiben konntet.“ Sie füllte eine zweite Tasse und reichte sie Willie. „Klar, ich würde euch am liebsten für immer hierbehalten, aber ich weiß selbst, daß das ein Ding der Unmöglichkeit ist. Ehrlich gesagt, bin ich dankbar für jeden Tag, den wir gemeinsam erlebt haben.“

Willie räusperte sich und fuhr sich mit der Hand durch seinen dichten Haarschopf.

„Weiß gar nicht, wie ich ohne dich auskommen soll, Pa!“ sagte er zu Clark. „Kaum zu glauben, was du den Winter über alles gebastelt und repariert hast. Von den Männern hätte keiner Zeit dafür gefunden.“

Clark grinste.

„Da habe ich eine gute Idee“, sagte er. „Wie wär's, wenn ich deinen Vater überredete, auch mal zu Besuch herzukommen? Schließlich ist er doch auch ein begeisterter Bastler. Habe nie einen Mann gekannt, der ein Loch im Zaun so flott wieder geflickt kriegt wie der. Hm? Was hältst du davon?“

Willie grinste zurück.

„Keine schlechte Idee“, meinte er. „Wenn ich ganz ehrlich sein soll, vermiß' ich ihn nämlich gehörig.“

„Wann wollt ihr denn abfahren?“ fragte Missie.

„Morgen früh reite ich gleich in die Stadt und erkundige mich nach einem Zug. Hat keinen Zweck zu warten, bis die große Hitze kommt und die Reise zur Qual wird. Auf der Herfahrt war's zuweilen reichlich stickig, wißt ihr. Je eher wir fahren, desto besser.“

Missie schwieg. Marty sah, wie sie sich verstohlen eine Träne aus dem Augenwinkel wischte.

„Es war wunderschön, euch hier zu haben!“ brachte sie schließlich hervor. Wir haben jede Minute genossen, das wißt ihr. Es tut uns nur leid, Pa, daß wir dich anders zu deiner Familie zurückschicken müssen, als du hergekommen bist. Hoffentlich schiebt uns keiner die Schuld dafür in die Schuhe!“

„Warum sollten sie auch?“ gab Clark zurück. „Unfälle passieren schließlich überall. Kurz vor unserer Abreise ist einer von den Nachbarn unter ein Fuhrwerk geraten und hat beide Beine verloren.“

„Trotzdem“, wandte Missie ein, „werden sie sich daheim schwertun, sich an den Anblick zu gewöhnen.“

„Die Gemeinde wird euch vermissen“, fügte Willie hinzu. „Seitdem wir richtige Gottesdienste haben, ist die Gruppe beachtlich gewachsen.“

„Die Arbeit geht ja weiter“, erwiderte Clark. „Henry übernimmt die Auslegungen. Er wird seine Sache prima machen, da bin ich mir ganz sicher. Ich habe Joe geschrieben, daß er Henry ein paar Bücher über die Bibel schickt. Wie ich Henry kenne, wird er sie verschlingen, sobald sie geliefert werden! Er liest seine Bibel oft und gründlich, und er wird der Gemeinde weiterzugeben wissen, was ihm dabei aufgeht. Henry hat das Zeug zu einem erstklassigen Laienprediger.“

„An Henry haben wir einen treuen Freund gefunden“, sagte Missie. „Er hat uns noch nie im Stich gelassen, seitdem wir ihm damals die Zügel für das zweite Gespann überlassen haben.“

„Ihr habt wirklich nette Nachbarn hier“, bestätigte Marty. „Ich bin so froh, Missie, daß du andere Frauen in der Nähe hast, mit denen du Freundschaft schließen kannst – und einen richtigen Doktor, so daß du nicht wieder nach Tettsford Junction fahren mußt, wenn das Kleine ankommt!“

„Und ich erst!“ Missie streckte ihre Hand nach Willie aus. „Das Schlimmste an Nathans und Josias Geburt waren die langen Wochen ohne Willie.“

„Wenn ich morgen früh mit den Hühnern aufstehen und in die Stadt reiten will, dann wird's aber jetzt höchste Zeit, daß ich in die Federn komm'“, stellte Clark fest und stand auf. „Ist ein langer Weg, besonders bei meinem Schneckentempo.“

„Wär' dir das Gespann lieber?“ schlug Willie vor.

„Keine schlechte Idee! Vielleicht hat Nathan sogar Lust, mich zu begleiten – natürlich nur, wenn seine Mutter nichts dagegen hat.“

„Aber sicher hat er Lust“, sagte Missie. „Und ich erlaub's gern! Er wird euch beide furchtbar vermissen.

Ohne euch weiß er ja kaum, was er mit sich anfangen soll."

„Nicht mehr lange, und Nathan gehört auf die Schulbank", meinte Marty. „Wie sieht's denn aus? Bekommt ihr bald eine Schule?"

„Willie und ein paar Männer aus der Nachbarschaft treffen sich am Mittwoch abend bei Juan. Mehrere von den Familien haben Kinder, die sogar noch älter als Nathan sind. Die Eltern wollen sie dringend zur Schule schicken, bevor es zu spät für sie ist."

„Das freut mich zu hören."

„Unser Kirchenvorstand will ihnen anbieten, die Kirche als Klassenzimmer zu benutzen."

„Prima Idee!" lobte Clark. „Ich wünsche euch, daß alle anderen Einzelheiten auch bald geregelt sind. – So, jetzt müssen wir aber los. Wenn's recht ist, hole ich euren Sohn morgen früh gegen acht Uhr ab."

„Geht in Ordnung. Er wird dich gestiefelt und gespornt erwarten. Sagt mal, wollt ihr nicht vorher noch mit uns frühstücken?"

„Aber nein, Liebes, wir wollen dir doch keinen Aufwand ..."

„Ma, bitte!" drängte Missie. „Jetzt, wo wir nicht mehr viele Tage zusammen sind, laßt uns doch die Zeit gut nutzen!"

Marty gab ihrer Tochter einen Kuß auf die Wange und willigte ein.

Die schöne Zeit neigt sich dem Ende zu

Clark und Nathan kutschierten gemächlich auf die Stadt zu. Der Junge steckte voller Fragen und Beobachtungen über das, was er sah und hörte. Der aufgeweckte kleine Kerl war schulreif; daran konnte es keinen Zweifel geben, dachte Clark im stillen.

„Sag mal, mein Junge, was willst du eigentlich mal werden, wenn du groß bist?" erkundigte er sich.

„Ich weiß nicht, Opa. Manchmal will ich Viehzüchter werden wie mein Pa, aber manchmal will ich lieber Aufseher wie Scottie werden oder 'n Cowboy wie Lane – aber am allerliebsten will ich Koch werden wie Smutje."

Clark lachte. Das Leben auf der Ranch war wirklich die ganze Welt des Kindes! Clark beschloß, Nathan sobald wie möglich eine Auswahl Bücher zu schicken.

„Und du, Opa? Was willst du denn mal werden?"

„Du meinst, wenn ich groß bin?"

„Nee. Du bist doch schon so groß!"

„Da hast du allerdings recht!" lachte Clark. „Jedenfalls werde ich kaum noch größer werden."

„Also, was willst du werden?" beharrte der Kleine.

„Weißt du, ich habe schon einen Beruf. Ich bin Farmer."

„Was macht denn so 'n Farmer eigentlich?"

„Auf einer Farm geht's ähnlich zu wie auf einer Ranch, mein Junge, nur daß es dort nicht so viele Rinder und Pferde gibt, sondern eher Schweine und Schafe und vielleicht sogar Ziegen. Ein Farmer pflügt seine Felder, räumt die Steine weg, gräbt Disteln aus und sät Getreide aus, das er dann im Herbst ernten kann. Er schichtet

Heuhaufen auf und lagert Viehfutter für den Winter in großen Kisten. Und er schlachtet und räuchert Schinken und Würste und hackt Holz und kümmert sich um die kranken Tiere und kellert Gemüse ein und flickt Zäune."

„Mensch!" staunte Nathan. „Das ist aber 'ne Menge, Opa!"

„Ja, es gibt schon allerhand zu tun. Zum Däumchendrehen kommen wir jedenfalls selten."

„Kannst du das denn alles machen, Opa?"

„Klar. Auf einer Farm kann eigentlich jeder arbeiten."

„Und mit deinem einen Bein kannst du noch viele Sachen machen, nicht?"

„Weißt du, mein Junge, als ich noch auf meiner Farm gearbeitet habe, hatte ich ja meine beiden Beine noch. Jetzt muß ich mir dringend überlegen, wie ich meine Felder auch mit bloß einem Bein bestellen kann. Ich werde verschiedene Hilfsvorrichtungen brauchen – so wie die Lederschlaufe, die ich mir für den Pflug gemacht habe, weißt du noch?"

Nathan nickte.

„Siehst du, und von solchen Apparaten werde ich mir mehrere bauen. Damit muß ich allerdings warten, bis wir wieder zu Hause sind, weil ich sie haargenau nach Maß arbeiten muß. Für die Egge habe ich mir das so vorgestellt, Junge –" Clark erläuterte dem Kleinen seinen Plan, und der hörte wie gebannt zu. Bei dem Gespräch über technische Einzelheiten verging den beiden die Zeit im Nu.

An der Bahnstation angekommen, erkundigte Clark sich nach einem Zug in Richtung Osten und erhielt die Auskunft, daß der nächste Fernverkehrszug am kommenden Dienstag abfuhr. Clark besorgte gleich die Fahrkarten und ging dann mit Nathan in den Gemischtwarenladen, um ihm eine Tüte Bonbons zu kaufen. Damit Josia nicht leer ausging, kauften sie auch für ihn eine Tüte Karamellen und machten sich wieder auf den Heimweg.

Die Vorstellung, so bald schon abzureisen, versetzte

Marty in helle Aufregung. Wie in aller Welt sollte sie nur bis zum Dienstag reisefertig sein? Als sie sich jedoch an die Arbeit machte, stellte sie bald fest, daß sie für die Heimreise bei weitem nicht soviel Gepäck hatten wie für die Herfahrt. Ihr Hab und Gut war schnell in den Koffern untergebracht, und Marty beschloß erleichtert, die kurze Zeit, die ihr nun noch blieb, in der Gesellschaft ihrer Enkelsöhne voll auszukosten.

Die letzten Tage vor ihrer Abfahrt verbrachten sie in Missies Gutshaus. Marty räumte die kleine Lehmhütte liebevoll aus.

Willie brachte gute Nachrichten von dem Treffen der Nachbarn bei den De la Rosas mit. Es war einstimmig entschieden worden, mit dem Schulunterricht in dem Kirchengebäude zu beginnen. Man hatte Melinda, Henrys Frau, gebeten, die Kinder zu unterrichten, und ihre Nachbarin, eine ältere, kinderlose Dame namens Netherton, hatte sich bereit erklärt, Melindas kleinen Sohn während der Schulstunden zu beaufsichtigen. Der Unterricht sollte vorläufig nur an drei Wochentagen stattfinden, weil Melinda das Kind nur ungern aus der Hand gab. Dennoch war man sich einig, daß drei Schultage weitaus besser als überhaupt kein Unterricht waren.

Willie und Missie beschlossen, ihren ältesten Sprößling mit seinen Altersgenossen die Schulbank drücken zu lassen. Melinda, für die das LaHaye-Anwesen ohnehin am Weg lag, erbot sich, den jungen Abc-Schützen in der Frühe abzuholen und nachmittags wieder vor der Haustür abzuladen.

Marty maß jedem Tag nun besondere Bedeutung bei. „Unser letzter Freitag im Westen ...“, dachte sie; „unser letzter Samstag, unser letzter Sonntag ..., unser letzter Gottesdienst in der kleinen Kirche ...“ Auf den Gottesdienst freute sie sich besonders. Clark hatte ihr den Bibelabschnitt für seine Predigt schon vorgelesen. Marty hielt ihn für besonders passend für diesen letzten Tag der Gemeinschaft mit den Geschwistern, in deren Mitte sie sich so schnell heimisch gefühlt hatten.

Am Sonntag verlas Clark die folgenden Verse in feierlichem und doch frohem Ton:

„So spricht der Herr: Ein Weiser rühme sich nicht seiner Weisheit, ein Starker rühme sich nicht seiner Stärke, ein Reicher rühme sich nicht seines Reichtums. Sondern wer sich rühmen will, der rühme sich dessen, daß er klug sei und mich kenne, daß ich der Herr bin, der Barmherzigkeit, Recht und Gerechtigkeit übt auf Erden; denn solches gefällt mir, spricht der Herr" (Jeremia 9,22.23).

Bei diesen Worten betete Marty im stillen für jeden einzelnen der Gottesdienstbesucher, die um sie herum saßen, daß sie doch nach den Geboten und Aussagen der Bibel und besonders nach diesen Versen leben möchten.

Nach dem letzten gemeinsamen Lied wandte sich Clark an Henry und bat ihn als den neuen Gemeindeleiter, ein paar Worte an seine Gemeinde zu richten. Henrys Stimme klang ein wenig rauh, als er Clark und Marty nun im Namen der ganzen Gemeinde ein herzliches Dankeschön für alle Hilfe und Ermutigung aussprach.

Im Anschluß an den Gottesdienst wurden Clark und Marty zu ihrer großen Überraschung zu den Ehrengästen einer heimlich vorbereiteten Abschiedsfeier erklärt. Die Frauen breiteten Schüsseln und Teller auf behelfsmäßigen Tischen aus, und groß und klein langte kräftig zu. Doch die fröhliche Stimmung der kleinen Gemeinde war von Abschiedsschmerz überschattet, denn in nur zwei Tagen würden die lieben Gäste aus der Ferne wieder abreisen. Clark und Marty schätzten jeden herzlichen Händedruck und jeden aufrichtigen Dank. Wie sehr sie alle ihnen doch ans Herz gewachsen waren, diese Menschen! Sie waren ihre Brüder und Schwestern in Christus. Clark und Marty würden sie allesamt sehr vermissen.

Abschied vom Westen

Als der Dienstag heraufdämmerte, war Marty längst reisefertig. Willie ging in den Stall, um das Gespann zu holen, und während Missie ihre Söhne wusch und kämmte und Clark sich von Willies Männern verabschiedete, beschloß Marty, der kleinen Lehmhütte, die ihr den Winter über als Quartier gedient hatte, einen letzten Besuch abzustatten.

Die wehmütigen Gedanken, die ihr beim Abschied von der Hütte kamen, galten eher Missie als sich selbst. Marty war aus freien Stücken in dieses winzige Gebilde aus Lehm und Erde gezogen, doch Missie hatte damals keine Wahl gehabt. Weit und breit war keine andere Unterkunft für die junge Familie zu finden gewesen.

Marty ließ den Blick ein letztes Mal durch die Stube schweifen. In ihrer Vorstellung sah sie Missie als junge Braut über den kleinen gußeisernen Herd gebeugt stehen, wo auf einem Feuer aus Büffeldung die schlichte Abendmahlzeit kochte. In der Wiege am Kopfende des Bettes lag der Säugling Nathan. Wenn Willie nach einem langen, harten Tag draußen bei den Herden nach Hause kam, wurde er mit offenen Armen, einem lieben Wort und einem einfachen Essen empfangen.

Dann sah sie den einjährigen Nathan vor sich, die Weihnachtsfeier, zu der Willies Männer eingeladen waren, die ersten Besuche der Nachbarn. Diese kleine Hütte würde Marty stets in liebevoller Erinnerung behalten. Die Wintermonate hatten ihr einen deutlicheren Eindruck von Missies ersten Jahren hier im Westen vermittelt.

Ja, auch sie und Clark hatten manche glückliche Stunde in der Hütte verlebt. Die langen Abende, die sie mit ihrem Nähzeug verbracht hatte, während Clark seine Bibel studierte und neue Erkenntnisse mit ihr besprach – das waren kostbare Stunden, an die sie beinahe sehnsüchtig zurückdenken würde. Bald würden die Farm und die Familie sie beide wieder völlig in Anspruch nehmen, und ungestörte Stunden der Zweisamkeit würden recht selten werden.

Mit einem leisen Seufzer ging Marty zu dem Gutshaus zurück – zu Missies großzügig angelegtem, elegantem Heim. Marty hatte noch nie ein Haus gesehen, das so geschmackvoll und behaglich eingerichtet war wie dieses. Sie war stolz auf ihre Tochter. Missie hatte ihre hausfraulichen Fähigkeiten eindrucksvoll unter Beweis gestellt.

Auf dem Hof wurde gerade die Kutsche beladen. Marty schickte sich an, ihren Platz einzunehmen, doch zuerst schüttelte ihr jeder der Cowboys, die gerade dienstfrei hatten und sich zum Abschied eingefunden hatten, die Hand, und Marty hatte ein freundliches Wort für jeden von ihnen. Smutje kam als letzter auf sie zu und reichte ihr die Hand.

„Smutje“, sagte Marty mit Tränen in den Augen, „wir sind ja so dankbar, daß Sie jetzt auch ein Kind Gottes sind und Jesus nachfolgen wollen. Sie ahnen gar nicht, wie sehr Sie uns ans Herz gewachsen sind!“

Aus dem Händedruck wurde eine herzliche Umarmung.

Lane trat auf Clark zu und nahm seine Hand. Wenn ihm auch keine Worte kommen wollten, so sprachen seine Augen für ihn.

Der Wagen rollte gerade an, als Wong mit einem Bündel in der Hand herbeigelaufen kam. Er konnte Clark und Marty unmöglich ihres Weges ziehen lassen, ohne ihnen eine Tüte von seinen ofenfrischen Nußplätzchen mitzugeben. Marty und Clark dankten ihm von Herzen.

„Ich auch danke, ich auch danke“, sagte er lächelnd und eifrig nickend. „Viel Danke für das Freude, das Sie in diesen Haus und in Wongs Küche gebringt haben. Sie wiederkommen, vielleicht?“

Endlich zogen die Pferde an, und inmitten von Lebewohlrufen und Hüteschwenken rollte das Gefährt aus dem Hof.

Mit tränenverschleierten Augen sah Marty von der kleinen Anhöhe auf das LaHaye-Anwesen zurück. So unvorstellbar viel hatte sich ereignet, seitdem sie es von hier aus zum allerersten Mal erblickt hatte. Wie sehr sie die Menschen dort doch liebgewonnen hatte!

Josia kletterte auf ihren Schoß, und sie hielt ihn zärtlich umfaßt, bis sie die Stadt erreichten. Nathan sprach aufgeregt von der „richtigen, großen Eisenbahn“, zu deren Fahrgästen seine Großeltern nun bald zählen sollten.

„Und wenn ich groß bin, dann komm’ ich mit der Eisenbahn zu euch auf die Farm zu Besuch“, versprach er.

„Ich auch zu Besuch“, kam das Echo von Josia.

„Ja, wir beide, ich und Joey“, bestätigte Nathan. „Wir kommen euch besuchen.“

„Oh, da würden wir uns aber riesig freuen!“ sagte Marty und drückte ihrem „Joey“ einen Kuß auf die Wange.

An der Bahnstation angekommen, gab Clark den sperrigen Koffer an der Gepäckabgabe auf. Dann sammelten sie ihr Handgepäck aus der Kutsche und gingen gemeinsam in das Hotel auf der anderen Straßenseite, um bei einer Tasse Kaffee die Abfahrtszeit des Zuges abzuwarten.

In diesen letzten Minuten wußte niemand etwas Rechtes zu sagen. Nach all den Monaten, die sie miteinander erlebt hatten, gab es noch immer tausend Dinge zu erzählen und auszutauschen, doch die Zeit war nun bis auf ein paar kurze Momente dahingeschmolzen. So sagte man sich allerhand belanglose Worte und trug einander Grüße für die Angehörigen daheim auf.

Sie wollten gerade aufbrechen, als Scottie auf sie zugeeilt kam.

„Konnte mich leider nicht eher verabschieden", entschuldigte er sich und reichte Clark die Hand. „Ich brauch' Ihnen wohl nicht zu sagen, wie wir alle Sie vermissen werden. Von jetzt an werd' ich wohl das Zaumzeug selbst flicken und die Scheune ausfegen müssen!"

Clark lächelte. Er hatte den Männern beileibe keine großen Arbeiten abgenommen, aber er war froh, sich auf seine Weise nützlich gemacht zu haben. Herzlich erwiderte er Scotties Händedruck.

„Wir werden Sie nicht vergessen, Kamerad!" sagte er zu dem Aufseher. Scottie lächelte zurück.

Langsam gingen sie auf die Bahnstation zu. Schon stieß die Lokomotive zischende Dampfwolken aus, während die Feuerkammer für die lange Reise aufgefüllt wurde. Blökende Stiere wurden in lange Güterwagen verladen; sie waren für die Viehauktion in der fernab gelegenen Großstadt bestimmt. Marty fragte sich, ob wohl einige der Tiere aus Willies Herde stammen mochten.

Die Zeit für den endgültigen Abschied war gekommen.

„Pa", sagte Missie mit tränenerstickter Stimme, „kannst du mir bitte ein paar Apfelbaumstecklinge per Bahn schicken? Ich vermisse unsere Apfelbäume daheim so sehr!"

Clark überlegte einen Moment. Er war nicht sicher, ob sich der Boden in diesem Landstrich zum Pflanzen von Apfelbäumen eignete, aber schließlich nickte er.

„Warum nicht?" meinte er. „Einen Versuch ist die Sache immerhin wert. Unten bei deinem Brunnen würden sie genug Wasser kriegen. Ein Geschäft wirst du zwar mit deinen Äpfeln kaum machen können, aber für einen Kuchen oder zwei reicht's vielleicht!"

Missie lächelte trotz ihrer Tränen.

„Ehrlich gesagt", gestand sie, „liegt mir gar nicht so viel an den Äpfeln wie an den Blüten. Wenn die Apfelbäume blühen, hat die schönste Zeit des Jahres begonnen."

Clark legte verständnisvoll den Arm um seine Tochter. Clark und Marty hielten ihre Enkelsöhne bis zum letzten Moment umarmt. „Alles einsteigen!" ertönte es dann, und die Fahrgäste strömten auf die Abteiltüren zu.

Marty winkte, bis der kleine Bahnhof ihrem Blick entschwunden war. Seufzend trocknete sie sich die Augen und faßte den festen Vorsatz, ihren Tränen von nun an Einhalt zu gebieten.

Unendlich langsam verging der Tag. Jede Umdrehung der eisernen Räder trug sie weiter von Willie und Missie fort, aber zugleich auch näher zu ihren Lieben daheim.

Der Zug hielt an mehreren Kleinstadtbahnhöfen. Manchmal erschien ihnen der Aufenthalt unnötig lang, bis die Reise endlich weiterging. Tag und Nacht rollte der Zug ostwärts, und am dritten Tag erreichten sie die Zwischenstation, wo sie auch auf dem Hinweg umsteigen mußten. Nun galt es wieder, ein Quartier für die Nacht zu suchen, bevor die Reise fortgesetzt wurde. Clark und Marty dachten mit Unbehagen an das schäbige kleine Hotel und die Wanzen dort.

„Es muß sich doch was Besseres finden lassen!" meinte Clark zuversichtlich und zog diskrete Erkundigungen ein. Man nannte ihm die Anschrift einer älteren Dame, die Fremdenzimmer zu vermieten hatte, und zu Martys großer Erleichterung hatte sie tatsächlich ein sauberes, freundliches Zimmer frei.

Als sie sich am nächsten Morgen wieder auf den Weg zur Bahnstation machten, füllten sich die Straßen allmählich mit geschäftigen Fußgängern, wie sie es auch im vorigen Jahr hier erlebt hatten.

Clark öffnete die Tür des Bahnhofsgebäudes für seine Frau und ließ sie eintreten. Marty steuerte auf eine Sitzbank am Fenster zu, wo sie warten würde, bis Clark die genaue Abfahrtszeit des Zuges erfragt hatte.

Clark stellte das Gepäck neben der Bank ab und ging auf den Fahrkartenschalter zu. Außer ihnen hielten sich mehrere Fahrgäste in der Wartehalle auf.

„Du, Mama, guck mal!“ hörte Marty plötzlich eine helle Kinderstimme ausrufen. „Guck mal, der arme Mann da!“

Marty blickte sich um. Mitleid für den besagten armen Menschen erfüllte ihr Herz. Merkwürdig. Sie entdeckte niemanden, der mit der Bemerkung gemeint sein könnte.

„Suchst du den ‚armen Mann‘?“

Clarks Stimme ließ sie herumfahren. Sie errötete vor Verlegenheit. Schließlich schickte es sich nicht für eine Dame, ungeniert andere Leute anzustarren. Ein beschämtes Kopfnicken war die Antwort.

„Laß nur!“ beschwichtigte er. „Ich hab’ auch Ausschau nach ihm gehalten. Hast du ihn entdeckt?“

Marty schüttelte den Kopf.

„Ich auch nicht“, sagte Clark. Dann brach er plötzlich in ein verhaltenes Lachen aus.

Marty sah verständnislos zu ihm auf.

„Das heißt“, fuhr er fort, „bis ich mich selbst angeguckt hab’.“

„Dich selbst?“

Wieder lachte Clark.

„Der kleine Kerl hat mich gemeint, Marty!“

„Dich? Aber …“

Martys Blick fiel auf das leere, sorgsam hochgefaltete Hosenbein, das mit einer Sicherheitsnadel festgesteckt war, und die Krücke in Clarks Hand. Ihr stockte der Atem. Natürlich! Das Kind hatte Clark gemeint – und Clark lachte darüber!

Erst jetzt begriff sie die Komik der Lage. Sie hatten beide vollkommen vergessen, daß Clark als Behinderter galt, als ein „armer Mann“! Ergriffen faßten sie einander an der Hand, und Freudentränen strömten ungehindert über ihre Wangen.

Haben Sie auch schon die anderen Bücher von Janette Oke gelesen:

Janette Oke
Nur einen Sommer lang

Sicher, normal ist es nicht gerade, wenn man eine 18jährige Mutter hat und selbst schon zwölf ist. Aber wenn ich Ihnen sage, daß ich eine Waise bin und sie meine Tante, dann ist das doch klar, oder? Jedenfalls war sie meine Mutter, und alles lief prima bei uns. Gerade deswegen hat es mich so umgehauen, als ich erfahren habe, daß Onkel Charlie und Großvater meine Tante Lou verheiraten wollten. Eigentlich hätte ich ja nicht lauschen dürfen, doch die beiden haben mich zum Glück nicht erwischt.
Aber etwas unternehmen mußte ich, das ist doch wohl klar! Ich konnte doch nicht zusehen, wie unsere Familie auseinandergerissen würde! Großvater und Onkel Charlie haben sich ja mächtig angestrengt, aber ich war immer ein bißchen besser. Alles lief gut, bis schließlich dieser Prediger auftauchte. Bevor ich gemerkt habe, was gespielt wird, war schon alles zu spät. Da konnte auch die Situation mit dem Schweinefuttereimer nichts mehr ändern. Was es damit auf sich hat, fragen Sie? Also, um das zu erklären, reicht der Platz auf dieser Seite nicht aus. Aber in dem Buch erkläre ich Ihnen die Geschichte von Anfang an. Und zwar ganz genau. Da erfahren Sie dann auch alles Weitere.
Viel Spaß beim Lesen!
Ihr Josch

240 Seiten
Best.-Nr. 15 363

Über eine Million Exemplare der Bücher von Janette Oke sind bisher in den USA verkauft worden. Gerade die humorvolle Erzählweise der Autorin macht jedes Buch von ihr zu einem besonderen Lesevergnügen.

Janette Oke
Liebe wächst wie ein Baum

Der Siedlertreck in den amerikanischen Westen endet für ein Ehepaar in der Katastrophe: der Mann verunglückt tödlich und läßt seine blutjunge Frau Marty als Witwe zurück. In ihrem großen Schmerz und der bodenlosen Verzweiflung findet sie eine erste Hilfe bei verständnisvollen Nachbarn.
Doch eine Lösung ist nicht in Sicht. So muß Marty auf das Angebot eines Farmers eingehen und ihn heiraten. Sie soll seinem Kind die Mutter und ihm die Ehefrau ersetzen. In ihrer Not fügt sich Marty diesem Ansinnen voller Widerwillen.
Erst langsam lernt sie den fremden Mann achten. Beeindruckt von seinem Einfühlungsvermögen, seiner Rücksichtnahme und seinem Gottvertrauen, gibt sie sich Mühe, ihre Aufgaben sorgsam zu erledigen. Dabei merkt sie zuerst nicht einmal, daß in ihrer Vernunftehe die Liebe wie ein Baum zu wachsen beginnt: langsam, aber stark und unaufhörlich.

220 Seiten
Best.-Nr. 15 364

Dieses Buch ist das erste der vierteiligen Familiensage, in der Janette Oke einen Eindruck von den Härten und Freuden der Besiedlung des amerikanischen Westens vermittelt.
Die Geschichte dieser Familie steht beispielhaft für den großen Glauben und die Einsatzbereitschaft der damaligen Siedler.

Janette Oke
Liebe trägt durch Freud und Leid

Allmählich füllt sich das kleine Farmhaus von Clark und Marty immer mehr mit Leben. Vier weitere Kinder werden den glücklichen Eltern geboren, dazu vervollständigen zwei anfangs völlig verschüchterte Pflegekinder die Familie. Aber neben den vielen Aufgaben auf der Farm erwartet die beiden auch manche Arbeit in der Gemeinde: eine Schule und eine Kirche werden gebaut. Das Leben in der Siedlung gerät in immer geordnetere Bahnen.
Doch neben der vielfältigen Freude gibt es manchen traurigen Tag. Und die Sorgen werden nicht weniger, sie werden nur anders. Wie wird der sonderbare Lehrer mit den halbwilden Kindern fertig werden? Und der so lange gesuchte und erbetene Pastor, ist er tatsächlich der richtige Mann für die kleine Landgemeinde?
Schließlich verlassen die ersten Kinder der Siedler die Farmen ihrer Eltern. Einige gehen in den Osten, um ihre Ausbildung zu beenden, andere heiraten und ziehen weiter nach Westen, um neues Land in Besitz zu nehmen. Als Missie heiratet, mischt sich auch bei Clark und Marty in die Freude über die gute Entwicklung ihrer Kinder der Schmerz einer langen Trennung.

240 Seiten
Best.-Nr. 15 365

Dieses Buch ist die Fortsetzung der Erzählung „Liebe wächst wie ein Baum“, in der Janette Oke von den Anfängen der Siedlung im amerikanischen Westen und dem traurigen Beginn der Ehe von Clark und Marty berichtet.

Janette Oke
Reise in eine neue Welt

Missie und Willie haben geheiratet. Voller Zuversicht schließen sie sich einem westwärts ziehenden Siedlertreck an, um das Land in Besitz zu nehmen, das Willie im Jahr zuvor gekauft hat. Doch die Reise wird beschwerlich. Und die Probleme der Planwagenfahrt verstärken noch das Heimweh, das Missie quält. Ob sie jemals ihre Familie wiedersehen wird? Wird sie den Eltern vielleicht nie das Enkelkind vorstellen können, das unter ihrem Herzen wächst?
Als Willie von der Schwangerschaft seiner jungen Frau erfährt, überwiegen auch bei ihm die Sorgen. Deshalb beschließen sie, sich vorerst zu trennen. Missie bleibt in einer Stadt zurück, in der es Hebamme und Arzt gibt, während Willie weiter zu ihrem Farmland zieht. Denn dort wartet viel Arbeit auf ihn. Wohnung und Ställe müssen gebaut, Vieh gekauft und Cowboys angeheuert werden. Endlich ist der große Tag da. Missie und ihr Kind werden abgeholt. Voller Vorfreude reist sie dem Tal entgegen, das ihr und ihrem Mann nun gehört. Doch so groß die Erwartung war, so groß ist die Enttäuschung. Alle ihre schönen Träume zerplatzen wie Seifenblasen. Sie muß lernen, sich in die neuen Gegebenheiten ihres Lebens einzufinden.

256 Seiten
Best.-Nr. 15 366

Dieses Buch ist die Fortsetzung der Erzählungen „Liebe wächst wie ein Baum“ und „Liebe trägt durch Freud und Leid“.